KB104224

진검승부

부수

한자사전

진검승부 **부수 한자 사전**

초판 1쇄 2022년 2월 14일
초판 2쇄 2023년 4월 17일
지은이 정원제 | **편집** 북지육림 | **본문디자인** 운용 | **제작** 명지북프린팅
펴낸곳 지노 | **펴낸이** 도진호, 조소진 | **출판신고** 2018년 4월 4일
주소 경기도 고양시 일산서구 강선로 49, 911호
전화 070-4156-7770 | **팩스** 031-629-6577 | **이메일** jinopress@gmail.com

ⓒ 정원제, 2022
ISBN 979-11-90282-38-3 (03710)

진검승부

정원제 지음

부수

한자사전

부수의 힘!
문해력을 높이는
한자 공부

서문

여러분은 『삼국지(三國志)』를 좋아하는가? 중원을 차지하기 위해 영웅호걸들이 진검승부를 펼치는 이야기 말이다. 그렇다면 재미 삼아 하나만 물어보겠다. 『삼국지』 최고의 맹장은 누구라고 생각하는가? 아마도 대부분의 독자들이 자신 있게 "여포(呂布)!"라고 대답할 것이다. 여기엔 분명한 이유가 있다. 『삼국지』에서 최강의 맹장이라 할 수 있는 관우(關羽)와 장비(張飛)가 동시에 덤벼도 여포 한 명을 이기지 못한 적이 있기 때문이다. 결과적으로 그 대결 이후에 펼쳐지는 관우와 장비의 활약은 여포의 무위만 빛나게 해준 셈이다.

한자 부수(部首)에 관한 책인데 『삼국지』 얘기를 먼저 해보았다. 그건 이 책의 모티브를 『삼국지』에서 얻었기 때문이다. 한번 상상해보라. 부수와 부수가 『삼국지』의 장수들처럼 일대일 대결을 펼친다고. 이 책은 이렇게 부수와 부수가 맞붙어 싸운다는 상상에서 출발하였다.

가령 한 글자 속에 부수자가 둘인 경우를 생각해보자. 이럴 경우 해당 글자의 부수가 뭔지 금방 알아채기 어렵다. 예를 들어 字(글자 자)의 경우 宀(갓머리) vs 子(아들자) 이렇게 대결 구도라고 볼 수 있다. 여기서 승리한 부수는 상대적으로 우위가 되는 셈이다. 혹 이런 식으로 부수들의 우열을 가려보면 어떨까, 장수들의 무력을 매기듯 부수들 간의 서열을 가리는 것도 가능하지 않을까 하는 유치한 궁금증을 품어보았다.

본문의 각 장은 부수 하나하나에 관한 이야기들이다. 그 부수에 관련된 여러 가지 이야기들과 거기에 얽힌 다양한 글자들의 이야기가 담겨 있다. 혹 『삼국지』 등장인물들의 일대기와 전투에서의 활약을 기록한 열전과 비슷하다고 생각하면 될 것 같다.

사실 한자의 부수와 친해지면 좋은 점이 한둘이 아니다. 일단 옥편에서든 컴퓨터에서든 글자를 찾기가 수월해진다. 그리고 글자를 파악하는 데에도 도움이 된다. 언뜻 복잡해 보이는 글자도 둘이나 셋으로 나눠서 보면 별로 어렵지 않다. 또한 다른 사람들과 한자 이야기할 때에도 편하다. 가령 字(글자 자)를 누군가에게 말할 때에도 "갓머리 밑에 아들자" 이렇게 간단하게 풀어서 말로 전달할 수 있다.

이렇듯 부수는 한자를 이해하는 데 많은 도움을 준다. 애초에 무수히 많은 한자들을 분류하고 정리하기 위해 정한 것이기 때문이다. 그리 어려워할 필요도 없다. 친구처럼 편하게 여겨도 된다. 다시 말하지만 '부수는 글자를 정리하는 도구'일 뿐 엄한 훈장 선생님 모시듯 공경할 대상이 아닌 것이다.

부수의 명칭도 마찬가지이다. 간혹 부수 명칭 갖고 굉장히 아는 척하는 이들을 볼 수 있는데, 부수 명칭 정확하게 몰라도 별 상관없다. 솔직히 부수 명칭들을 꼼꼼히 살펴보면 마치 친구들끼리 붙인 별명인가 싶을 정도로 유치한 것도 많다. 그냥 사람들끼리 편리하게 사용하라고 약속으로 정한 것일 뿐 그 이상의 의미는 없다고 봐도 되겠다. 좀 더 친근하게 다가가보기를 권한다.

부수가 214자가 아닌 540자이던 시절도 있었다. 부수도 시대에 따라 변해왔다는 얘기이다. 필자는 그저 현재의 부수 체계를 재밌게 풀이해보고 알기 쉽게 이야기하고 싶었다. 모쪼록 부족하고 서툴더라도 부담 없이 보고 같이 즐겼으면 한다.

2022년 1월
성남의 어느 도서관에서
초원 정원제

일러두기

부수의 위치와 관련된 기본적인 명칭들이니 참고하기 바란다. 하지만 개개 부수마다 관용적으로 부르는 명칭도 많기 때문에 대략만 알아두면 되겠다.

변

글자의 좌측에 위치하는 부수를 '변(邊)'이라 한다.
예) 氵(삼수변), 扌(재방변) → 淸, 技

방

글자의 우측에 위치하는 부수를 '방(傍)'이라 한다.
예) 阝(우부방), 卩(병부절방) → 郡, 卽

머리

글자의 상단에 위치하는 부수를 '머리' 혹은 '두(頭)'라 한다.
예) 宀(갓머리), ++(초두) → 家, 草

발

글자의 하단에 위치하는 부수를 '발'이라 한다.
예) 灬(연화발), 儿(어진사람인발) → 然, 元

밑

글자의 좌상단에 위치하는 부수를 '밑'이라 한다.
예) 广(엄호밑), 虍(범호밑) → 府, 虎

받침

글자의 좌하단에 위치하는 부수를 '받침'이라 한다.
예) 辶(책받침), 廴(민책받침) → 近, 建

몸

글자를 둘러싼 형태를 '몸'이라 하지만, 잘 사용하지 않는다.
예) 囗(큰입구), 門(문문) → 國, 開

- 부수 간 대결은 한자능력 검정 1급 읽기 배정글자인 3,500자 내에서 조사한 결과를 토대로 하였다.

- 참고 글자는 해당 부수자가 포함되어 있지만, 부수가 아닌 글자들을 모아둔 것이다. 난이도 분류상 3급 이상 글자는 급수를 표기하였고 4급(1,000자) 이하 글자들은 표기하지 않았다.

- 소속 글자는 4급(1,000자) 내에서 해당 부수에 소속된 글자들을 모은 것이다. 4급 이상의 글자는 각각 해당 급수를 표기하여 추가하였다.

- 글자에 따라 부수자의 형태가 달라지는 경우, 획순은 해당 부수를 가장 대표하는 형태만을 첨부하였다. 예) 水(물수), 犬(개견), ⺾(초두) 등.

- 두음법칙이 적용되는 글자의 독음은 한 가지만 표기하였다. 예) 論(논할 론) 林(수풀 림) 李(오얏나무 리) 등. 단, 列(벌일 렬/열), 烈(세찰 렬/열)의 경우에는 '렬'과 '열'을 병기하였다. '진열, 나열, 치열' 등의 단어에서 볼 수 있듯, 글자의 뒤에 오더라도 '열'로 표기하는 경우가 흔하기 때문이다.

- 총획수의 경우 자료에 따라 한두 획의 편차가 생길 수 있음을 감안해 주기 바란다.

차례

2장. 한두 번 패배는 병가의 상사

3장. 변신하는 부수들

4장. 종종 패하지만 중요한 부수들

5장. 서로 물고 물리는 부수들

6장. 어쩌다 승리하는 부수들

7장. 독음이 더 부각되는 부수들

8장. 거의 나 혼자 산다

9장. 재야의 고수들

10장. 숨은 부수 찾기

11장. 자주 보기 힘든 부수들

1장

반드시 승리하는 부수들

부수 간 정면 대결에서
무적인 부수들이다

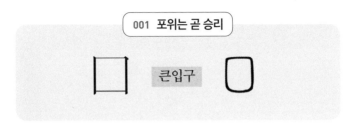

001 포위는 곧 승리

□   큰입구   囗

丨 冂 囗

'둘레를 에워싸다'라는 의미를 시각적으로 표현한 것이다. 부수로는 보통 '큰입구'로 불린다. 입을 뜻하는 口(입구)와 모양이 비슷해 붙여진 이름이다. 하지만 글자가 가진 본래 의미를 고려한다면 가장자리를 빙 둘러서 싼 담을 뜻하는 '에운담'이라는 이름이 더 어울린다.

부수로서의 위력은 가히 최강이라 해도 손색이 없다. **글자의 외곽을 네모꼴로 둘러싸면** 그 안에 어떤 부수자가 있어도 속수무책이다.

참고 個(낱 개: 人) 箇(낱 개: 竹 - 1급) 痼(고질 고: 疒 - 1급)

國 [나라 국] 囗 - 총11획

國家(국가): 일정한 영토와 그곳에 사는 주민들로 이루어지며, 주권에 의한 통치 조직을 가진 사회 집단. 예문 올림픽은 국가(國家)적인 행사이다.

母國(모국): 외국에 나가 있는 사람이 자기의 나라를 이르는 말. 예문 모국(母國)을 방문하다.

圍 [에울 위] 囗 - 총12획

周圍(주위): 둘레, 사람이나 사물을 둘러싸고 있는 환경. 예문 주위(周圍)를 둘러보다.

包圍(포위): 둘레를 에워쌈. 예문 적군을 겹겹으로 포위(包圍)하다.

固 [굳을 고] 囗 - 총8획

固定(고정): 일정한 장소나 상태에서 변하지 않음. 예문 한곳에 시선을 고정(固定)하다.

固執(고집): 자신의 생각이나 의견을 내세우고 굽히지 않음. 예문 쓸데없는 고집(固執)을 부리다.

困 [괴로울 곤] 囗 - 총7획

困難(곤란): 처리하기 어려움. 예문 대답하기 곤란(困難)한 질문을 받다.

困窮(곤궁): 가난하고 구차함. 예문 생활이 곤궁(困窮)하다.

團 [둥글 단] 口 - 총14획

團體(단체): 두 사람 이상이 같은 목적으로 모인 모임. 예문 축구는 단체
(團體)경기이다.

集團(집단): 많은 사람이나 동물이 모여 무리를 이룬 상태. 예문 집단(集
團)을 이뤄 생활하다.

圖 [그림 도] 口 - 총14획

圖書(도서): 책, 글씨, 그림 등을 통틀어 이르는 말. 예문 도서(圖書)를 출
판하다.

地圖(지도): 지표면의 일부나 전체를 평면 위에 나타낸 그림. 예문 지도
(地圖)를 보며 길을 찾다.

四 [넉 사] 口 - 총5획

四肢(사지): 사람의 두 팔과 두 다리. 혹은 짐승의 네 다리. 예문 사지(四
肢)를 쭉 뻗다.

四通八達(사통팔달): 길이 여러 군데로 막힘없이 통함. 예문 도로가 사통
팔달(四通八達)로 연결되다.

圓 [둥글 원] 口 - 총13획

圓盤(원반): 접시 모양으로 둥글고 넓적한 물건. 예문 원반(圓盤)던지기
는 올림픽 종목이다.

圓滑(원활): 일이 순조롭게 진행됨. 모나지 않고 부드러움. 예문 의사소
통이 원활(圓滑)하다.

園 　[동산 원] 囗 - 총13획

庭園(정원): 정성스레 가꾸어 놓은 넓은 뜰. 예문 정원(庭園)을 천천히 거
닐다.

幼稚園(유치원): 초등학교에 입학하기 전 어린이들을 대상으로 하는 교
육기관. 예문 노란색 유치원(幼稚園) 버스.

因 　[인할 인] 囗 - 총6획

因緣(인연): 사람이나 사물들 사이에 서로 맺어지는 관계. 예문 서로 좋
은 인연(因緣)을 맺다.

原因(원인): 사물이나 사건의 말미암은 까닭. 예문 이 일이 일어난 원인
(原因)을 찾아내다.

回 　[돌 회] 囗 - 총6획

回轉(회전): 빙빙 돎. 물체가 다른 물체의 둘레를 일정하게 돌면서 움직
임. 예문 회전(回轉)목마에 타다.

回復(회복): 이전의 상태로 돌아옴. 예문 건강을 회복(回復)하다.

疒 병질엄 㾮

5획

丶 一 广 广 疒

사람이 평상에 기대어 누운 모습을 표현한 것이다. 본래 '병들어 눕는다'는 의미이다. 관련된 글자 중에서 대표인 疾(병 질)의 좌상단에 해당하여 '병질엄'이라 불린다. '엄'이라는 명칭은 모양이 厂(집 엄)과 비슷해서 붙여진 것으로 짐작된다.

각종 질병과 관련된 글자에 널리 쓰인다. **글자의 좌상단을 오롯이 덮은 경우** 어떤 부수와 맞붙어도 밀리는 법이 없다. 평소 자신만만하던 사람도 아플 때는 한없이 약해지곤 한다. 역시 병 앞에는 장사가 없나 보다.

참고 嫉(시기할 질: 女 - 1급)

· 소속 글자 ·

病 [병 병] 疒 - 총10획

疾病(질병): 건강하지 않은 상태. 몸의 여러 가지 기능 장애. 예문 질병(疾病)으로 고생하다.

病院(병원): 환자를 진찰하고 치료하는 곳. 예문 골절로 병원(病院)에 입원하다.

痛 [아플 통] 疒 - 총12획

痛症(통증): 아픈 느낌. 예문 통증(痛症)이 없어지다.

痛快(통쾌): 마음이 후련하고 시원함. 예문 통쾌(痛快)하게 이기다.

疲 [지칠 피] 疒 - 총10획

疲困(피곤): 지쳐서 고단함. 예문 피곤(疲困)할 때는 잠시 쉬었다 하자.

疲勞(피로): 몸이나 정신이 지쳐 고단함. 예문 웃음으로 피로(疲勞)를 날리다.

酉 　닭유　 酉

7획

一 厂 冂 丙 酉 酉 酉

술그릇의 상형이다. 술이나 각종 발효음식과 관련된 글자에
광범위하게 쓰인다. 십이지 중에서 열 번째 지지로 '닭'에 배속되어
보통 '닭유'로 불린다. 하지만 실제 닭(鷄)과는 아무 관련이 없다.

글자 내에서 위치는 다양한 편이며, **어디에 위치해도** 부수 대
결에서 늘 이긴다고 보면 된다. 막강한 부수인 氵(삼수변)도 酒(술
주)에서 酉(닭유)에게 무릎을 꿇었다.

그런데 酋(두목 추)를 주목할 필요가 있다. 부족의 우두머리인
추장(酋長)을 가리키는 글자이다. 본래 酋(추)는 술잔(酉)에서 김
(八)이 모락모락 나는 모양을 표현한 글자이다. 그런데 이렇게 酋
(추)의 형태가 되면 김이 샜는지 부수 대결에서 힘을 못 쓴다.

참고 猶(오히려 유: 犬 - 3급) 尊(높을 존: 寸) 奠(제사지낼 전: 大 - 1급)

酒 [술 주] 酉 - 총10획

麥酒(맥주): 보리를 원료로 만든 술. 예문 맥주(麥酒)를 마시다.

飮酒(음주): 술을 마심. 예문 음주(飮酒)가 과해선 안 된다.

配 [짝지을 배] 酉 - 총10획

配慮(배려): 여러모로 자상하게 마음을 씀. 예문 상대방을 배려(配慮)하다.

配置(배치): 사람이나 물건을 알맞은 자리에 둠. 예문 적재적소에 인력을
배치(配置)하다.

醫 [의원 의] 酉 - 총18획

醫術(의술): 병을 고치는 각종 기술. 예문 의술(醫術)은 곧 인술(仁術)이다.

醫師(의사): 의술과 약 등을 이용해 병을 고치는 사람. 예문 의사(醫師)에
게 진료를 받다.

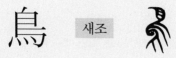

鳥 　새조

11획

丿 丿 冂 冎 臼 鳥 鳥 鳥 鳥 鳥

훨훨 날갯짓하는 새의 상형이다. 부수로서 여러 종류의 새와 새에 관련된 글자들에 널리 쓰인다. 아울러 부수 대결에서도 종횡무진 활약한다. **날개를 활짝 펴고 날 때**의 鳥(새조)는 막을 부수가 없다 하겠다.

다만 島(섬 도)에서의 부수 대결에서는 山(메산)에 밀린다. 날개 접고 얌전하게 앉아 있을 때는 위력을 발휘하지 못하나 보다.

여담으로 눈 부위 점 하나가 빠진 烏(까마귀 오)와 혼동하기 쉬우니 주의하자. 까마귀도 분명 눈이 있다. 하지만 사람이 보기에 눈과 다른 피부가 잘 구별되지 않아 그렇게 표현한 것이다.

참고 島(섬 도: 山) 烏(까마귀 오: 火 - 3급) 嗚(탄식할 오: 口 - 3급) 焉(어찌 언: 火 - 3급)

· 소속 글자 ·

鳥 [새 조] 鳥 - 총11획

鳥類(조류): 새무리. 예문 포유류, 조류(鳥類), 파충류, 양서류, 어류.

鳥足之血(조족지혈): 새 발의 피. 예문 조족지혈(鳥足之血)이란 아주 적은
양을 비유하는 말이다.

鷄 [닭 계] 鳥 - 총21획

鷄卵(계란): 달걀. 닭의 알. 예문 반찬으로 계란(鷄卵)말이가 나오다.

群鷄一鶴(군계일학): 평범한 여러 사람 가운데 뛰어난 한 사람을 비유하
는 말. 예문 단연 군계일학(群鷄一鶴)이다.

鳴 [울 명] 鳥 - 총14획

悲鳴(비명): 몹시 놀라거나 다급할 때 지르는 소리. 예문 어디선가 비명
(悲鳴)이 들리다.

自鳴鐘(자명종): 정해 놓은 시각이 되면 스스로 울려 시각을 알려주는 시
계. 예문 정오에 자명종(自鳴鐘)이 울리다.

彳 두인변 彳

3획

ノ ク 彳

　길을 뜻하는 行(다닐 행)의 왼쪽 절반으로 '길을 가다'의 뜻을 나타낸다. 항상 글자의 왼편에만 위치하고, 亻(사람인변)과 비슷한 모양이라 '두인변' 혹은 '중인변'으로 불린다. 의미상으로는 亻(사람인변), 人(사람인)과 직접적인 관련이 없다.

　글자의 좌측을 오롯이 차지하면 늘 거침없이 밀고 나간다. 亻(사람인변)에 비해 부수로서 접하는 빈도는 낮지만, 부수로서의 용맹함은 훨씬 강하다고 할 수 있다.

참고 覆(뒤집힐 복: 襾 - 3급) 履(밟을 리: 尸 - 3급)

待 [기다릴 대] 彳 - 총9획

待機(대기): 때나 기회가 생기기를 기다림. 예문 출동 준비 상태로 대기(待機)하다.

待接(대접): 음식을 차려 손님을 맞음. 예문 초대받아 융숭한 대접(待接)을 받았다.

德 [덕 덕] 彳 - 총15획

德分(덕분): 베풀어준 은혜. 예문 도와주신 덕분(德分)에 잘 지내고 있습니다.

變德(변덕): 이랬다저랬다 변하기를 잘하는 성질이나 태도. 예문 자꾸 변덕(變德)을 부리다.

徒 [무리 도] 彳 - 총10획

徒步(도보): 걸어서 감. 예문 도보(徒步) 여행을 떠나다.

信徒(신도): 종교를 믿는 사람. 예문 사찰에 신도(信徒)들이 모이다.

得 [얻을 득] 彳 - 총11획

得點(득점): 점수를 얻음. 또는 얻은 점수. 예문 홈런으로 득점(得點)을 올리다.

所得(소득): 어떤 일의 결과로 얻는 것. 예문 올해에는 소득(所得)이 많다.

律 [법률] 彳 - 총9획

法律(법률): 국가가 제정하고 국민이 준수하는 법의 규율. 예문 법률(法律)에 따라 처벌하다.

自律(자율): 자신의 의지로 자기 행동을 규제함. 예문 자율(自律)적으로 행동하다.

復 [돌아올 복 / 다시 부] 彳 - 총12획

復歸(복귀): 본디의 자리나 상태로 되돌아감. 예문 임무를 마치고 복귀(復歸)하다.

復興(부흥): 쇠하였던 것이 다시 일어남. 예문 지역경제를 부흥(復興)시키다.

往 [갈 왕] 彳 - 총8획

往來(왕래): 오고 감. 편지나 소식을 주고받음. 예문 왕래(往來)가 빈번하다.

往復(왕복): 갔다가 돌아옴. 예문 버스로 왕복(往復) 세 시간이 소요되다.

從 [좇을 종] 彳 - 총11획

從前(종전): 이전. 이제까지. 예문 종전(從前)대로 일을 처리하다.

從屬(종속): 주(主)가 되는 것에 딸리어 붙음. 예문 경제적으로 종속(從屬)되다.

後 [뒤 후] 彳 - 총9획

後退(후퇴): 뒤로 물러감. 예문 어쩔 수 없이 후퇴(後退)하다.

前後(전후): 앞과 뒤. 먼저와 나중. 예문 전후(前後)를 살피며 가다.

徐 [천천할 서] 彳 - 총10획 / 3급

徐行(서행): 사람이나 자동차 등이 천천히 움직임. 예문 빗길에 차량들이
서행(徐行)하다.

徐羅伐(서라벌): 신라(新羅)의 옛 이름. 예문 과거에는 경주(慶州)를 서라
벌(徐羅伐)이라 불렀다.

微 [작을 미] 彳 - 총13획 / 3급

微笑(미소): 소리를 내지 않고 빙긋이 웃는 웃음. 예문 조용히 미소(微笑)
짓는 표정이 아름답다.

微細(미세): 알아보기 어려울 정도로 매우 가늘고 작음. 예문 오늘은 미
세(微細) 먼지 농도가 높다.

辵 **민책받침** 辵

3획

7 彡 辵

　발을 길게 떼어 놓고 걷는 모습을 표현한 것이다. 글자 내에 서 '길게 걷다, 늘어지다'의 의미를 나타낸다. 辶(책받침)에서 점이 생략된 형태와 비슷하다 하여 '민책받침'으로 불린다.

　비록 부수 이름은 辶(책받침)에서 따왔지만, 부수로서의 위력 은 辶(책받침)보다 한 수 위이다. **글자의 좌하단을 완전히 차지했 을 때**는 다른 부수에 밀리는 경우가 없다.

참고 庭(뜰 정: 广) 艇(거룻배 정: 舟 - 2급) 誕(태어날 탄: 言 - 3급)

建　[세울 건] 廴 - 총9획

建設(건설): 건물이나 그 밖의 시설물을 만들어 세움. 예문 건설(建設) 사
　업이 진행 중이다.

建議(건의): 어떤 문제에 대해 의견이나 희망 사항을 냄. 예문 건의(建議)
　를 받아들이다.

延　[끌 연] 廴 - 총7획

延長(연장): 길이나 시간 등을 늘임. 예문 평균수명이 연장(延長)되다.

延着(연착): 예정된 날짜나 시각보다 늦게 도착함. 예문 비행기가 한 시
　간 연착(延着)되다.

走 달릴주 走

7획

一 十 土 キ 丰 走 走

사람의 상형인 大(큰 대)에 발의 상형인 止(그칠 지)가 더해진 형태이다. 사람의 발을 강조하여 '달리다'의 의미를 실감이 나게 표현하였다.

급한 일이 있어 달릴 땐 이것저것 살필 틈이 없는 것일까. **글자의 좌하단을 차지하면** 막강한 부수로 군림한다. 참고로 徒(무리 도)의 우측은 走(달릴주)처럼 보이지만 서로 전혀 다른 글자이다. 走(달릴주) 입장에서는 彳(두인변)과의 대결에서 패배했다고 하면 억울할 것 같다.

참고 徒(무리 도: 彳)

走 [달릴 주] 走 - 총7획

走破(주파): 정해진 거리를 끝까지 달림. 예문 100미터를 10초에 주파(走破)하다.

繼走(계주): 이어달리기. 예문 계주(繼走)는 팀워크가 중요하다.

起 [일어날 기] 走 - 총10획

起立(기립): 일어섬. 예문 공연이 끝나고 기립(起立)박수를 받다.

起伏(기복): 일어났다 엎드렸다 함. 지세가 높아졌다 낮아졌다 함. 예문 감정 기복(起伏)이 심한 편이다.

趣 [향할 취] 走 - 총15획

趣味(취미): 전문이나 직업이 아니라 재미로 좋아하는 일. 예문 취미(趣味)로 등산을 하다.

趣向(취향): 하고 싶은 마음이 쏠리는 방향. 예문 사람마다 취향(趣向)이 다양하다.

008 왼발의 달인

足 발족 

7획

몸통을 단순화한 사각형 모양에 발의 상형인 止(그칠 지)가 더해진 형태이다. 몸통에 발만 달린 모습을 과장되게 그려 '발'을 강조한 것이다. 부수로서 발이나 발로 하는 행동을 표현한다.

주로 좌측에서 종횡무진 맹활약하는 부수이다. 반면 글자의 우측에 위치할 때는 부수로서 별다른 힘을 발휘하지 못한다. 대신 음요소로 작용함을 볼 수 있다.

참고 促(재촉할 촉: 人 - 3급) 捉(잡을 착: 手 - 3급)

足 [발족] 足 - 총7획

手足(수족): 손과 발. 예문 수족(手足)이 멀쩡하다.

長足(장족): 빠른 걸음. 발전 속도가 매우 빠름을 비유하는 말. 예문 장족 (長足)의 발전을 이루다.

路 [길로] 足 - 총13획

道路(도로): 사람이나 차가 다니는 비교적 큰 길. 예문 도로(道路) 공사 중.

血路(혈로): 적의 포위망을 뚫어 헤치고 벗어나는 길. 예문 혈로(血路)를 뚫고 도망치다.

009 뼈에서 힘이 나오다

骨 뼈골

10획

丨 冂 冂 冎 冎 冎 骨 骨 骨

뼈다귀의 상형인 冎와 인체를 의미하는 肉(고기 육)이 더해져 '뼈'를 뜻한다. 그런데 肉(고기 육)은 다른 글자 내에 위치할 때 이렇게 月(달 월) 모양으로 변형되는 경우가 많다. 이에 대해서는 뒤에 다시 설명하도록 하겠다. 骨(뼈골)은 **글자의 좌측에서** 매우 강력한 힘을 발휘하여 각종 뼈와 관련된 의미들을 아우른다.

부수로서 足(발족)과 비교해서 보면 공통점이 많다. 두 부수 모두 우측에 위치할 때 별다른 활약이 없으면서 음요소로 작용한다.

참고 滑(미끄러울 활: 水 - 2급) 猾(교활할 활: 犬 - 1급)

42

· 소속 글자 ·

骨 [뼈 골] 骨 - 총10획

骨髓(골수): 뼈 안에 차 있는 연한 조직. [예문] 아픔이 골수(骨髓)에 맺히다.

骨格(골격): 동물의 몸을 지탱하는 여러 가지 뼈 조직. [예문] 기본 골격(骨格)을 갖추다.

體 [몸 체] 骨 - 총23획

體育(체육): 건강한 몸과 온전한 운동 능력을 기르는 일. [예문] 체육(體育) 활동을 하다.

體統(체통): 지체나 신분에 알맞은 체면. [예문] 지도자로서 체통(體統)을 지키다.

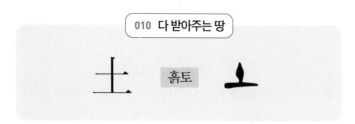

흙토

3획

一 十 土

땅의 신에게 제사지내기 위해 쌓은 기둥모양 흙더미의 상형이다. '흙' 혹은 '신사(神社)'를 뜻한다. 土(흙토)는 쓰임새가 많고, 글자 내에서 위치도 다양하다. 그중 **글자의 좌측과 하단에서 무적의 부수**가 된다.

부수로 소속되어 있는 글자 중에 눈에 띄는 글자들은 執(잡을 집)과 報(갚을 보)인데, 두 글자의 좌측은 형틀의 상형인 幸(다행 행)이다. 본래 土(흙토)와 무관한 글자인 것이다. 상당히 억지스럽게 부수로 편입되었다고 할 수 있다. 그런데 정작 幸(다행 행)의 부수는 엉뚱하게도 干(방패간)이다. 부수를 공부하다 보면 본래 의미와 동떨어져 있는 경우를 자주 보게 된다. 분류의 원칙도 엉성한 경우가 많다. 그저 사람들 간의 약속이라고 이해하기 바란다.

참고 幸(다행 행: 干) 寺(절 사: 寸) 疆(지경 강: 田 - 2급) 社(단체 사: 示)

44

土 [흙 토] 土 - 총3획

土壤(토양): 식물을 자라게 하는 흙. 예문 비옥한 토양(土壤).

國土(국토): 나라의 땅. 예문 국토(國土)를 개발하다.

堅 [굳을 견] 土 - 총11획

堅固(견고): 굳고 튼튼함. 예문 수비가 매우 견고(堅固)하다.

中堅(중견): 어떤 단체나 사회에서 중심이 되어 활동하거나 중요한 구실
을 하는 사람. 예문 중견(中堅) 간부의 역할이 중요하다.

境 [지경 경] 土 - 총14획

境界(경계): 지역이 갈라지는 한계. 예문 나라와 나라 사이의 경계(境界).

環境(환경): 주위의 사물이나 사정. 예문 주변 환경(環境)이 중요하다.

均 [고를 균] 土 - 총7획

均衡(균형): 어느 한쪽으로 기울거나 치우치지 않고 고른 상태. 예문 균
형(均衡)을 잘 유지하다.

均一(균일): 금액이나 수량이 모두 똑같음. 예문 모두에게 균일(均一)하
게 적용하다.

基 [터 기] 土 - 총11획

基本(기본): 사물의 가장 중요한 밑바탕. 예문 무슨 일이든 기본(基本)이
　　중요하다.

基準(기준): 기본이 되는 표준. 예문 평가 기준(基準)을 정하다.

壇 [단 단] 土 - 총16획

敎壇(교단): 교사가 교실에서 수업할 때 올라서는 단. 예문 교단(敎壇)에
　　선지 수십 년이 되다.

講壇(강단): 강의나 연설을 할 때 올라서도록 높게 만든 자리. 예문 강단
　　(講壇)에 서서 설명하다.

堂 [집 당] 土 - 총11획

食堂(식당): 음식을 만들어 파는 가게. 예문 식당(食堂)에서 점심을 먹다.

書堂(서당): 글방. 예문 서당(書堂) 개 3년이면 풍월을 읊는다.

墓 [무덤 묘] 土 - 총14획

墓地(묘지): 무덤이 있는 땅. 예문 묘지(墓地)에 시신을 안장하다.

省墓(성묘): 조상의 산소에 가서 인사드리고 산소를 살피는 일. 예문 추
　　석에 성묘(省墓)하다.

壁 [벽 벽] 土 - 총16획

壁紙(벽지): 건물의 벽에 바르는 종이. 예문 벽지(壁紙)를 새로 바르다.

絶壁(절벽): 매우 험한 벼랑. 예문 깎아지른 것 같은 절벽(絶壁).

報 [갚을 보] 土 - 총12획

報答(보답): 남의 은혜나 호의를 갚음. 예문 부모님의 은혜에 보답(報答)하다.

報道(보도): 신문이나 방송으로 새 소식을 널리 알림. 예문 정확하고 신속한 보도(報道).

城 [성 성] 土 - 총10획

城門(성문): 성의 출입구에 만든 문. 예문 성문(城門)을 열고 출발하다.

鐵甕城(철옹성): 무쇠로 만든 독처럼 튼튼히 쌓은 산성. 예문 철옹성(鐵甕城)같이 지키다.

壓 [누를 압] 土 - 총17획

壓迫(압박): 강한 힘으로 내리누름. 예문 심폐소생술은 가슴 압박(壓迫)이 중요하다.

壓縮(압축): 압력을 가하여 부피를 작게 함. 예문 가스를 압축(壓縮)하다.

域 [지경 역] 土 - 총11획

領域(영역): 세력이 미치는 범위. 예문 활동 영역(領域)이 넓다.

地域(지역): 일정한 땅의 구역이나 땅의 경계. 예문 지역(地域)마다 특색이 있다.

場　[마당 장] 土 - 총12획

市場(시장): 여러 가지 상품을 팔고 사는 장소. 예문 시장(市場)에서 채소를 사다.

入場(입장): 장내에 들어감. 예문 선수들이 입장(入場)하다.

在　[있을 재] 土 - 총6획

在野(재야): 벼슬하지 않고 민간에 있음. 예문 재야(在野)인사를 모셔오다.

存在(존재): 실제로 있음. 예문 지구상에 존재(存在)하는 생물.

增　[늘어날 증] 土 - 총15획

增加(증가): 수나 양이 많아짐. 예문 인구가 증가(增加)하다.

增殖(증식): 불어서 더 늘어남. 예문 세균이 증식(增殖)하다.

地　[땅 지] 土 - 총6획

地球(지구): 인류가 살고 있는 천체. 예문 지구(地球)는 둥글다.

地形(지형): 땅의 생긴 모양. 예문 지형(地形)을 잘 활용하다.

坐　[앉을 좌] 土 - 총7획 / 3급

坐視(좌시): 관여하지 않은 채 앉아서 보기만 함. 예문 적국의 도발에 결코 좌시(坐視)하지 않겠다.

坐不安席(좌불안석): 앉아 있어도 자리가 편안하지 않음. 예문 좌불안석(坐不安席)은 걱정스러워 가만히 앉아 있지 못하는 모습을 뜻하는 말이다.

型 [거푸집 형] 土 - 총9획 / 2급

模型(모형): 실물을 모방해 만든 물건. 같은 모양의 물건을 만들기 위한
틀. 예문 항공모함 모형(模型)을 조립하다.

典型(전형): 같은 종류의 사물 가운데서 그 특징을 가장 잘 나타내고 있
는 본보기. 예문 그분은 전형(典型)적인 학자이다.

執 [잡을 집] 土 - 총11획 / 3급

執念(집념): 한 가지에 매달려 정신을 쏟음. 예문 이번 일에 강한 집념(執
念)을 가지고 있다.

執行(집행): 법률, 명령, 재판 등의 내용을 실제 실행하는 일. 예문 법률을
강력하게 집행(執行)하다.

011 철석같이 믿다

石 돌석 ᅡᄇ

5획

一 ᄀ 不 石 石

낭떠러지(厂) 아래 굴러다니는 돌덩이(口)를 표현한 것이다. '돌, 바위'를 뜻한다. 石(돌석)이 부수로 작용하는 글자들은 일관되게 돌이나 광물에 관련된 의미를 띤다. **글자의 좌측이나 하단에 위치하는 경우**에는 부수 간 대결에서 무적이다. 土(흙토)와 石(돌석)은 여러모로 공통점이 많다.

그리고 혹시나 하는 마음에 한마디 덧붙이면, 글자 속에서 口는 비단 입(mouth)으로만 한정하지 않았으면 한다. 여러 가지 사물들이 네모꼴로 단순화된 것이라서 의미가 다양한 것으로 이해하기 바란다.

참고 拓(넓힐 척: 手 - 3급) 妬(시샘할 투: 女 - 1급)

· 소속 글자 ·

石 [돌 석] 石 - 총5획

石塔(석탑): 돌로 쌓은 탑. [예문] 석탑(石塔) 주위를 돌다.

巖石(암석): 바윗돌. [예문] 단단한 암석(巖石)을 발견하다.

碑 [돌기둥 비] 石 - 총13획

碑石(비석): 글자를 새겨서 세워 놓은 돌. [예문] 비석(碑石)을 세우다.

記念碑(기념비): 어떤 인물이나 일을 기념하기 위해 세운 비. [예문] 기념비(記念碑)적인 작품을 쓰다.

硏 [갈 연] 石 - 총11획

硏究(연구): 일이나 사물을 자세히 조사하고 생각하여 이치를 밝혀냄. [예문] 오랜 기간 연구(硏究)한 결과물.

硏磨(연마): 학문이나 기술 등을 힘써 배우고 닦음. [예문] 반복하여 기술을 연마(硏磨)하다.

破 [깨뜨릴 파] 石 - 총10획

破壞(파괴): 건물이나 물건 등을 부수거나 무너뜨림. [예문] 자연을 함부로 파괴(破壞)해선 안 된다.

看破(간파): 꿰뚫어 보아 알아차림. [예문] 상대팀의 작전을 간파(看破)하다.

砲 [돌쇠뇌 포] 石 - 총10획

大砲(대포): 화약의 힘으로 포탄을 발사하는 화포. 예문 대포(大砲)로 적
군을 공격하다.

砲門(포문): 대포의 탄알이 나가는 구멍. 예문 중거리 슛으로 공격의 포
문(砲門)을 열다.

確 [굳을 확] 石 - 총15획

確信(확신): 굳게 확실히 믿음. 예문 확신(確信)을 가지고 일하다.

正確(정확): 바르고 확실함. 예문 정확(正確)하게 판단하다.

硬 [굳을 경] 石 - 총12획 / 3급

硬結(경결): 단단하게 굳음. 예문 경결(硬結)된 부위에 침을 놓다.

硬化(경화): 물건이나 몸의 조직 등이 단단하게 굳어짐. 예문 동맥 경화
(硬化)는 매우 위험한 질환이다.

硯 [벼루 연] 石 - 총12획 / 2급

硯滴(연적): 벼루에 먹을 갈 때 물을 담아두는 작은 그릇. 예문 연적(硯滴)
에 깨끗한 물을 붓다.

紙筆硯墨(지필연묵): 종이, 붓, 벼루, 먹을 아울러 이르는 말. 예문 지필연
묵(紙筆硯墨)을 문방사우라고 부른다.

52

碩 [클 석] 石 - 총14획 / 2급

碩士(석사): 대학원에서 과정을 마치고 학위 논문이 통과된 학생에게 주
　어지는 학위. 예문 석사(碩士) 학위를 취득하고 박사 과정에 들어가다.

碩學(석학): 학식이 많고 학문이 깊은 사람. 예문 세계적인 석학(碩學)들
　의 강연을 듣다.

碧 [푸를 벽] 石 - 총14획 / 3급

碧眼(벽안): 눈동자가 파란 눈. 주로 백인을 가리키는 표현임. 예문 벽안
　(碧眼)의 여성을 만나다.

桑田碧海(상전벽해): 뽕나무밭이 푸른 바다로 변함. 예문 상전벽해(桑田
　碧海)는 변화가 매우 심하다는 뜻을 지닌 말이다.

012 지킬 때는 산처럼

山 　메산　 ⋀⋀

3획

丨 屵 山

산의 모양을 본뜬 것이다. '메'는 산(mountain)을 가리키는 순우리말이다. 그래서 산에 사는 돼지를 멧돼지라 부르는 것이다.

山(메산)은 다양한 글자 속에 포함되어 있다. 더구나 상하좌우를 가리지 않고 고루 위치한다. 그런데 어디에 위치하느냐에 따라 부수로서 위력에 차이가 많이 난다. **좌측에 위치할 때**에는 그야말로 무적의 부수이건만 다른 위치에선 쉽게 무너져버린다.

그렇게 보면 앞서 등장한 島(섬 도)에서의 승부가 더욱 눈에 띈다. 하단의 山(메산)이 강해서 이긴 게 아니라 鳥(새조)가 날개를 접어서 졌다고밖에 볼 수 없겠다.

참고 炭(숯 탄: 火) 仙(신선 선: 人) 幽(그윽할 유: 幺 - 3급) 密(빽빽할 밀: 宀)

山 [메 산] 山 - 총3획

登山(등산): 산에 오름. 예문 등산(登山) 전에 준비운동을 하다.

山積(산적): 물건이나 일이 산더미같이 쌓임. 예문 해결할 문제가 산적
(山積)해 있다.

島 [섬 도] 山 - 총10획

島嶼(도서): 바다에 있는 크고 작은 여러 섬. 예문 산간 도서(島嶼) 벽지.

無人島(무인도): 사람이 살지 않는 섬. 예문 무인도(無人島)에 표류하다.

崇 [높을 숭] 山 - 총11획

崇尙(숭상): 높이어 소중하게 여김. 예문 예절을 숭상(崇尙)하다.

崇高(숭고): 존엄하고 거룩함. 예문 숭고(崇高)한 희생정신을 기리다.

峻 [높을 준] 山 - 총10획 / 2급

峻嚴(준엄): 타협함이 없이 매우 엄격함. 예문 준엄(峻嚴)한 역사의 심판
을 받다.

險峻(험준): 험하고 높고 가파름. 예문 산세가 매우 험준(險峻)하다.

言 말씀언

7획

一 二 三 言 言 言 言

자세한 글자 풀이는 생략하겠다. 言 형태의 풀이를 두고 설명이 매우 다양하다. 그중에는 口(입 구)에서 혀를 내민 모습이라는 의견도 있다. '말, 말씀'을 의미하며 부수로서 언어와 관련된 많은 글자들을 아우른다.

글자의 좌측에 온전하게 위치하면 감동적인 연설로 대중의 열렬한 지지를 이끌어낸다. 다만 그 외의 자리에서는 큰 영향력을 발휘하지 못한다.

참고 信(믿을 신: 人) 罰(죄 벌: 网) 辯(말잘할 변: 辛) 獄(지옥 옥: 犬 - 3급)

· 소속 글자 ·

言 [말씀 언] 言 - 총7획

言語(언어): 생각이나 느낌을 전달하는 데에 쓰이는 음성이나 문자와 같
은 수단. [예문] 언어(言語) 생활.

言行(언행): 말과 행동. [예문] 언행(言行)이 일치하다.

講 [익힐 강] 言 - 총17획

講義(강의): 학문이나 기술 등을 설명하며 가르침. [예문] 학생들에게 역사
를 강의(講義)하다.

講究(강구): 알맞은 방법이나 방책을 연구함. [예문] 대책을 강구(講究)하다.

警 [경계할 경] 言 - 총20획

警戒(경계): 범죄나 사고와 같은 일이 일어나지 않게 미리 조심함. [예문]
간첩의 침투를 경계(警戒)하다.

警告(경고): 조심하거나 삼가도록 미리 주의를 줌. [예문] 엄중히 경고(警
告)하다.

計 [셀 계] 言 - 총9획

計算(계산): 수량을 셈. 어떤 일을 예상하거나 고려함. [예문] 비용을 계산
(計算)하다.

計劃(계획): 어떤 일을 함에 앞서 방법이나 차례 등을 미리 생각하는 일.
[예문] 계획(計劃)대로 진행하다.

課 [매길 과] 言 - 총15획

課題(과제): 주어진 문제나 임무. 예문 학교에서 과제(課題)를 내주다.

日課表(일과표): 그날그날 해야 할 일을 적은 놓은 표. 예문 일과표(日課表)대로 행동하다.

記 [기록할 기] 言 - 총10획

記錄(기록): 어떤 사실을 뒤에 남기려고 적음. 예문 사건을 자세히 기록(記錄)하다.

記念(기념): 뒤에 어떤 일을 상기할 근거로 삼음. 예문 졸업 기념(記念)으로 사진을 찍다.

談 [이야기 담] 言 - 총15획

談笑(담소): 스스럼없이 웃으며 얘기함. 예문 편안히 담소(談笑)를 나누다.

眞談(진담): 참된 말. 진실한 이야기. 예문 농담을 진담(眞談)으로 받아들이다.

讀 [읽을 독 / 구두 두] 言 - 총22획

讀書(독서): 책을 읽음. 예문 독서(讀書)하기 좋은 계절이다.

句讀點(구두점): 글의 뜻을 정확히 전달하기 위해 사용하는 여러 가지 부호. 예문 구두점(句讀點)에는 마침표, 쉼표, 물음표 등이 있다.

論 [논할 론] 言 - 총15획

論議(논의): 어떤 문제에 대해 서로 의견을 말하며 의논함. 예문 논의(論議)를 거쳐 결정하다.

論說文(논설문): 자기의 의견이나 주장을 이론적으로 체계를 세워서 적은 글. 예문 논설문(論說文)과 설명문.

訪 [찾을 방] 言 - 총11획

訪問(방문): 어떤 사람이나 장소를 찾아가서 만남. 예문 모교를 방문(訪問)하다.

探訪(탐방): 어떤 사람이나 장소를 탐문하여 찾아봄. 예문 전국의 유적지를 탐방(探訪)하다.

變 [변할 변] 言 - 총23획

變化(변화): 사물의 모양, 성질, 상태 등이 달라짐. 예문 변화(變化)에 적응하다.

逢變(봉변): 뜻하지 않게 화를 입음. 예문 갑자기 봉변(逢變)을 당하다.

謝 [사례할 사] 言 - 총17획

謝過(사과): 자기의 잘못에 대해 용서를 빎. 예문 친구에게 사과(謝過)하다.

感謝(감사): 상대방에게 고마움을 나타내는 인사. 예문 도와주셔서 감사(感謝)합니다.

設 [베풀 설] 言 - 총11획

設置(설치): 어떤 기관이나 설비 등을 마련하여 둠. [예문] 가로등을 설치 (設置)하다.

施設(시설): 도구나 장치 등을 베풀어서 차림. [예문] 운동 시설(施設)이 갖춰지다.

說 [말씀 설 / 달랠 세] 言 - 총14획

說明(설명): 어떤 일의 내용이나 이유나 의의 등을 알기 쉽게 밝혀서 말함. [예문] 이해하기 쉽게 설명(說明)하다.

遊說(유세): 돌아다니며 자기의 의견이나 주장 등을 설명하고 선전함. [예문] 시장후보가 선거 유세(遊說)를 하다.

誠 [정성 성] 言 - 총14획

精誠(정성): 온갖 성의를 다하려는 참되고 거짓 없는 마음. [예문] 정성(精誠)어린 마음.

至誠(지성): 지극한 정성. 더없이 성실함. [예문] 지성(至誠)이면 감천이다.

試 [시험할 시] 言 - 총13획

試驗(시험): 지식수준이나 기술의 숙달 정도 등을 일정한 절차에 따라 알아봄. [예문] 시험(試驗)을 치르다.

試食(시식): 맛이나 요리 솜씨를 보기 위해 시험 삼아 먹어봄. [예문] 식품매장 시식(試食)코너.

詩 [시 시] 言 - 총13획

詩人(시인): 시를 전문적으로 짓는 사람. 예문 윤동주 시인(詩人)의 작품.

抒情詩(서정시): 시인의 사상과 감정을 서정적 주관적으로 읊은 시. 예문
서정시(抒情詩), 서사시, 극시.

識 [알 식/표할 지] 言 - 총19획

知識(지식): 사물에 관한 명료한 인식과 그것에 대한 판단. 예문 다양한
지식(知識)을 쌓다.

標識(표지): 다른 것과 구별하여 알게 하는 데 필요한 표시나 특징. 예문
일방통행 표지(標識).

語 [말씀 어] 言 - 총14획

國語(국어): 자기 나라의 말. 예문 국어(國語)교육이 중요하다.

語彙(어휘): 어떤 사람이나 부문에서 사용되고 있는 단어 전체. 예문 그
사람은 어휘(語彙)가 풍부하다.

誤 [그릇할 오] 言 - 총14획

誤解(오해): 어떤 표현이나 사실에 대해 잘못 이해함. 예문 서로 오해(誤
解)가 풀리다.

誤導(오도): 그릇된 길로 이끎. 예문 진실을 오도(誤導)해선 안 된다.

謠 [노래 요] 言 - 총17획

民謠(민요): 민중 속에서 자연스레 생겨나 오랫동안 전해 내려오는 노래.

　　예문 민요(民謠)에는 애환이 담겨 있다.

童謠(동요): 어린이를 위해 지은 노래. 예문 동요(童謠)를 부르다.

議 [의논할 의] 言 - 총20획

會議(회의): 여럿이 모여 의논함. 예문 긴급히 회의(會議)를 소집하다.

建議(건의): 어떤 문제에 대해 의견이나 희망 사항을 냄. 예문 건의(建議)

　　를 받아들이다.

認 [알 인] 言 - 총14획

認定(인정): 옳거나 확실하다고 여김. 예문 패배를 깨끗이 인정(認定)하다.

確認(확인): 확실히 알아봄. 예문 정답을 확인(確認)하다.

調 [고를 조] 言 - 총15획

調節(조절): 사물의 상태를 알맞게 조정하거나 균형이 잘 잡히도록 함.

　　예문 속도를 적절히 조절(調節).

順調(순조): 아무 탈 없이 잘되어가는 상태. 예문 일의 진행이 순조(順調)

　　롭다.

證 [증거 증] 言 - 총19획

證據(증거): 어떤 사실을 증명할 수 있는 근거. 예문 증거(證據)가 확실하다.

檢證(검증): 검사하여 증명함. 예문 이미 검증(檢證)된 사실이다.

誌 [기록할 지] 言 - 총14획

日誌(일지): 그날그날의 직무상 기록을 적은 책. 예문 일지(日誌)를 작성하다.

雜誌(잡지): 호(號)를 거듭하여 정기적으로 간행되는 출판물. 예문 잡지(雜誌)를 구독하다.

讚 [기릴 찬] 言 - 총26획

稱讚(칭찬): 잘한다고 추어주거나 좋은 점을 들어 기림. 예문 사람들에게 칭찬(稱讚)을 듣다.

讚辭(찬사): 칭찬하는 말이나 글. 예문 독자들의 찬사(讚辭)를 받다.

請 [청할 청] 言 - 총15획

申請(신청): 어떤 일을 해주거나 어떤 물건을 내줄 것을 청구하는 일. 예문 여권 발급을 신청(申請)하다.

請願(청원): 바라는 바를 말하고 이뤄지게 해달라고 청함. 예문 시에서 청원(請願)을 받아들이다.

討 [칠 토] 言 - 총10획

討伐(토벌): 적이 되어 맞서는 무리를 공격하여 없앰. 예문 왜구를 토벌(討伐)하다.

討論(토론): 어떤 문제를 두고 여러 사람이 의견을 말하여 옳고 그름을 따져 논의함. 예문 찬반 토론(討論).

評 [평할 평] 言 - 총12획

評價(평가): 사물의 가치나 수준 등을 판단함. 예문 냉정하게 평가(評價)
하다.

論評(논평): 어떤 사건이나 작품 등의 내용에 대하여 논하면서 비평함.
예문 사안에 대한 논평(論評)을 내놓다.

許 [허락할 허] 言 - 총11획

許諾(허락): 청하고 바라는 바를 들어줌. 예문 선생님의 허락(許諾)을 맡다.

免許(면허): 특정한 행위나 영업을 할 수 있도록 허가하는 일. 예문 운전
면허(免許) 시험을 치르다.

護 [보호할 호] 言 - 총21획

保護(보호): 위험으로부터 약한 것을 잘 돌보아 지킴. 예문 어린이를 보
호(保護)하다.

護具(호구): 충격으로부터 몸을 보호하기 위해 몸의 일부를 가리는 용구.
예문 호구(護具)를 착용하고 대련하다.

話 [말할 화] 言 - 총13획

話術(화술): 말재주. 예문 그 사람은 화술(話術)이 뛰어나다.

對話(대화): 서로 마주 대하여 이야기함. 예문 격의 없이 대화(對話)를 나
누다.

訓　[가르칠 훈] 言 - 총10획

訓鍊(훈련): 무예나 기술 등을 실지로 활용할 수 있도록 배워 익힘. 예문

열심히 훈련(訓鍊)하다.

教訓(교훈): 가르치고 깨우침. 예문 좋은 교훈(教訓)을 얻다.

謀　[꾀할 모] 言 - 총16획 / 3급

謀士(모사): 온갖 꾀나 전략을 내는 사람. 예문 순욱은 『삼국지』에 등장하

는 유명한 모사(謀士)이다.

策謀(책모): 어떤 일을 꾸미고 진행하는 교묘한 생각이나 꾀. 예문 상대

방의 책모(策謀)에 당하다.

諾　[대답할 낙/락] 言 - 총17획 / 3급

承諾(승낙): 주로 윗사람이 아랫사람의 요청을 들어주는 것. 예문 상대방

의 부탁을 승낙(承諾)하다.

許諾(허락): 청하는 일을 하도록 들어줌(승낙과 거의 같은 의미로 쓰임).

예문 교문 출입을 허락(許諾)하다.

糸 실사 &

6획

ㄥ ㄠ ㄠ ㄠ 糸 糸

　　묶어 놓은 실의 상형이다. 아래 부분의 小 형태가 묶고 남은 실가닥에 해당한다. 글자로서 단독으로 쓰임은 거의 없다. 대신 糸가 덧붙은 絲(실 사)가 '실'을 대표한다. 그래서 편의상 부수일 때 '실사'라고 부른다.

　　비록 약하고 가느다란 실이지만 글자의 **좌측을 온전히 차지하였을 땐** 무적의 부수라 할 수 있다.

참고 羅(새그물 라: 网) 潔(깨끗할 결: 水) 孫(손자 손: 子)

絲 [실 사] 糸 - 총12획

螺絲(나사): 소라처럼 빙빙 도는 모양의 홈이 있어 물건을 고정시키는 데 사용함. 예문 나사(螺絲)를 조이다.

一絲不亂(일사불란): 질서나 체계가 정연하여 조금도 흐트러짐이 없음. 예문 일사불란(一絲不亂)한 움직임.

結 [맺을 결] 糸 - 총12획

結果(결과): 열매를 맺음. 어떤 원인으로 말미암아 생기는 상태. 예문 좋은 결과(結果)를 기대하다.

團結(단결): 여러 사람이 한데 뭉침. 예문 단결(團結)하여 큰 힘을 내다.

經 [날 경] 糸 - 총13획

經驗(경험): 실지로 보고 듣고 겪은 일. 예문 다양한 경험(經驗)을 쌓다.

經典(경전): 성인(聖人)의 가르침이나 행실 또는 종교의 교리를 적은 책. 예문 경전(經典)을 중시하다.

系 [이을 계] 糸 - 총7획

體系(체계): 낱낱이 다른 것을 계통을 세워 통일한 전체. 예문 체계(體系)적으로 정리하다.

系譜(계보): 사람의 혈연관계나 학문, 사상 등의 계통을 나타낸 기록. 예문 계보(系譜)를 잇다.

繼 [이을 계] 糸 - 총20획

繼續(계속): 끊이지 않고 잇대어 나아감. 예문 계속(繼續)해서 일하다.

繼走(계주): 이어달리기. 예문 운동회의 하이라이트는 계주(繼走)이다.

給 [넉넉할 급] 糸 - 총12획

給食(급식): 학교나 공장 등에서 끼니 음식을 주는 일 또는 그 음식. 예문
급식(給食)시설을 갖추다.

供給(공급): 요구나 필요에 따라 물품 등을 제공함. 예문 상품을 공급(供
給)하다.

級 [등급 급] 糸 - 총10획

等級(등급): 높고 낮음이나 좋고 나쁨의 차이를 여러 층으로 나눈 구별.
예문 등급(等級)을 매기다.

階級(계급): 지위나 관직 등의 등급. 예문 군대에서 계급(階級)이 높다.

紀 [벼리 기] 糸 - 총9획

紀綱(기강): 으뜸이 되는 중요한 규율과 질서. 예문 조직의 기강(紀綱)을
세우다.

風紀(풍기): 풍속이나 사회도덕에 대한 기강. 예문 풍기(風紀)가 문란하다.

納 [들일 납] 糸 - 총10획

納得(납득): 남의 말이나 행동을 잘 알아차려 이해함. 예문 납득(納得)하
기 어려운 일.

收納(수납): 관공서에서 금품을 거두어들임. 예문 세금을 수납(收納)하다.

練 [익힐 련] 糸 - 총15획

練習(연습): 학문이나 기예 등을 되풀이하여 익힘. 예문 드리블을 연습
(練習)하다.

修練(수련): 정신이나 학문 등을 닦아서 단련함. 예문 심신을 수련(修練)
하다.

綠 [초록빛 록] 糸 - 총14획

綠色(녹색): 푸른색. 파랑과 노랑의 중간색. 예문 녹색(綠色)은 눈에 좋은
색깔이다.

新綠(신록): 초여름에 새로 나온 잎들이 띤 연한 초록빛. 예문 신록(新綠)
의 계절.

線 [줄 선] 糸 - 총15획

直線(직선): 꺾이거나 굽은 데가 없는 곧은 선. 예문 직선(直線)으로 뻗은
도로.

線分(선분): 직선 위의 두 점 사이에 한정된 부분. 예문 선분(線分)의 길이
를 구하시오.

細 [가늘 세] 糸 - 총11획

仔細(자세): 아주 작은 부분까지 구체적이고 분명함. 예문 자세(仔細)하
　게 살피다.

細密(세밀): 자세하고 빈틈없음. 예문 세밀(細密)하게 그린 그림.

素 [흴 소] 糸 - 총10획

素朴(소박): 꾸밈이나 거짓이 없이 있는 그대로임. 예문 소박(素朴)하게
　표현하다.

素描(소묘): 형태와 명암을 위주로 하여 단색으로 그린 그림. 예문 소묘
　(素描)는 회화의 기본.

續 [이을 속] 糸 - 총21획

續出(속출): 잇달아 나옴. 예문 사고가 속출(續出)하다.

繼續(계속): 끊이지 않고 잇대어 나아감. 예문 작업을 계속(繼續)하다.

純 [순수할 순] 糸 - 총10획

純粹(순수): 다른 것이 조금도 섞임이 없음. 예문 순수(純粹)한 물.

單純(단순): 복잡하지 않고 간단함. 예문 구조가 단순(單純)하다.

約 **[묶을 약]** 糸 - 총9획

約束(약속): 어떤 일에 대해 어떻게 하기로 정해 놓고 서로 어기지 않을 것을 다짐함. 예문 약속(約束)을 지키다.

節約(절약): 돈이나 물건 등을 꼭 필요한 데에만 아껴 씀. 예문 전기를 절약(節約)하다.

緣 **[가장자리 연]** 糸 - 총15획

因緣(인연): 사물들 사이에 서로 맺어지는 관계. 예문 서로 좋은 인연(因緣)을 맺다.

血緣(혈연): 같은 핏줄로 이어진 인연. 예문 가족은 끈끈한 혈연(血緣)관계이다.

績 **[실낳을 적]** 糸 - 총17획

業績(업적): 어떤 사업이나 연구 등에서 이루어 놓은 성과. 예문 큰 업적(業績)을 남기다.

成績(성적): 어떤 일을 한 뒤에 나타난 결과. 예문 좋은 성적(成績)을 올리다.

絶 **[끊을 절]** 糸 - 총12획

絶頂(절정): 사물의 진행이나 상태가 최고에 이른 때. 예문 절정(絶頂)에 다다르다.

絶景(절경): 더할 나위 없이 아름다운 경치. 예문 그야말로 절경(絶景)이다.

組 [끈 조] 糸 - 총11획

組立(조립): 여러 부품을 하나의 구조물로 짜맞춤. 예문 가구를 조립(組立)하다.

組成(조성): 두 가지 이상의 요소나 성분으로 짜맞춰 이룸. 예문 수소와 산소로 조성(組成)된 물질.

終 [마칠 종] 糸 - 총11획

終結(종결): 일을 끝마침. 예문 수사가 종결(終結)되다.

終熄(종식): 한때 매우 성하던 것이 가라앉음. 예문 갈등이 종식(終熄)되다.

紙 [종이 지] 糸 - 총10획

紙幣(지폐): 종이에 돈의 값과 내용을 넣어 만든 화폐. 예문 오만 원짜리 지폐(紙幣).

白紙(백지): 아무것도 쓰지 않은 종이. 예문 백지(白紙) 같은 상태이다.

織 [짤 직] 糸 - 총18획

織物(직물): 섬유로 짠 물건을 통틀어 이르는 말. 예문 직물(織物)에는 모직물, 견직물 등이 있다.

組織(조직): 일정한 지위와 역할을 지닌 사람이나 물건이 모여 질서 있는 하나의 집합체를 이룸. 예문 거대한 조직(組織)을 이루다.

總 [거느릴 총] 糸 - 총17획

總帥(총수): 큰 조직이나 집단의 우두머리. 예문 대기업 총수(總帥).

總括(총괄): 개별적인 것을 하나로 묶거나 종합함. 예문 팀원들의 의견을 총괄(總括)하다.

縮 [줄일 축] 糸 - 총17획

縮小(축소): 줄여서 작게 함. 예문 군비를 축소(縮小)하다.

壓縮(압축): 압력을 가하여 부피를 작게 함. 예문 압축(壓縮)해서 보관하다.

統 [큰줄기 통] 糸 - 총12획

統治(통치): 나라나 지역을 도맡아 다스림. 예문 국가를 통치(統治)하다.

統率(통솔): 어떤 조직체를 거느려 다스림. 예문 대규모 부대를 통솔(統率)하다.

紅 [붉을 홍] 糸 - 총9획

粉紅色(분홍색): 흰빛이 섞인 붉은 빛깔. 예문 분홍색(粉紅色)으로 분위기를 내다.

紅一點(홍일점): 많은 남자 속에 하나뿐인 여자를 이르는 말. 예문 우리 모임의 홍일점(紅一點)이다.

舟　　배주　　ᅬ

6획

′　丿　丿　丿　舟　舟

　　나룻배의 상형이다. 각종 선박 그리고 배와 관련된 여러 도구를 뜻하는 글자에 쓰인다. 고집스러우리만큼 **글자의 좌측을 다 차지했을 때에만** 부수로서 위력을 발휘한다.

　　참고로 일러두자면, 다른 글자 내에서 舟(배주)가 月형태로 변형되어 숨어 있는 경우가 종종 있다. 朕(나 짐), 服(옷 복)을 예로 들 수 있다. 하지만 글자를 자세하게 풀이해서 공부하지 않으면 알 수가 없다.

　　참고 搬(옮길 반: 手 - 2급) 盤(소반 반: 皿 - 3급) 槃(쟁반 반: 木 - 1급) 朕(나 짐: 月 - 1급) 服(옷 복: 月)

船 [배 선] 舟 - 총11획

船舶(선박): 배. 주로 규모가 큰 배를 이름. [예문] 각국의 선박(船舶)들이
부두에 정박하다.

船長(선장): 배에 탄 승무원의 우두머리로서 항해를 지휘하고 선원을 통
솔하는 사람. [예문] 선장(船長)의 지시에 따르다.

航 [배 항] 舟 - 총10획

航海(항해): 배를 타고 바다를 다님. [예문] 태평양을 항해(航海)하다.

就航(취항): 배나 비행기가 항로에 오름. [예문] 국제선에 취항(就航)하다.

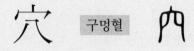

穴 구명혈

5획

` 宀 宀 宀 穴

반지하 움집의 상형이다. 과거 원시적인 동굴 생활과 관련된 글자이다. 그 출입구가 구멍 같았기 때문에 '구멍' 혹은 '굴'의 의미를 나타낸다.

宀(갓머리)처럼 글자의 윗부분에만 위치하며, 일단 **상단 전체를 차지하면** 하늘이 무너져도 부수가 된다. 宀(갓머리)보다 훨씬 강력한 부수라고 말할 수 있다.

참고 腔(속빌 강: 肉 - 1급)

· 소속 글자 ·

空 [빌 공] 穴 - 총8획

空中(공중): 하늘과 땅 사이의 빈 곳. 예문 공중(空中)을 향해 발사하다.

空間(공간): 아무것도 없이 비어 있는 곳. 물리적으로나 심리적으로 널리
　　퍼져 있는 범위. 예문 넓은 공간(空間)을 차지하다.

究 [궁구할 구] 穴 - 총7획

研究(연구): 일이나 사물을 자세히 조사하고 생각하여 이치를 밝혀냄.
　　예문 끊임없이 연구(研究)하다.

講究(강구): 알맞은 방법이나 방책을 연구함. 예문 적절한 방법을 강구
　　(講究)하다.

窮 [다할 궁] 穴 - 총15획

窮地(궁지): 매우 곤란하고 어려운 처지. 예문 궁지(窮地)에 몰리다.

困窮(곤궁): 가난하고 구차함. 예문 생활이 곤궁(困窮)하다.

窓 [창 창] 穴 - 총11획

窓門(창문): 채광이나 통풍을 위해 벽에 낸 작은 문. 예문 창문(窓門)으로
　　바람이 들어오다.

同窓(동창): 같은 학교나 같은 스승 밑에서 공부한 관계. 예문 초등학교
　　동창(同窓).

雨　비우　𠕒

8획

一 厂 厅 币 币 雨 雨 雨

구름에서 빗방울이 뚝뚝 떨어지는 모습을 표현한 것이다. 비 (rain)를 포함해 각종 기상현상과 연관된 글자에 부수로 쓰인다. 비나 눈은 하늘에서 내리는 것이니 대부분 글자의 윗부분에 위치한다. **온전히 상단을 차지하면** 예외 없이 부수가 된다.

　흥미로운 글자로 漏(샐 루)가 있다. 雨(비우)가 다른 글자 아래에 위치하는 특이한 경우인데, 천장에서 물이 새 떨어지는 모습을 비(雨)에 빗대어 표현한 것이다.

참고 曇(흐릴 담: 日 - 1급) 漏(샐 루: 水 - 3급)

雨 [비 우] 雨 - 총8획

雨傘(우산): 펴고 접을 수 있게 만들어, 비가 올 때 손으로 받쳐 쓰는 우비의 한 가지. 예문 우산(雨傘)을 펴다.

雨備(우비): 비를 가리는 여러 가지 기구. 예문 우비(雨備)에는 우산, 비옷, 삿갓 등이 포함된다.

雲 [구름 운] 雨 - 총12획

雲集(운집): 사람이 많이 모임. 예문 경기장에 관중이 운집(雲集)하다.

戰雲(전운): 전쟁이 일어나려는 험악한 형세. 예문 곳곳에서 전운(戰雲)이 감돌다.

雪 [눈 설] 雨 - 총11획

雪原(설원): 눈에 뒤덮여 있는 벌판. 예문 설원(雪原)에서 펼쳐지는 서사시.

雪辱(설욕): 이전에 패했던 부끄러움을 씻어내고 명예를 되찾음. 예문 지난 경기의 패배를 설욕(雪辱)하다.

電 [번개 전] 雨 - 총13획

電氣(전기): 전자의 이동으로 생기는 에너지의 한 형태. 예문 전기(電氣)를 아껴 쓰다.

電話(전화): 전화기로 말을 주고받는 일. 예문 급히 전화(電話)를 걸다.

馬 말마 馬

10획

丨 厂 厂 斤 斤 馬 馬 馬 馬 馬

달리고 있는 말의 상형으로, 오른편에 갈기털이 휘날리고 있다. 말과 비슷한 짐승, 기마와 관련된 동작을 나타내는 데 널리 쓰인다.

아울러 말은 매우 예민한 짐승이라 驚(놀랄 경)처럼 감정과 관련된 글자에서도 종종 볼 수 있다. 주로 글자의 좌측이나 하단에 위치하며, **좌측에서는 무적이지만** 하단에서는 그다지 강하지 않다.

참고로 罵(욕할 매), 篤(도타울 독) 모두 말을 도구로 부리는 모습을 표현한 글자들이다.

참고 罵(욕할 매: 网 - 1급) 篤(도타울 독: 竹 - 3급)

馬 [말 마] 馬 - 총10획

馬車(마차): 말이 끄는 수레. 예문 마차(馬車)가 달려가다.

乘馬(승마): 말을 탐. 예문 승마(乘馬)는 내장운동 효과가 있다.

驚 [놀랄 경] 馬 - 총23획

驚異(경이): 놀라 신기하게 여김. 예문 경이(驚異)적인 기록으로 우승하다.

驚愕(경악): 깜짝 놀람. 예문 경악(驚愕)을 금치 못하다.

驗 [증험할 험] 馬 - 총23획

經驗(경험): 실지로 보고 듣고 겪은 일. 예문 경험(經驗)만한 스승은 없다.

試驗(시험): 지식수준이나 기술의 숙달 정도 등을 일정한 절차에 따라 알

아봄. 예문 수학 능력 시험(試驗).

騎 [말탈 기] 馬 - 총18획 / 3급

騎兵(기병): 말을 타고 전투를 하는 군사. 예문 고대의 전투에서는 기병

(騎兵)의 운용이 매우 중요했다.

騎虎之勢(기호지세): 호랑이 등에 올라탄 형세. 예문 기호지세(騎虎之勢)

란 이미 시작한 일을 중도에 멈출 수 없는 상황을 일컫는 표현이다.

(좌상) 疒	(상단) 穴 雨	-
(좌) 彳 足 骨 土 石 山 言 糸 舟 馬	(전천후) 口 鳥 酉	(우)
夂 走 (좌하)	土 石 (하단)	-

2장

한두 번 패배는 병가의 상사

매우 강한 부수이지만
간혹 패하는 경우도 있는 부수들이다

魚　　물고기어

11획

丿 𠂊 𠂉 乛 𠂢 叴 甮 角 魚 魚 魚

　　물고기(fish)의 상형이다. 魚(물고기어)의 갑골문은 누가 보더라도 물고기를 자세히 그린 형태이다. 각종 어류 및 생선과 관련된 글자에 널리 쓰인다. 주로 글자의 좌측이나 하단에 위치하며 매우 강력한 부수이다.

　　하지만 물고기(魚)가 물(水)을 이길 수는 없나보다. 漁(고기잡을 어)에서 水(물수)에 밀리는 모습을 보인다. 혹 水(물수)가 삼수변(氵) 형태일 때, 워낙 막강하니 어쩔 수 없다고 생각할지도 모르겠다. 하지만 앞서 등장한 酒(술 주)의 경우에서 보았듯이 삼수변(氵)은 무적이 아니다.

　　참고 漁(고기잡을 어: 水)

魚 [물고기 어] 魚 - 총11획

魚類(어류): 물고기를 통틀어 이르는 말. 예문 포유류, 조류, 파충류, 양서류, 어류(魚類).

魚雷(어뢰): 자동장치에 의해 물속을 전진하며 목표물에 명중함으로써 폭발하는 폭탄. 예문 어뢰(魚雷)를 발사하다.

鮮 [고울 선] 魚 - 총17획

鮮明(선명): 산뜻하고 뚜렷하여 다른 것과 혼동되지 않음. 예문 화질이 선명(鮮明)하다.

新鮮(신선): 새롭고 산뜻함. 채소나 생선 등이 싱싱함. 예문 신선(新鮮)한 식재료를 고르다.

鹿 사슴록

11획

一 一 广 户 户 户 户 庐 庐 鹿 鹿

뿔이 있는 수사슴의 상형이다. 주로 사슴과의 동물이나 그와 비슷한 길짐승들을 나타내는 데 쓰인다. 주로 글자의 좌측이나 상단에 위치한다.

웬만해선 밀리지 않는 부수이지만, 땅을 밟고 사는 길짐승인지라 땅(土)은 이길 수 없는 것 같다. 塵(티끌 진)에서 하단의 土(흙 토)에 어쩔 수 없이 패한다.

참고 塵(티끌 진: 土 - 2급)

鹿 [사슴 록] 鹿 - 총11획 / 3급

鹿茸(녹용): 새로 돋아난 사슴의 연한 뿔. [예문] 녹용(鹿茸)은 매우 귀한 약
　재이다.

指鹿爲馬(지록위마): 사슴을 가리키며 말이라 하다. 사실이 아닌 것을 억
　지로 우겨 상대를 농락한다는 의미. [예문] 그 사람이 주장하는 바는 지
　록위마(指鹿爲馬)나 마찬가지이다.

麗 [고울 려] 鹿 - 총19획

華麗(화려): 빛나고 아름다움. [예문] 불빛이 화려(華麗)하다.

秀麗(수려): 빼어나게 아름다움. [예문] 용모가 수려(秀麗)하다.

虫 　벌레충　 ㄹ

6획

｜ 冂 口 中 虫 虫

　　머리 큰 뱀의 상형이라고도 하고, 벌레의 상형이라고도 한
다. 그런데 虫(벌레충)이 좌측이나 하단에 있는 글자들을 보면 정
말 각양각색의 동물들이 포함되어 있다. 한마디로 사람들에게 친
숙한 동물 이외의 움직이는 생물들을 망라한다고 보면 되겠다.

　　부수로서의 파워는 매우 강력하다. 위치도 가리지 않는다.
그런데 머리에 口나 厶가 덧붙은 형태가 되면 조용해지는 특징이
있다. 그리고 누에(虫)가 실(糸)을 뽑아 형태(冂)를 만든다는 의미
인 繭(고치 견)에서 실(糸)에 묶여 얌전해진다.

　　참고 雖(비록 수: 隹 - 3급) 强(굳셀 강: 弓) 繭(고치 견: 糸 - 1급) 騷
(떠들 소: 馬 - 3급) 濁(흐릴 탁: 水 - 3급)

蟲 [벌레 충] 虫 - 총18획

昆蟲(곤충): 벌레를 흔히 이르는 말. 예문 곤충(昆蟲)은 종류가 매우 다양하다.

蟲齒(충치): 벌레 먹어 상한 이. 예문 충치(蟲齒)를 뽑아내다.

蟄 [숨을 칩] 虫 - 총17획 / 1급

蟄居(칩거): 나가서 활동하지 않고 집에만 머무름. 예문 은퇴 후 자신의 집에서 칩거(蟄居)하다.

驚蟄(경칩): 24절기 중 세 번째 절기. 예문 경칩(驚蟄)은 개구리가 동면에서 깨어난다는 뜻을 지니고 있다.

蝕 [좀먹을 식] 虫 - 총15획 / 1급

日蝕(일식): 태양의 일부 혹은 전부가 달의 그림자에 가리게 되는 현상. 예문 검은 셀로판지를 이용해 일식(日蝕)을 관찰하다.

浸蝕(침식): 물, 바람 등에 의해 땅이나 바위가 조금씩 씻겨 가거나 부스러지는 것. 예문 해안 절벽이 오랜 세월 동안 서서히 침식(浸蝕)되다.

食　밥식　(고문자)

9획

丿 𠆢 𠆢 仐 今 㣇 㣇 食 食

　　음식을 그릇에 담고 뚜껑 덮은 모습을 표현한 것이다. 상단
의 삼각형 부분이 뚜껑에 해당한다. 음식 그리고 먹는 행위를 광
범위하게 포괄하는 부수이다.

　　간혹 글자의 하단에 있는 경우도 있지만 대부분 좌측에 위치
한다. 사람에게 음식이 소중한 만큼 부수로서도 매우 강력하지
만, 벌레(虫) 먹어 썩은 음식은 아깝더라도 버릴 수 밖에 없다.

　참고　蝕(좀먹을 식: 虫 - 1급)

食 [밥 식] 食 - 총9획

食口(식구): 한 집에서 끼니를 함께 하며 사는 사람. 예문 집에 식구(食口)가 많다.

飮食(음식): 사람이 먹고 마시는 것. 예문 음식(飮食)을 대접하다.

養 [기를 양] 食 - 총15획

養殖(양식): 물고기나 각종 해산물을 기르고 번식시키는 일. 예문 김을 양식(養殖)하다.

敎養(교양): 사회생활이나 학식을 바탕으로 이뤄지는 품행과 문화에 대한 지식. 예문 교양(敎養)을 갖추다.

餘 [남을 여] 食 - 총16획

餘分(여분): 필요한 양을 넘어 남는 분량. 예문 여분(餘分)의 식량을 비축하다.

餘波(여파): 어떤 일이 끝난 뒤에 그로 인해 미치는 영향. 예문 사건의 여파(餘波)가 아직 남아 있다.

飮 [마실 음] 食 - 총13획

飮料(음료): 사람이 갈증을 풀거나 맛을 즐기기 위해 마시는 액체. 예문 과즙 음료(飮料)를 마시다.

飮福(음복): 제사를 지내고 나서 제사에 썼던 술이나 음식을 나누어 먹는 일. 예문 함께 음복(飮福)하다.

023 흠모하는 이 앞에서는 녹는다

金 쇠금 金

<u>8획</u>

丿 𠂉 𠆢 𠆢 牟 牟 金 金

흙(土) 속에 포함되어 있는 물질이라는 의미를 나타낸다. '쇠'를 뜻하며, 주로 글자 좌측에 위치하여 부수로 작용한다. 각종 금속 및 금속을 다루는 일에 관련된 많은 글자들을 아우른다. 익히 알고 있듯이 성씨로 쓰일 때는 '김'으로 읽는다.

부수로서 매우 강한 글자이며, 특히나 좌측에 위치할 때는 거칠 것이 없어 보인다. 그런데 欽(공경할 흠)에서 欠(하품흠)에게 패배한 것이 눈에 띈다. 欠(하품흠)이 그렇게 막강한 부수이면서 숨은 고수였던 걸까? 이런 의문은 앞으로 차차 풀리게 될 것이다.

참고 欽(공경할 흠: 欠 - 2급) 劉(성씨 유: 刀 - 2급)

·소속 글자·

金 [쇠 금 / 성 김] 金 - 총8획

金石(금석): 쇠붙이와 돌. 매우 굳고 단단한 것을 비유하는 말. 예문 금석 (金石) 같은 맹세.

純金(순금): 불순물이 섞이지 않은 순수한 황금. 예문 순금(純金)으로 왕 관을 만들다.

鏡 [거울 경] 金 - 총19획

眼鏡(안경): 불완전한 시력을 돕거나, 강한 광선으로부터 눈을 보호하기 위해 눈에 쓰는 기구. 예문 안경(眼鏡)을 끼다.

望遠鏡(망원경): 먼 곳의 물체를 확대하여 보는 광학 기계. 예문 망원경 (望遠鏡)으로 바다를 살피다.

鑛 [쇳돌 광] 金 - 총23획

鑛石(광석): 유용한 금속이 많이 섞여 있는 광물. 예문 광석(鑛石)을 채굴 하다.

金鑛(금광): 금을 캐는 광산 또는 광석. 예문 금광(金鑛)을 발견하다.

銅 [구리 동] 金 - 총14획

銅錢(동전): 구리나 구리 합금으로 만든 돈. 예문 동전(銅錢)을 세다.

銅像(동상): 구리로 만든 사람이나 동물의 형상. 예문 공원에 동상(銅像) 을 세우다.

錄 [기록할 록] 金 - 총16획

錄音(녹음): 소리를 재생할 수 있도록 기계로 기록하는 일. 예문 풍경 소리를 녹음(錄音)하다.

記錄(기록): 어떤 사실을 뒤에 남기려고 적음. 예문 사건을 자세히 기록(記錄)하다.

鉛 [납 연] 金 - 총13획

鉛筆(연필): 흑연 가루와 점토를 섞어 가늘고 길게 만든 심을 나뭇대에 박은 필기도구. 예문 연필(鉛筆)로 쓰다.

亞鉛(아연): 푸른 빛깔을 띤 은백색 금속, 각종 합금의 재료로 쓰임. 예문 구리와 아연의 합금을 황동이라 한다.

銀 [은 은] 金 - 총14획

銀盤(은반): 은으로 만든 쟁반. 맑고 깨끗한 얼음판을 아름답게 이르는 말. 예문 은반(銀盤) 위의 요정.

銀河(은하): 밤하늘에 흰 구름 모양으로 길게 보이는 수많은 행성의 무리. 예문 푸른 하늘 은하수(銀河水).

錢 [돈 전] 金 - 총16획

金錢(금전): 쇠붙이로 만든 돈. 금화. 예문 금전(金錢) 거래 내역.

換錢(환전): 서로 종류가 다른 화폐와 화폐를 교환하는 일. 예문 달러로 환전(換錢)하다.

鍾 [쇠북 종] 金 - 총17획

鍾乳石(종유석): 석회 동굴 천장에 고드름처럼 달려 있는 횟돌. 예문 종
유석(鍾乳石) 반출 금지.

鍾路(종로): 종각이 있는 서울의 거리. 예문 종로(鍾路)에 사람들이 운집
하다.

鐵 [쇠 철] 金 - 총21획

鐵石(철석): 쇠와 돌. 굳고 단단함을 비유하는 말. 예문 약속을 철석(鐵石)
같이 믿다.

鐵則(철칙): 변경하거나 어길 수 없는 규칙. 예문 지각하지 않는 것이 나
의 철칙(鐵則)이다.

銃 [총 총] 金 - 총14획

銃彈(총탄): 총알. 총환. 예문 총탄(銃彈)에 맞아 쓰러지다.

拳銃(권총): 한 손으로 다룰 수 있게 만든 작은 총. 예문 권총(拳銃)을 소
지하다.

針 [바늘 침] 金 - 총10획 鍼과 동자(同字)

針術(침술): 침으로 병을 다스리는 의술. 예문 침술(針術)이 매우 정교하다.

針小棒大(침소봉대): 바늘만 한 것을 몽둥이만 하다고 한다는 뜻으로, 심
하게 과장해 말함을 비유하는 말. 예문 자신의 경험을 침소봉대(針小
棒大)하다.

辛 매울신 辛

7획

ㅗ 广 立 辛 辛

예리한 날이 있는 도구의 상형이다. 과거 형벌 도구로도 사용되었다고 한다. 그저 단순히 '맛이 맵다'는 의미가 아니었던 셈이다.

글자의 좌측, 우측이나 하단에서 '죄' 혹은 '날카로운 도구'의 의미로 쓰인다. 부수로서도 예리한 모습을 보이는데 宰(재상 재)에서 宀(갓머리)와의 승부가 아쉽다.

참고로 新(새 신)과 親(친할 친)에서는 木(나무 목)과 결합된 형태로 포함되어 있어 잘 보이지 않는다.

참고 宰(재상 재: 宀 - 3급) 新(새 신: 斤) 親(친할 친: 見) 壁(벽 벽: 土) 僻(치우칠 벽: 人 - 2급)

· 소속 글자 ·

辯 [말잘할 변] 辛 - 총21획

言辯(언변): 말재주. 말솜씨. 예문 그 사람은 언변(言辯)이 뛰어나다.

答辯(답변): 물음에 대하여 밝히어 대답함. 예문 명확한 답변(答辯)을 피

하다.

辭 [말 사] 辛 - 총19획

辭典(사전): 낱말을 모아 일정한 순서로 배열하여 발음, 뜻, 용법, 어원 등

을 해설한 책. 예문 국어사전(辭典)을 편찬하다.

讚辭(찬사): 업적 등을 칭찬하는 말이나 글. 예문 찬사(讚辭)를 아끼지 않다.

玉(王) 구슬옥

5획(4획)

一 二 干 王 玉

　세 개의 옥을 세로로 꿴 모양으로 '구슬, 옥'을 뜻한다. 각종 보석이나 보석 가공과 관련된 글자들에 광범위하게 사용된다.

　다른 글자에 포함될 때는 대부분 점이 생략된 王형태로 쓰인다. 그래서 王(임금 왕)으로 오해받는 경우가 굉장히 많다. 사실 글자 풀이할 때 '왕(king)'이 주인공으로 등장하는 경우는 대부분 재미로 지어낸 얘기라고 봐도 무방하다.

　玉(구슬옥)은 글자의 좌측에 온전히 자리 잡으면 부수로서 매우 강력한 빛을 발한다. 다만 斑(얼룩 반)과 頊(삼갈 욱) 두 글자 때문에 반드시라고 말 못하는 게 '옥에 티'다.

　참고 斑(얼룩 반: 文 - 1급) 碧(푸를 벽: 石 - 3급) 皇(임금 황: 白 - 3급) 主(주인 주: 丶) 全(온전할 전: 入) 弄(희롱할 롱: 廾 - 3급) 頊(삼갈 욱: 頁 - 2급)

玉 [구슬 옥] 玉 - 총5획

玉石(옥석): 옥돌 또는 옥과 돌. [예문] 작품 중에서 옥석(玉石)을 가리다.

珠玉(주옥): 구슬과 옥. [예문] 주옥(珠玉)같은 명언.

王 [임금 왕] 玉 - 총4획

王室(왕실): 왕의 집안. [예문] 왕실(王室)의 전통을 이어가다.

大王(대왕): 훌륭하고 업적이 뛰어난 임금을 높여 일컫는 말. [예문] 세종
대왕(大王)의 업적을 기리다.

球 [공 구] 玉 - 총11획

球技(구기): 공을 사용하는 운동 경기. [예문] 구기(球技)종목에는 야구, 축
구, 농구 등이 있다.

地球(지구): 인류가 살고 있는 행성. [예문] 지구(地球)는 둥그니까.

理 [다스릴 리] 玉 - 총11획

理致(이치): 사물의 정당한 조리. 도리에 맞는 근본 뜻. [예문] 이치(理致)에
맞게 행동하다.

條理(조리): 말, 글 등의 앞뒤가 들어맞고 체계가 서는 갈피. [예문] 차분하
고 조리(條理) 있게 말하다.

班 [나눌 반] 玉 - 총10획

班列(반열): 품계, 신분, 등급의 차례. 예문 정승의 반열(班列)에 오르다.

兩班(양반): 지체나 신분이 높은 상류 계급 사람. 예문 양반(兩班)과 천민.

珍 [보배 진] 玉 - 총9획

珍品(진품): 보배로운 물품. 예문 진품(珍品)을 선물하다.

珍貴(진귀): 보배롭고 귀중함. 예문 진귀(珍貴)한 보석을 얻다.

現 [나타날 현] 玉 - 총11획

現場(현장): 사물이 현재 있는 곳. 사건이 일어난 곳. 예문 현장(現場)에서
    근무하다.

實現(실현): 실제로 나타남. 예문 상상했던 일이 실현(實現)되다.

環 [고리 환] 玉 - 총17획

循環(순환): 한차례 돌아서 다시 먼저의 자리로 돌아옴. 예문 혈액이 온
    몸을 순환(循環)하다.

環境(환경): 주위의 사물이나 사정. 예문 환경(環境)을 개선하다.

玩 [놀 완] 玉 - 총8획 / 1급

玩具(완구): 장난감. 아이들이 가지고 노는 여러 가지 물건. 예문 각종 완
    구(玩具)류를 취급하다.

愛玩犬(애완견): 좋아하여 가까이 두고 기르는 개. 예문 요즘은 애완견(愛
    玩犬)이란 말 대신 반려견이란 말을 많이 사용한다.

珠　[구슬 주] 玉 - 총10획 / 3급

珠玉(주옥): 구슬과 옥. 예문 주옥(珠玉)같은 작품들을 발표하다.

珍珠(진주): 조개류의 체내에서 생성되는 구슬 모양의 단단한 덩어리.
예문 진주(珍珠) 목걸이를 목에 걸다.

琴　[거문고 금] 玉 - 총12획 / 3급

琴瑟(금슬): 거문고와 비파를 아울러 부르는 말. '금실'의 본디말로 남편
과 아내를 비유하는 표현. 예문 부부 사이의 금슬(琴瑟)이 좋다.

彈琴(탄금): 거문고나 가야금 등의 현악기를 타는 것. 예문 가야금 연주
단의 탄금(彈琴) 공연을 관람하다.

方 _{모방} 才

<u>4획</u>

丶 亠 方 方

양쪽에 손잡이가 달린 쟁기의 상형으로, 주로 좌측에서 부수 역할을 한다. 그런데 方(모방)이 부수인 글자들을 잘 보면 旗(기기), 旌(기 정), 旅(군사 려), 族(겨레 족)처럼 우측 상단에 뭔가가 얹혀 있는 경우가 많다. 사실 이런 글자들은 왼편이 方(모방)이 아니라 㫃(깃발 언)이다.

다시 말해 본래 별개의 글자였던 方(모방)과 㫃(깃발 언)이, 단지 모양이 비슷하다는 이유로 뒤섞여 지내는 셈이다. 그래서 方(모방)이 포함된 글자들은 '쟁기'의 의미를 나타내기도 하지만 '깃발'의 의미를 나타내기도 한다. 빈도를 보면 깃발이 오히려 주인으로 보인다.

부수 대결에서는 放(놓을 방)에서 攵(등글월문방)에 패한 부분이 눈에 띈다.

참고 放(놓을 방: 攵) 敖(놀 오: 攵 - 1급) 房(방 방: 戶)

· 소속 글자 ·

方 [모 방] 方 - 총4획

方法(방법): 어떤 목적을 달성하기 위해 취하는 수단. 예문 좋은 방법(方法)을 찾아내다.

方正(방정): 말이나 행동이 바르고 점잖음. 예문 품행이 방정(方正)하다.

旗 [기 기] 方 - 총14획

國旗(국기): 한 나라를 상징하는 기(旗). 예문 우리나라의 국기(國旗)는 태극기이다.

弔旗(조기): 조의(弔意)를 나타내기 위해 다는 국기. 예문 현충일에 조기(弔旗)를 게양하다.

旅 [군사 려] 方 - 총10획

旅行(여행): 일정 기간 동안 다른 고장이나 다른 나라에 가는 일. 예문 가족들과 여행(旅行)을 가다.

旅毒(여독): 여행으로 말미암아 쌓인 피로. 예문 여독(旅毒)이 덜 풀렸다.

施 [베풀 시] 方 - 총9획

施設(시설): 도구나 장치 등을 베풀어서 차림. 예문 편의 시설(施設)이 완비되다.

施策(시책): 국가나 행정기관이 어떤 계획을 실행에 옮김 또는 그 계획. 예문 정부 시책(施策)이 발표되다.

族 [겨레 족] 方 - 총11획

家族(가족): 혈연과 혼인 관계 등으로 한집안을 이룬 사람들의 집단.

예문 온 가족(家族)이 한자리에 모이다.

民族(민족): 같은 지역에서 오랫동안 공동생활을 함으로써 언어나 풍습 등 문화내용을 함께 하는 인간 집단. 예문 여러 민족(民族)으로 이루어지다.

여기서 잠깐!

위의 글자는 '깃발이 바람에 펄럭이며 나부끼는 모양'을 표현한 것이다. 옥편에서 㫃은 '깃발 언'이라고도 하고 '깃발 나부끼는 모양 언'이라고도 한다. 과거 군대가 움직일 때는 깃발이 필수적으로 사용되었기 때문에 㫃(언)이 포함된 글자 중에는 군대나 군사와 관련된 글자들도 상당수이다.

그런데 현재의 옥편에서는 方(모 방)과 㫃(깃발 언)이 한데 모여 있다. 사실 우리가 현재 사용하고 있는 214부수 중에는 이런 경우가 종종 있다. 참고로 약 2,000년 전에는 부수가 무려 540가지였다. 그때에는 方(모 방)과 㫃(깃발 언)이 별개의 부수였지만 후대에 이렇게 합쳐진 것이다.

늘 말하지만 부수는 시대에 따라 수시로 변해왔다. 그러니 너무 어렵게 생각하거나 대단한 것이라 여길 필요는 없다. 친숙해지면 한자를 공부하는 이들에게 더없이 고마운 친구 같은 존재이다. 낯선 친구도 처음엔 서먹서먹하다가 차츰 친해지면 같이 재미있게 놀고, 이름 대신 별명도 막 부르지 않는가. 한자 부수도 그런 친구와 똑같다고 생각해주기 바란다.

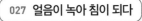

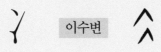

이수변

2획

` 丬

얼음(ice) 결정을 본뜬 것으로 '얼다, 춥다'의 뜻을 나타낸다. 삼수변(氵)에서 획 하나 적은 형태라 하여 '이수변'으로 불린다.

부수로서 매우 강력한 편이지만 宀(갓머리), 馬(말마)와의 대결에서 밀리는 모습을 볼 수 있다. 馮(성 풍)은 우리나라에선 접하기 힘든 성씨이고, 중국인 중에서 간혹 볼 수 있다.

그런데 次(버금 차)는 이 글자들과 상황이 전혀 다르다. 次(버금 차) 우측의 欠(하품흠)은 입 벌린 사람의 상형이며, 여기 점 둘은 '침 흘리는 모습'이다. 본래 얼음을 뜻하는 이수변(冫)과는 무관한 글자인 셈이다.

참고 寒(찰 한: 宀) 馮(성 풍: 馬 - 2급) 次(버금 차: 欠)

· 소속 글자 ·

冬　[겨울 동] 冫 - 총5획

冬季(동계): 겨울철. 예문 동계(冬季) 올림픽에 참가하다.

越冬(월동): 겨울을 남. 예문 월동(越冬) 준비를 서두르다.

冷　[찰 랭] 冫 - 총7획

冷水(냉수): 찬물. 데우지 않은 차가운 물. 예문 한여름이라도 냉수(冷水)
　는 천천히 마시는 게 좋다.

冷藏庫(냉장고): 식품 등을 낮은 온도로 보관하는 가전 기구. 예문 냉장
　고(冷藏庫)에 보관한 음식에도 곰팡이가 필 수 있다.

凍　[얼 동] 冫 - 총10획 / 3급

凍傷(동상): 심한 추위로 인해 피부가 얼어서 상하는 것. 예문 동상(凍傷)
　에 걸리지 않게 장갑과 귀마개를 잘 챙겨라!

冷凍(냉동): 식품 등의 부패를 막기 위해 냉각시켜서 얼림. 예문 냉동(冷
　凍) 시설을 갖추다.

凝　[엉길 응] 冫 - 총16획 / 3급

凝固(응고): 엉기어 굳어짐. 뭉쳐서 딱딱하게 됨. 예문 뚜껑을 열어둔 채
　로 놔두면 물감이 응고(凝固)된다.

凝視(응시): 눈길을 한곳에 가만히 두고 봄. 뚫어지게 자세히 보는 것.
　예문 나무에 붙은 매미를 응시(凝視)하다.

行 다닐행 尒

6획

'　'　彳　彳　行　行

　사거리의 상형으로 '길, 가다'의 뜻을 나타낸다. 다른 글자 내에 위치할 때는 특이하게도 양쪽으로 갈라져 좌우에 위치한다. 그래서 글자를 언뜻 보면 彳(두인변)이 부수라고 생각하기 쉽다. 이렇게 글자가 갈라지는 경우로 衣(옷의)를 예로 들 수 있다. 衣(옷의)의 경우엔 衷(속마음 충), 表(겉 표)처럼 위아래로 갈라진다.

　좌우 양쪽에서 몰아붙이니 웬만한 부수자는 버티기 쉽지 않아 보인다. 그렇지만 단단한 쇠(金)는 양동 작전에도 끄떡없는 것 같다.

참고 銜(재갈 함: 金 - 1급)

· 소속 글자 ·

行 [다닐 행] 行 - 총6획

行動(행동): 몸을 움직임. 예문 자연스럽게 행동(行動)하다.

行政(행정): 국가 기관에서 법에 따라 행하는 정무. 예문 행정(行政) 사무를 처리하다.

街 [거리 가] 行 - 총12획

街路樹(가로수): 큰길의 양쪽 가에 줄지어 심은 나무. 예문 가로수(街路樹) 그늘 아래 서다.

商街(상가): 상점이 많이 늘어서 있는 거리. 예문 상가(商街)에서 쇼핑하다.

術 [꾀 술] 行 - 총11획

技術(기술): 어떤 일을 정확하고 능률적으로 해내는 솜씨. 예문 정교한 기술(技術)을 사용하다.

醫術(의술): 병을 고치는 각종 기술. 예문 의술(醫術)이 매우 뛰어나다.

衛 [지킬 위] 行 - 총15획

衛生(위생): 건강의 유지, 증진을 위해 질병의 예방이나 치료에 힘쓰는 일. 예문 위생(衛生)관리를 철저히 하다.

護衛(호위): 따라다니면서 신변을 경호함. 예문 임금을 호위(護衛)하다.

辵(辶) 책받침 辵

7획(4획)

丶　亠　氵　辶

　걷다의 의미인 行(다닐 행)과 발을 뜻하는 止(그칠 지)가 더해진 형태다. '길을 가다'의 의미로 '쉬엄쉬엄갈 착'이다. 하지만 단독으로 쓰임새가 거의 없으니 잊어버려도 상관없다. 글자의 좌하단에만 위치하며 辶의 형태로 쓴다. '갖은책받침'이나 '책받침'으로 불린다.

　좌하단을 차지하면 부수로서 매우 강력한 힘을 발휘한다. 그런데 巡(돌 순)에서 川(내천)에 밀린 장면이 눈에 확 띈다. 巡(돌 순)은 순찰(巡察), 순회(巡廻), 순경(巡警) 등 쓰임새도 많다. 무심코 길을 가다 실수로 냇물(巛/川)에 빠진 꼴이다. 보면 볼수록 의외의 승부라고 밖에 말할 수 없다. 참고로 暹(해돋을 섬)은 보기 드문 글자인데, 풀이하자면 日+進으로 해(日)가 뜬다(進)는 의미이다.

　참고 巡(돌 순: 巛 - 3급) 暹(해돋을 섬: 日 - 2급) 隨(따를 수: 阜 - 3급) 髓(골수 수: 骨 - 1급)

過 [지날 과] 辵 - 총13획

過剩(과잉): 필요 이상으로 많음. 예문 공급 과잉(過剩)으로 가격이 폭락하다.

過去(과거): 지나간 일이나 때. 예문 과거(過去)를 뒤돌아보다.

近 [가까울 근] 辵 - 총8획

近方(근방): 가까운 곳. 예문 이 근방(近方)에 유명한 유적지가 있다고한다.

接近(접근): 가까이 다가감. 예문 민간인의 접근(接近)을 통제하다.

遠 [멀 원] 辵 - 총14획

遠征(원정): 먼 곳으로 적을 치러 감. 예문 임금이 친히 원정(遠征)을 나가다.

疏遠(소원): 친분이 가깝지 못하고 멂. 예문 친구와 관계가 소원(疏遠)해지다.

達 [통달할 달] 辵 - 총13획

傳達(전달): 다른 사람에게 무엇을 전하여 이르게 함. 예문 물건을 전달(傳達)하다.

通達(통달): 어떤 일이 지식 등에 막힘이 없이 통하여 환히 앎. 예문 그 방면에 통달(通達)하다.

逃 [달아날 도] 辶 - 총10획

逃亡(도망): 쫓겨 달아남. 피하여 달아남. 예문 범인이 도망(逃亡)치다.

逃避(도피): 도망쳐 피함. 예문 수사망이 점점 좁혀오자 해외로 도피(逃避)하다.

道 [길 도] 辶 - 총13획

人道(인도): 차도와 구별하여 사람이 다니는 길. 예문 인도(人道)에는 가로수가 심겨 있다.

道具(도구): 어떤 일을 할 때에 쓰이는 연장. 예문 여러 도구(道具)를 활용하다.

連 [잇닿을 련] 辶 - 총11획

連續(연속): 끊이지 않고 죽 이어지거나 지속함. 예문 비슷한 일이 연속(連續)해서 일어나다.

連載(연재): 신문이나 잡지 등에 소설, 기사, 칼럼, 만화 등을 연속해서 싣는 일. 예문 신문에 연재(連載)하다.

邊 [가 변] 辶 - 총19획

邊方(변방): 나라와 나라의 경계가 되는 변두리 지역. 예문 변방(邊方)을 철통같이 지키다.

底邊(저변): 사회적 경제적으로 밑바탕을 이루는 계층. 예문 브라질은 축구 저변(底邊)이 넓다.

選 [가릴 선] 辶 - 총16획

選擧(선거): 일정한 조직이나 집단에서 그 대표자나 임원을 투표 등의 방법으로 뽑음. 예문 후보가 선거(選擧) 유세를 하다.

嚴選(엄선): 엄정하게 고름. 예문 엄선(嚴選)된 재료로 요리하다.

速 [빠를 속] 辶 - 총11획

速度(속도): 빠르기. 빠른 정도. 예문 차량이 속도(速度)를 내다.

速斷(속단): 성급하게 판단함. 예문 속단(速斷)하기는 아직 이르다.

送 [보낼 송] 辶 - 총10획

送別(송별): 멀리 떠나는 이를 작별하여 보냄. 예문 선배들을 송별(送別)하다.

後送(후송): 후방으로 보냄. 예문 부상병을 급히 후송(後送)하다.

逆 [거스를 역] 辶 - 총10획

逆行(역행): 보통의 방향과 반대 방향으로 나아감. 예문 시대의 흐름에 역행(逆行)하다.

逆轉勝(역전승): 경기 등에서 처음에는 지고 있다가 형세가 뒤바뀌어 이김. 예문 극적인 역전승(逆轉勝)을 거두다.

迎 [맞이할 영] 辶 - 총8획

迎接(영접): 손님을 맞아 접대함. 예문 귀빈을 영접(迎接)하다.

歡迎(환영): 기쁘게 맞이함. 예문 주민들의 환영(歡迎)을 받다.

遇 [만날 우] 辵 - 총13획

處遇(처우): 조처하여 대우함. 예문 직원들의 처우(處遇)를 개선하다.

不遇(불우): 살림이나 형편이 딱하고 어려움. 예문 불우(不遇) 이웃을 돕다.

運 [돌 운] 辵 - 총13획

運搬(운반): 물건을 옮겨 나르는 일. 예문 책상을 운반(運搬)하다.

幸運(행운): 좋은 운수. 예문 행운(幸運)을 바라다.

遊 [놀 유] 辵 - 총13획

遊覽(유람): 구경하며 돌아다님. 예문 방방곡곡을 유람(遊覽)하다.

野遊會(야유회): 들에 나가서 노는 모임. 예문 회사에서 야유회(野遊會)를
열다.

遺 [끼칠 유] 辵 - 총16획

遺跡(유적): 옛 인류가 남긴 유형물의 자취. 예문 고대 유적(遺跡)을 발굴
하다.

後遺症(후유증): 병을 앓다가 회복한 뒤에도 남아 있는 병적 증세. 예문
후유증(後遺症)을 잘 이겨내다.

適 [맞을 적] 辵 - 총15획

適應(적응): 어떠한 상황이나 조건에 잘 어울림. 예문 다른 나라의 문화
에 적응(適應)하다.

適合(적합): 꼭 알맞음. 예문 꽃을 심기에 적합(適合)한 장소이다.

造 [지을 조] 辵 - 총11획

創造(창조): 전에 없던 것을 처음으로 만듦. 예문 무에서 유를 창조(創造)
하다.

造詣(조예): 어떤 분야에 대한 깊은 지식이나 이해. 예문 음악에 조예(造
詣)가 깊다.

週 [돌 주] 辵 - 총12획

週末(주말): 한 주일의 끝. 예문 주말(週末)에 놀러 가다.

週期(주기): 어떤 물체나 현상이 한 바퀴를 도는 기간. 예문 10년을 주기
(週期)로 유행이 변화하다.

進 [나아갈 진] 辵 - 총12획

進路(진로): 장래의 삶의 방식이나 방향. 예문 진로(進路)를 신중히 결정
하다.

進一步(진일보): 한 단계 더 발전해 나아감을 이르는 말. 예문 기술이 진
일보(進一步)하다.

通 [통할 통] 辵 - 총11획

通行(통행): 일정한 공간을 지나서 다님. 예문 통행(通行)하는 사람들이
많은 구간.

疏通(소통): 막히지 않고 잘 통함. 의견이나 의사가 상대편에게 잘 통함.
예문 소통(疏通)이 원활하다.

退 [물러날 퇴] 辵 - 총10획

後退(후퇴): 뒤로 물러감. 예문 작전상 후퇴(後退).

隱退(은퇴): 직책에서 물러나거나 손을 떼고 한가로이 지냄. 예문 선수로
　　서 은퇴(隱退)를 선언하다.

避 [피할 피] 辵 - 총17획

避暑(피서): 시원한 곳으로 옮겨 더위를 피함. 예문 바닷가로 피서(避暑)
　　를 가다.

待避(대피): 위험이나 피해를 입지 않도록 일시적으로 피함. 예문 화재로
　　주민들이 대피(待避)하다.

違 [어길 위] 辵 - 총13획 / 3급

違反(위반): 규칙이나 약속 등을 지키지 않고 어김. 예문 교통법규를 위
　　반(違反)하다.

違法(위법): 법을 어김. 예문 공무원들의 위법(違法) 행위를 엄벌하다.

遜 [겸손할 손] 辵 - 총14획 / 1급

遜色(손색): 서로 견주어 보아서 못한 점. 예문 국가대표로도 손색(遜色)
　　이 없는 기량을 갖고 있다.

謙遜(겸손): 남을 존중하고 자신을 낮추는 태도나 마음가짐. 예문 항상
　　겸손(謙遜)한 자세로 사람들을 대하다.

遮 [막을 차] 辵 - 총15획 / 2급

遮斷(차단): 서로 통하지 못하게 가로막거나 끊음. 다른 것과의 관계나 접촉을 막음. 예문 틈새로 물이 새는 것을 차단(遮斷)하다.

遮蔽(차폐): 눈에 보이지 않게 가려서 막고 덮음. 예문 적군의 눈에 띄지 않게 아군의 시설물을 차폐(遮蔽)하다.

遵 [좇을 준] 辵 - 총16획 / 3급

遵法(준법): 법을 지키고 따름. 예문 준법(遵法) 정신이 투철하다.

遵守(준수): 규칙이나 명령 등을 그대로 좇아서 지킴. 예문 안전 수칙을 준수(遵守)하다.

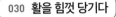

030 활을 힘껏 당기다

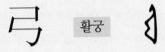 활궁

3획

ㄱ ㄱ 弓

활의 상형이다. 부수로서 활과 관련된 동작, 여러 종류의 활을 표현하는 글자에서 활약한다. 참고로 引(당길 인)은 활시위를 힘껏 당긴 상태를 표현한 글자이다.

弓(활궁)은 彊(굳셀 강)의 경우처럼 주로 글자의 좌측에서 강력한 부수 역할을 한다. 그런데 주의해야 할 글자가 있으니 彊(굳셀 강)과 비슷한 모양의 疆(지경 강)이다. 자세히 보면 막강한 부수들이 여럿 맞붙은 글자임을 알 수 있다.

참고 疆(지경 강: 田 - 2급) 躬(몸 궁: 身 - 1급) 夷(오랑캐 이: 大 - 3급) 發(쏠 발: 癶)

· 소속 글자 ·

強 [군셀 강] 弓 - 총11획

強弱(강약): 강함과 약함. 예문 강약(强弱)을 적절히 조절하다.

強力(강력): 힘이 군셈. 효과나 작용이 강함. 예문 매우 강력(强力)한 효능
을 내다.

弱 [약할 약] 弓 - 총10획

弱點(약점): 부족하거나 불완전한 점. 예문 약점(弱點)을 지속적으로 보
완하다.

微弱(미약): 미미하고 약함. 보잘것없음. 예문 세력이 미약(微弱)하다.

引 [당길 인] 弓 - 총4획

引用(인용): 남의 글이나 말 가운데서 필요한 부분을 끌어다 씀. 예문 『논
어』의 문장을 인용(引用)하다.

牽引(견인): 끌어당김. 예문 사고차량을 견인(牽引)하다.

張 [당길 장] 弓 - 총11획

主張(주장): 자신의 의견이나 학설 등을 군게 내세움. 예문 자기 주장(主
張)을 굽히지 않다.

伸張(신장): 늘어나고 펼쳐짐. 예문 국력이 신장(伸張)되다.

弟 [아우 제] 弓 - 총7획

兄弟(형제): 형과 아우. [예문] 형제(兄弟)간에 우애가 돈독하다.

弟子(제자): 스승의 가르침을 받거나 받은 사람. [예문] 제자(弟子)들을 키우다.

彈 [탄알 탄] 弓 - 총15획

彈丸(탄환): 총알. 탄알. [예문] 적을 향해 탄환(彈丸)을 발사하다.

彈性(탄성): 외부로부터 힘을 받아 모양이 달라진 물체가, 다시 본디의 모양으로 되돌아가려 하는 성질. [예문] 탄성(彈性)이 뛰어나다.

弔 [조상할 조] 弓 - 총4획 / 3급

弔意(조의): 다른 사람의 죽음을 슬퍼하는 마음. [예문] 고인에 대해 삼가 조의(弔意)를 표하다.

弔旗(조기): 조의를 표하기 위해 깃대 끝에서 기폭만큼 내려 다는 기. 반기(半旗). [예문] 현충일에 조기(弔旗)를 게양하다.

弘 [넓을 홍] 弓 - 총5획 / 3급

弘益人間(홍익인간): 널리 인간을 이롭게 함. [예문] 홍익인간(弘益人間)은 『삼국유사』에 나오는 말로, 고조선을 세운 단군왕검의 건국이념이다.

弛 [늦출 이] 弓 - 총6획 / 1급

弛緩(이완): 바짝 조이고 굳었던 것이 풀려 느슨해짐. 예문 긴장된 근육을 스트레칭으로 이완(弛緩)시키다.

解弛(해이): 긴장이나 규율이 풀려 마음이 느즈러짐. 예문 조직의 기강이 해이(解弛)해지다.

031 칼에 지다

歹(歺) 죽을사 

4획(5획)

一 丆 歹 歹

살은 썩어 없어지고 앙상한 뼈만 남은 시신의 상형이다. 죽음을 대표하는 글자인 死(죽을 사)의 왼편이다. 부수로는 편의상 '죽을사'로 불린다. 주로 글자의 좌측에 위치하여 죽음과 관련된 여러 글자들을 아우르며 강력한 힘을 발휘한다.

부수 간 힘겨루기에서 매우 흥미로운 글자가 바로 列(벌일 렬)이다. 좌측에서 막강한 부수인 歹(죽을사)와 우측에서 무적인 刀/刂(칼도)의 진검승부가 펼쳐진다. 결과는 歹(죽을사)의 장렬한 전사이다.

참고 列(벌일 렬: 刀) 屍(주검 시: 尸 - 2급) 斃(죽을 폐: 攴 - 1급)

死 [죽을 사] 歹 - 총6획

死亡(사망): 사람의 죽음. 예문 큰 사고로 사망(死亡)하다.

生死(생사): 삶과 죽음. 예문 가족의 생사(生死)를 확인하다.

殘 [해칠 잔] 歹 - 총12획

殘忍(잔인): 인정이 없고 몹시 모짊. 예문 잔인(殘忍)하게 행동하다.

殘滓(잔재): 남은 찌꺼기. 예문 일제의 잔재(殘滓)를 청산하다.

竹 대죽 ᄴ

6획

丿 ㅑ 仁 仁 竹 竹

대나무의 상형으로 부수로서 주로 대나무를 이용해 만든 물건을 의미한다. 종이가 발명되기 전에는 대쪽에 글자를 썼기 때문에 문서나 책에 관련된 글자에도 종종 등장한다.

글자의 상단에서 매우 막강한 부수이다. 비슷한 형태의 艸(초두)와는 비교가 되지 않는다.

하지만 대쪽을 엮어 책을 만들려면 반드시 끈이 있어야 된다. 그래서인지 纂(모을 찬)에서는 糸(실사)에게 부수 자리를 내주고 만다.

참고 纂(모을 찬: 糸 - 1급)

竹 [대 죽] 竹 - 총6획

竹刀(죽도): 대로 만든 칼. 예문 죽도(竹刀)를 가지고 검도 훈련을 하다.

竹馬故友(죽마고우): 어릴 때부터 같이 놀며 자란 오랜 벗을 이르는 말.
예문 그와는 죽마고우(竹馬故友)이다.

簡 [대쪽 간] 竹 - 총18획

簡單(간단): 사물의 내용이나 얼개가 까다롭지 않고 단순함. 예문 설명이
간단(簡單)하다.

簡潔(간결): 간단하고 깔끔함. 예문 문장이 간결(簡潔)하다.

管 [피리 관] 竹 - 총14획

管理(관리): 어떤 일을 맡아 관할하고 처리함. 예문 재고 관리(管理)를 하다.

保管(보관): 물건 등을 맡아서 관리함. 예문 귀중품을 보관(保管)하다.

筋 [힘줄 근] 竹 - 총12획

筋肉(근육): 몸의 연부조직을 이루고 있는 힘줄과 살. 예문 근육(筋肉) 운
동을 하다.

鐵筋(철근): 건물이나 구조물을 지을 때 콘크리트 속에 넣는 가는 쇠막
대. 예문 철근(鐵筋) 콘크리트 구조.

答 [대답할 답] 竹 - 총12획

答辯(답변): 물음에 대하여 밝히어 대답함. 예문 성실한 답변(答辯)을 요구하다.

對答(대답): 묻는 말에 자기의 뜻을 나타냄. 부름에 응함. 예문 큰 소리로 대답(對答)하다.

等 [같을 등] 竹 - 총12획

等級(등급): 높고 낮음이나 좋고 나쁨의 차이를 여러 층으로 나눈 구별. 예문 높은 등급(等級)을 받다.

同等(동등): 가치, 처지, 등급 등이 같음. 예문 모든 지원자를 동등(同等)하게 대우하다.

範 [법 범] 竹 - 총15획

規範(규범): 마땅히 따르고 지켜야 할 본보기. 예문 규범(規範)을 보이다.

範疇(범주): 같은 성질을 가진 부류 또는 범위. 예문 같은 범주(範疇)에 포함되다.

算 [셀 산] 竹 - 총14획

計算(계산): 수량을 셈. 어떤 일을 예상하거나 고려함. 예문 계산(計算)이 정확하다.

推算(추산): 수량이나 비용 등을 어림잡아 셈함. 예문 인파가 수만 명으로 추산(推算)된다.

笑 [웃을 소] 竹 - 총10획

微笑(미소): 소리 내지 않고 빙긋이 웃음. 예문 입가에 미소(微笑)를 머금다.

談笑(담소): 스스럼없이 웃으며 얘기함. 예문 친구들과 담소(談笑)를 나누다.

籍 [서적 적] 竹 - 총20획

國籍(국적): 국가의 구성원으로서의 자격이나 신분. 예문 국적(國籍)을 취득하다.

移籍(이적): 운동선수가 다른 팀으로 소속을 옮김. 예문 이적(移籍)한 팀에서 맹활약하다.

節 [마디 절] 竹 - 총15획

節度(절도): 말이나 행동 등이 규칙적이고 질서가 있는 것. 예문 절도(節度) 있는 행동.

關節(관절): 뼈와 뼈가 서로 움직일 수 있도록 연결되어 있는 부분. 예문 관절(關節)의 움직임이 부드럽다.

第 [차례 제] 竹 - 총11획

第一(제일): 여럿 중 첫째가는 것. 예문 제일(第一) 중요한 일부터 차근차근 처리하다.

及第(급제): 시험에 합격함. 예문 장원으로 급제(及第)하여 벼슬길에 오르다.

築 [지을 축] 竹 - 총16획

築城(축성): 돌이나 나무 등을 이용해 성을 쌓는 것. 예문 외적의 침입에 대비해 축성(築城)하다.

構築(구축): 건축물을 짓는 일. 예문 진지를 매우 견고하게 구축(構築)하다.

篇 [책 편] 竹 - 총15획

玉篇(옥편): 한자를 모아 부수와 획수에 따라 배열하고, 그 음과 뜻 등을 적은 책. 예문 옥편(玉篇)을 편찬하다.

續篇(속편): 책이나 영화 등에서 본편의 뒷이야기로 만들어진 것. 예문 서둘러 속편(續篇)을 제작하다.

筆 [붓 필] 竹 - 총12획

執筆(집필): 붓을 잡는다는 의미로, 글을 씀. 예문 고향에서 집필(執筆)에 매진하다.

絶筆(절필): 붓을 놓고 글쓰기를 그만둠. 예문 은퇴 후 절필(絶筆)을 선언 하다.

符 [부신 부] 竹 - 총11획 / 3급

符號(부호): 일정한 방식에 따라 어떤 의미를 나타내거나 정보를 전달할 때 쓰이는 기호. 예문 여러 가지 문장 부호(符號)를 활용하다.

符籍(부적): 잡귀를 쫓아내거나 재앙을 물리치기 위해 벽에 붙이거나 몸에 지니고 다니는 종잇조각. 예문 부적(符籍)에 쓰인 글씨는 알아보기 가 어렵다.

策 [꾀 책] 竹 - 총12획 / 3급

策略(책략): 어떤 일을 꾸미고 이루어 나가는 여러 가지 꾀나 방법. 예문
적군을 격파할 책략(策略)이 마련되어 있다.

對策(대책): 어려운 상황을 해결하거나 이겨낼 수 있는 계획. 예문 전염
병에 대한 대책(對策)이 절실하다.

篤 [도타울 독] 竹 - 총16획 / 3급

篤志家(독지가): 자신의 이익과 관계없이 사회적으로 좋은 일에 물심양
면으로 힘쓰는 사람. 예문 독지가(篤志家)의 도움으로 학업을 마칠 수
있었다.

敦篤(돈독): ①사람 사이의 관계가 매우 가깝고 다정함. ②신앙심이나
애정이 깊음. 예문 ①그들은 우정이 매우 돈독(敦篤)한 사이이다. ②
그 사람은 믿음이 돈독(敦篤)하다.

示(礻) 보일시 示

5획

一 二 亍 亓 示

　신에게 희생을 바치는 대의 상형이다. '제사, 신(神)'과 관련된 글자에 널리 쓰인다. 글자의 좌측에 위치할 때는 礻 형태로도 쓴다. 혹여 衣(옷 의)가 축약된 형태인 衤와 모양이 비슷해 헷갈릴 수도 있으니 주의하기 바란다.

　示(보일시)는 좌측에서 매우 막강한 부수이다. 유일하게 패배한 경우가 視(볼 시)이다. 짐작하건데 신(神)은 눈에 안 보여야 되는데, 視(볼 시)는 눈에 보이니 강력한 존재가 아닌 듯하다.

참고 視(볼 시: 見) 宗(마루 종: 宀) 奈(어찌 내: 大 - 3급) 齋(재계할 재: 齊 - 1급) 款(정성 관: 欠 - 2급) 隷(붙을 례: 隶 - 3급)

示 [보일 시] 示 - 총5획

示範(시범): 모범을 보임. 예문 학생들 앞에서 시범(示範)을 보이다.

揭示(게시): 여러 사람에게 알리기 위해 내붙이거나 내걸어 두루 보게
함. 예문 성적을 게시(揭示)하다.

禁 [금할 금] 示 - 총13획

禁止(금지): 말리어 못하게 함. 예문 주민들의 접근을 금지(禁止)하다.

禁煙(금연): 담배 피우는 것을 금함. 예문 금연(禁煙)에 성공하다.

禮 [예도 례] 示 - 총18획

禮節(예절): 예의와 절도. 예문 예절(禮節)을 잘 지키다.

無禮(무례): 예의가 없거나 예의에 맞지 않음. 예문 무례(無禮)한 행동을
사과하다.

福 [복 복] 示 - 총14획

福祉(복지): 만족할 만한 생활환경. 예문 국민의 복지(福祉) 향상에 힘쓰다.

幸福(행복): 모자라는 것이나 마음에 차지 않는 것이 없어 기쁘고 넉넉
함. 예문 행복(幸福)한 나날을 보내다.

祕 **[숨길 비]** 示 - 총10획 秘와 동자(同字)

祕密(비밀): 남에게 보이거나 알려서는 안 되는 일의 내용. 예문 너와 나
　　만 아는 비밀(祕密).

神祕(신비): 불가사의하고 영묘한 비밀. 예문 신비(神祕)로운 빛깔이 나다.

社 **[토지의 신 사]** 示 - 총8획

社會(사회): 공동생활을 하는 인간의 집단. 예문 사회(社會) 첫발을 내디
　　디다.

社說(사설): 신문에서 그 신문사의 주장으로서 싣는 논설. 예문 신문의
　　사설(社說)을 읽다.

神 **[귀신 신]** 示 - 총10획

神聖(신성): 매우 거룩하고 성스러움. 예문 경전을 신성(神聖)하게 여기다.

鬼神(귀신): 사람이 죽은 뒤에 남는다고 하는 넋. 예문 귀신(鬼神)이 곡할
　　노릇.

祭 **[제사 제]** 示 - 총11획

祭祀(제사): 신령이나 죽은 이의 넋에게 음식을 차려 놓고 정성을 나타
　　냄. 예문 제사(祭祀)를 지내다.

祝祭(축제): 축하하여 벌이는 큰 잔치나 행사. 예문 다 함께 축제(祝祭)를
　　벌이다.

祖 [조상 조] 示 - 총10획

祖上(조상): 같은 혈통으로 된, 할아버지 이상의 대대의 어른. 예문 조상 (祖上)을 섬기다.

祖國(조국): 조상 때부터 살아온 나라. 자기가 태어난 나라. 예문 조국(祖國)으로 돌아오다.

祝 [빌 축] 示 - 총10획

祝賀(축하): 기쁘고 즐겁다는 뜻으로 인사함. 예문 졸업을 축하(祝賀)하다.

祝福(축복): 행복하기를 빎. 기뻐하여 축하함. 예문 두 사람의 결혼을 축복(祝福)하다.

票 [불똥튈 표] 示 - 총11획

投票(투표): 선거 또는 어떤 일을 의결할 때, 투표용지에 의사를 기입하여 투표함에 넣는 일. 예문 국민 투표(投票)를 실시하다.

票決(표결): 투표로써 결정함. 예문 안건을 표결(票決)에 부치다.

老(耂) 늙을로 介

6획(4획)

一 十 土 耂 耂 老

　　지팡이를 짚은 채로 허리를 구부린 노인의 상형이다. '늙다' 혹은 '노인'의 뜻을 나타내며, 글자 내에서 耂형태로 변형되기도 한다.

　　글자의 상단에 위치하면 대부분 부수가 되지만 예외가 있다. 역시 자식(子) 이기는 부모는 없나 보다. 孝(효도 효)에서 子(아들자) 에게 밀렸다. 하지만 효자(耂)에게 졌으니 부모 입장에서 기분 나 쁘지는 않을 것 같다.

　　참고 孝(효도 효: 子) 奢(사치할 사: 大 - 1급) 諸(모든 제: 言 - 3급)

· 소속 글자 ·

老 [늙을 로] 老 - 총6획

老人(노인): 나이가 많은 사람. 예문 노인(老人)들의 경험을 경청하다.

老鍊(노련): 많은 경험을 쌓아 그 일에 아주 익숙하고 능란함. 예문 경기
운영이 노련(老鍊)하다.

考 [상고할 고] 老 - 총6획

考慮(고려): 생각하여 헤아림. 예문 여러 가지를 고려(考慮)해 결정하다.

思考(사고): 생각하고 궁리함. 예문 사고(思考)의 폭을 넓히다.

者 [사람 자] 老 - 총9획

學者(학자): 학문을 연구하는 사람. 예문 그 분야에서 이름난 학자(學者)
이다.

著者(저자): 지은이. 책을 지은 사람. 예문 저자(著者) 미상인 작품이다.

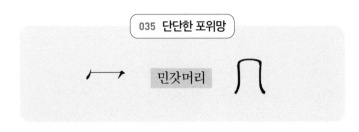

민갓머리

2획

물건을 덮어씌운 보자기의 상형이다. 다른 글자 내에서 '덮다, 얽어매다'는 의미를 나타낸다. 갓머리(宀)에서 점 하나 빠진 형태라 하여 편의상 '민갓머리'로 불린다.

위에서 덮으면 웬만한 글자는 꼼짝하지 못하고 항복한다. 하지만 口(큰입구)만큼 완전한 포위망은 아니다. 軍(군사 군)은 전차(車)를 움직여 포위하는 모습인데 포위망을 뚫고 돌파해버렸다. 軍(군사 군)에 대해서는 뒤에 다시 설명할 기회가 있다(본문 398쪽 참고).

참고 軍(군사 군: 車)

冠 [갓 관] ㄇ - 총9획 / 3급

冠禮(관례): 과거 남자가 성년이 된다는 의미로 상투를 틀고 갓을 쓰던 의례. 예문 관례(冠禮)를 치르다.

衣冠(의관): 옷과 갓. 정식으로 갖춰 입는 옷차림. 예문 의관(衣冠)을 갖추고 외출하다.

冤 [원통할 원] ㄇ - 총10획 / 특급

冤痛(원통): 분하고 억울하여 마음이 아픔. 예문 너무나 원통(冤痛)한 일이다.

冤魂(원혼): 원통하게 죽은 사람의 혼령. 예문 원혼(冤魂)들을 위로하기 위해 제사를 지내다.

冥 [어두울 명] ㄇ - 총10획 / 3급

冥福(명복): 사람이 숨을 거둔 뒤 저승에서 받는 복. 예문 삼가 고인의 명복(冥福)을 빕니다.

冥王星(명왕성): 태양에서 멀리 떨어져 있는 왜소 행성의 하나. 예문 명왕성(冥王星)은 더 이상 태양계의 행성으로 인정되지 않는다.

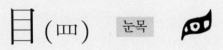

目 (罒)　눈목

5획

丨 冂 冂 月 目

사람 눈(eye)의 상형이다. 다른 글자 내에서 '눈' 혹은 '눈으로 보는 행위'를 나타낸다. 혹 罒 형태로 변형되어 쓰이는 경우도 있다. 그런데 网(그물망)도 글자 내에서 罒 형태로 변형되어 쓰인다. 그래서 의미가 헷갈리기 쉽다.

이 중 흥미로운 글자로 蜀(나라이름 촉)이 있다. 『삼국지』에 등장하는 나라이름으로 유명한 글자인데, 본래 눈(目)이 큰 벌레(虫)를 표현한 글자이다. 또한 冒(무릅쓸 모)는 머리쓰개로 눈(目)을 덮는다는 의미인데, 目(눈목)이 부수 대결에서 밀린 점이 눈에 띈다.

참고 蜀(나라이름 촉: 虫 - 2급) 夢(꿈 몽: 夕 - 3급) 冒(무릅쓸 모: 冂 - 3급)

· 소속 글자 ·

目 [눈 목] 目 - 총5획

目的(목적): 이룩하거나 도달하려고 하는 목표나 방향. 예문 목적(目的)을 달성하다.

目擊(목격): 눈으로 직접 봄. 예문 사건현장을 생생히 목격(目擊)하다.

看 [볼 간] 目 - 총9획

看板(간판): 상점이나 영업소 등에서 상호, 상품명, 업종 등을 써서 밖에 내건 표지. 예문 간판(看板)이 화려하다.

看過(간과): 깊이 관심을 두지 않고 예사로이 보아 내버려 둠. 예문 소중한 부분을 간과(看過)하다.

督 [살펴볼 독] 目 - 총13획

監督(감독): 일이나 사람 등을 보살피고 단속함. 또는 그렇게 하는 사람. 예문 감독(監督)의 지시를 따르다.

督勵(독려): 감독하며 격려함. 예문 직원들을 독려(督勵)하다.

相 [서로 상] 目 - 총9획

相互(상호): 상대가 되는 이쪽과 저쪽 모두. 예문 상호(相互)간의 신뢰가 중요하다.

相衝(상충): 맞지 않고 서로 어긋남. 예문 이해가 상충(相衝)되다.

省 [살필 성 / 덜 생] 目 - 총9획

省察(성찰): 자신이 한 일을 돌이켜 보고 깊이 생각함. 예문 인생을 깊이
성찰(省察)하다.

省略(생략): 덜어서 줄이거나 뺌. 예문 복잡한 설명을 생략(省略)하다.

眼 [눈 안] 目 - 총11획

眼目(안목): 사물을 보아서 분별할 수 있는 식견. 예문 인재를 고르는 안
목(眼目)이 뛰어나다.

眼球(안구): 눈의 주요 부분을 이루고 있는 구형의 시각 기관. 예문 안구
(眼球)건조증.

直 [곧을 직] 目 - 총8획

直線(직선): 꺾이거나 굽은 데가 없는 곧은 선. 예문 곡선과 직선(直線).

率直(솔직): 거짓이나 숨김이 없이 바르고 곧음. 예문 솔직(率直)하게 털
어놓다.

眞 [참 진] 目 - 총10획

眞實(진실): 거짓이 없이 바르고 참됨. 예문 진실(眞實)된 사랑을 하다.

眞理(진리): 참된 도리. 바른 이치. 예문 진리(眞理)를 탐구하다.

眩 [아찔할 현] 目 - 총10획 / 1급

眩氣症(현기증): 머리가 어지럽거나 눈앞이 캄캄해지는 증세. 예문 일어

서는 중 갑자기 현기증(眩氣症)이 나다.

眩惑(현혹): 정신이 홀려 올바르게 판단하지 못함. 예문 화려한 말로 상

대방을 현혹(眩惑)시키다.

睦 [화목할 목] 目 - 총13획 / 3급

和睦(화목): 서로 뜻이 맞고 정다움. 예문 화목(和睦)한 가정에서 자라다.

親睦(친목): 서로 친하고 화목함. 예문 회원들 간에 친목(親睦)을 다지다.

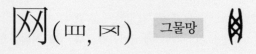

网 (罒, 冈) 그물망

6획(5획, 4획)

丨 冂 冂 冈 网 网

그물을 본뜬 모습으로 '그물, 그물질하다'의 뜻을 나타낸다. 아울러 '얽어매다'는 의미도 지닌다. 그래서 종종 형벌과 관련된 글자에도 쓰인다. 대표적인 예로 罰(죄 벌)을 들 수 있다.

부수로서 위력도 막강한 편인데, 그중 買(살 매)에서 貝(조개 패)에게 당한 패배가 아쉽다. 貝(조개패)가 무적의 부수는 아니기 때문에 힘대결에서 밀렸다고 보기도 어렵다. 여기에 賣(팔 매)는 덤이다. 자고로 돈(貝)이 있어야 물건을 사고파는 것이니 그런가 보다.

참고 買(살 매: 貝) 賣(팔 매: 貝) 岡(산등성이 강: 山 - 2급)

羅 [새그물 라] 网 - 총19획

總網羅(총망라): 빠뜨림 없이 전체를 골고루 망라함. 예문 이상의 작품을
총망라(總網羅)한 전집.

羅針盤(나침반): 자침으로 방위를 알 수 있도록 만든 기구. 예문 나침반
(羅針盤)으로 길을 찾다.

罰 [벌줄 벌] 网 - 총14획

罰則(벌칙): 법규를 어겼을 때의 처벌을 정해 놓은 규칙. 예문 벌칙(罰則)
을 받다.

賞罰(상벌): 잘한 것에는 포상하고 잘못한 것에는 벌을 주는 일. 예문 상
벌(賞罰)을 엄격히 하다.

罪 [허물 죄] 网 - 총13획

罪人(죄인): 죄를 지은 사람. 예문 죄인(罪人)을 감시하다.

犯罪(범죄): 죄를 지음. 예문 우발적인 범죄(犯罪)를 저지르다.

置 [둘 치] 网 - 총13획

置重(치중): 무엇에 중점을 둠. 예문 외국어 공부에 치중(置重)하다.

位置(위치): 일정한 곳에 자리를 차지함. 예문 대로변에 위치(位置)하다.

皿　그릇명

5획

｜　冂　冊　皿　皿

　음식을 담는 그릇의 상형이다. 그릇답게 글자 내에서 위치는
주로 하단이다. 아래에서 '각종 그릇, 담는 동작'과 관련된 글자들
을 아우른다.

　대표적인 글자가 監(볼 감)으로, 물이 담긴 그릇(皿)을 내려다
보는 모습이다. 그런데 監(볼 감)에서 파생된 글자들은 아래에서
보는 바와 같이 皿(그릇명) 부수가 아님을 기억하기 바란다.

　여기에 또 눈에 띄는 글자가 孟(맏 맹)인데, 제사를 주관하는
아들(子) 혹은 맏이를 강조한 표현이라고 한다.

참고 鑑(거울 감: 金 - 3급) 濫(퍼질 람: 水 - 3급) 鹽(소금 염: 鹵 - 3
급) 孟(맏 맹: 子 - 3급) 寧(편안할 녕: 宀 - 3급)

144

·소속 글자·

監 [볼 감] 皿 - 총14획

監修(감수): 책의 내용을 검토하고 감독함. 예문 사전을 감수(監修)하다.

監視(감시): 경계하며 지켜봄. 예문 감시(監視)의 눈길로 쳐다보다.

盜 [훔칠 도] 皿 - 총12획

盜賊(도적): 남의 물건을 빼앗거나 훔치는 짓, 또는 그런 짓을 하는 사람.
예문 도적(盜賊)떼가 출몰하다.

強盜(강도): 폭행, 협박 등 강제 수단으로 남의 금품을 빼앗는 일, 또는 그
러한 도둑. 예문 강도(強盜)를 체포하다.

盛 [성할 성] 皿 - 총12획

盛大(성대): 행사 등의 규모가 아주 성하고 큼. 예문 성대(盛大)한 잔치.

豊盛(풍성): 넉넉하고 많음. 예문 음식을 풍성(豊盛)하게 차리다.

益 [더할 익] 皿 - 총10획

利益(이익): 이롭고 도움이 되는 일. 예문 이익(利益)을 추구하다.

損益(손익): 손실과 이익. 예문 손익(損益)을 철저히 계산하다.

盡 [다될 진] 皿 - 총14획

賣盡(매진): 남김없이 다 팔림. 예문 관람권이 매진(賣盡)되다.

盡心竭力(진심갈력): 마음과 힘을 다함. 예문 진심갈력(盡心竭力)으로 일
에 매달리다.

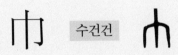

巾 **수건건** 巾

3획

丨 冂 巾

　허리춤에 찬 수건의 상형이다. 부수로서 '헝겊, 천'으로 만든 물건에 관련된 글자들을 아우른다. 부수가 아닌 글자에서는 구석에 조용히 걸려 있는 소품으로 종종 볼 수 있다.

　글자의 하단이나 좌측을 온전히 차지하였을 땐 매우 막강한 부수이다. 席(자리 석)의 경우 꽤 강한 부수인 广(엄호밑)과의 대결에서도 승리를 거두었다. 하지만 무적의 부수라고 하기엔 뭔가 아쉬움이 남는 게 사실이다.

　참고 飾(꾸밀 식: 食 - 3급) 歸(돌아갈 귀: 止) 刷(쓸 쇄: 刀 - 3급)

· 소속 글자 ·

帶 [띠 대] 巾 - 총11획

革帶(혁대): 가죽으로 만든 띠. 예문 허리에 혁대(革帶)를 차다.

携帶(휴대): 어떤 물건을 몸에 지님. 예문 휴대(携帶)하기 간편한 물건.

師 [스승 사] 巾 - 총10획

教師(교사): 학교 등에서 소정의 자격을 가지고 학생을 가르치거나 돌보는 사람. 예문 교사(教師)의 역할이 중요하다.

醫師(의사): 의술과 약 등을 이용해 병을 고치는 사람. 예문 의사(醫師)에게 진료를 받다.

常 [항상 상] 巾 - 총11획

恒常(항상): 늘. 언제나 변함없이. 예문 항상(恒常) 웃는 얼굴을 하고 있다.

常用(상용): 일상적으로 늘 씀. 예문 외국어를 상용(常用)하다.

席 [자리 석] 巾 - 총10획

座席(좌석): 앉을 수 있게 의자를 마련한 자리. 예문 버스 좌석(座席)에 앉다.

卽席(즉석): 앉은자리. 그 자리에서 곧 무슨 일을 하거나 무엇을 만드는 일. 예문 즉석(卽席)에서 결정하다.

市 [저자 시] 巾 - 총5획

市民(시민): 시에 살고 있는 사람. 예문 시민(市民)의 의견을 존중하다.

市場(시장): 여러 가지 상품을 팔고 사는 장소. 예문 시장(市場)에 사람들
이 북적이다.

帳 [휘장 장] 巾 - 총11획

帳簿(장부): 금품의 수입과 지출을 기록하는 일 또는 그 책. 예문 장부(帳
簿)를 꼼꼼히 작성하다.

帳幕(장막): 안을 보지 못하게 둘러치는 막. 예문 스스로 장막(帳幕)을 치다.

帝 [임금 제] 巾 - 총9획

帝國(제국): 황제가 다스리는 나라. 예문 강력한 제국(帝國)을 이루다.

皇帝(황제): 제국의 군주. 예문 황제(皇帝)라는 호칭을 사용하다.

布 [베 포] 巾 - 총5획

布袋(포대): 무명이나 삼베 등으로 만든 자루. 예문 포대(布袋)에 비료를
담다.

布石(포석): 바둑에서 처음에 돌을 벌여 놓는 일. 예문 초반 포석(布石)이
중요하다.

希 [바랄 희] 巾 - 총7획

希望(희망): 어떤 일을 이루거나 얻고자 기대하고 바람. 예문 가슴에 희망(希望)을 품다.

希求(희구): 바라며 구함. 예문 진정한 자유를 희구(希求)하다.

무적의 부수가 아니라도 위치가 중요하다

사실 1장에 등장한 무적의 부수들과 2장에 등장하는 부수들을 명확하게 구별 짓기는 어렵다. 어느 특정 위치로만 한정하면 무적의 부수로 분류할 수 있는 글자들이 2장에도 제법 있기 때문이다. 예를 들어 魚(물고기 어) 같은 경우에는 1장에 등장했던 石(돌석)이나 骨(뼈골)보다 강력하다고 볼 수 있다. 비유하자면 100점을 목표로 하다가 한 문제 틀린 바람에 평가 절하된 경우라 하겠다.

(좌상)	(상단)	
耂	竹 冖 网	-
(좌) 食 金 玉 方 彳 歹 弓 示	(전천후) 魚 鹿 虫 辛 行 目 巾	(우)
辵 (좌하)	皿 (하단)	-

3장

변신하는 부수들

때때로 모양이 달라지는 부수 중에서
눈여겨볼 만한 10개의 부수들이다

手(扌) 손수/재방변

4획(3획)

一 二 三 手

사람 손의 상형으로, 다섯 손가락을 표현한 것이다. 글자의 좌측에 위치할 때는 扌형태가 된다. 모양이 才(재주 재)와 비슷해 '재방변'으로 불린다. 하지만 手(손수)와 才(재주 재)는 실제 아무 관련이 없다.

부수로서는 扌(재방변) 형태일 때 무적이 된다. 手(손수)도 결코 약한 부수는 아니다. 하지만 看(볼 간)에서 目(눈목)에 밀린다. 참고로 看(볼 간)은 손차양(手) 하고 쳐다보는(目) 모습을 표현한 글자이다.

간혹 我(나 아)를 手+戈로 잘못 풀이하는 경우가 있는데, 我(나 아)는 날이 삐죽삐죽한 형태의 창을 본뜬 자체적인 상형자이다.

참고 看(볼 간: 目) 我(나 아: 戈 - 3급)

· 소속 글자 ·

手 [손수] 手 - 총4획

手段(수단): 어떤 목적을 달성하기 위한 방법. 예문 온갖 수단(手段)을 다하다.

失手(실수): 부주의로 잘못을 저지름. 예문 실수(失手)를 반복하지 않겠다.

舉 [들거] 手 - 총18획

舉論(거론): 어떤 사항을 논제로 삼기 위해 입에 올려 말함. 예문 미세먼지 문제를 거론(舉論)하다.

選擧(선거): 일정한 조직이나 집단에서 그 대표자나 임원을 투표 등의 방법으로 뽑음. 예문 대통령 선거(選擧).

擊 [부딪칠 격] 手 - 총17획

擊退(격퇴): 적을 쳐서 물리침. 예문 바다에서 왜군을 격퇴(擊退)하다.

衝擊(충격): 갑자기 부딪쳤을 때의 심한 타격. 예문 큰 충격(衝擊)을 받다.

拜 [절배] 手 - 총9획

歲拜(세배): 섣달그믐이나 정초에 웃어른께 하는 인사. 예문 부모님께 세배(歲拜)를 드리다.

參拜(참배): 무덤이나 기념탑 등의 앞에서 절하고 기림. 예문 국립 현충원에 참배(參拜)하다.

承 [이을 승] 手 - 총8획

承諾(승낙): 청하는 바를 들어줌. 예문 부모님의 승낙(承諾)을 받다.

傳承(전승): 대대로 전하여 이어감. 예문 탈춤을 전승(傳承)하다.

拒 [막을 거] 手 - 총8획

拒否(거부): 동의하지 않고 물리침. 예문 진술을 거부(拒否)하다.

拒絕(거절): 남의 제의나 요구를 받아들이지 않고 물리침. 예문 부정한 청탁을 거절(拒絕)하다.

據 [의거할 거] 手 - 총16획

據點(거점): 활동의 근거지로 삼는 곳. 예문 거점(據點)을 확보하다.

證據(증거): 어떤 사실을 증명할 수 있는 근거. 예문 결백하다는 증거(證據)가 충분하다.

技 [재주 기] 手 - 총7획

技術(기술): 어떤 일을 정확하고 능률적으로 해내는 솜씨. 예문 기술(技術)이 뛰어나다.

技能(기능): 기술적인 능력이나 재능. 예문 기능(技能)을 연마하다.

擔 [멜 담] 手 - 총16획

擔當(담당): 어떤 일을 맡음. 예문 담당(擔當) 구역을 청소하다.

負擔(부담): 어떤 일을 맡아 의무나 책임을 떠맡음. 예문 부담(負擔)스러운 임무.

拍 [칠 박] 手 - 총8획

拍手(박수): 환영, 축하, 격려 등의 뜻으로 손뼉을 치는 일. 예문 기립 박
수(拍手)를 받다.

拍掌大笑(박장대소): 손뼉을 치며 한바탕 크게 웃음. 예문 객석에서 박장
대소(拍掌大笑)가 터지다.

批 [칠 비] 手 - 총7획

批評(비평): 사물의 좋고 나쁨, 옳고 그름 등을 평가함. 예문 문학 작품을
비평(批評)하다.

批判(비판): 비평하여 판단함. 예문 사안을 조목조목 비판(批判)하다.

掃 [쓸 소] 手 - 총11획

淸掃(청소): 깨끗이 쓸고 닦음. 예문 거실을 청소(淸掃)하다.

掃蕩(소탕): 휩쓸어 모조리 없애버림. 예문 해적을 소탕(掃蕩)하다.

損 [덜 손] 手 - 총13획

損害(손해): 금전이나 물질 면에서 본디보다 밑지거나 해가 됨. 예문 손
해(損害)를 보다.

損傷(손상): 떨어지거나 상함. 예문 건물 외벽이 손상(損傷)되다.

授 [줄 수] 手 - 총11획

授受(수수): 물건 등을 주고받음. 예문 금품을 수수(授受)하다.

傳授(전수): 기술이나 지식 등을 전하여 줌. 예문 비법을 전수(傳授)하다.

援 [당길 원] 手 - 총12획

援軍(원군): 도와주는 군대. 예문 기다리던 원군(援軍)이 도착하다.

支援(지원): 뒷받침하거나 편들어서 도움. 예문 전폭적인 지원(支援).

才 [재주 재] 手 - 총3획

才質(재질): 재주와 기질. 예문 미술에 재질(才質)이 있다.

英才(영재): 뛰어난 재능이나 지능을 가진 사람. 예문 영재(英才) 발굴.

折 [꺾을 절] 手 - 총7획

折半(절반): 하나를 반으로 가름. 또는 그렇게 가른 반. 예문 밥을 절반(折半)만 먹다.

曲折(곡절): 복잡한 사연이나 내용. 예문 많은 곡절(曲折)을 겪다.

接 [붙을 접] 手 - 총11획

接續(접속): 서로 맞닿게 이음. 예문 인터넷에 접속(接續)하다.

犯接(범접): 조심성 없이 함부로 가까이 가서 접촉함. 예문 감히 범접(犯接)할 수 없다.

提 [끌 제] 手 - 총12획

提示(제시): 글이나 말로 어떤 내용이나 의사를 드러내 보임. 예문 대안을 제시(提示)하다.

提出(제출): 의견이나 안건 등을 내어놓음. 예문 보고서를 제출(提出)하다.

操 [잡을 조] 手 - 총16획

操心(조심): 잘못이나 실수가 없도록 말과 행동에 마음을 씀. 예문 각별히 조심(操心)하다.

操縱(조종): 비행기나 선박 등의 기계를 다루어 부리는 일. 예문 비행기를 안전하게 操縱(조종)하다.

持 [가질 지] 手 - 총9획

持續(지속): 어떤 상태가 오래 계속됨. 예문 효과가 지속(持續)되다.

維持(유지): 어떤 상태를 그대로 지켜감. 예문 건강을 잘 유지(維持)하다.

指 [손가락 지] 手 - 총9획

指名(지명): 여러 사람 가운데서 누구의 이름을 지정하여 가리킴. 예문 후계자를 지명(指名)하다.

指摘(지적): 어떤 사물을 꼭 집어서 가리킴. 예문 상관의 지적(指摘)을 받은 대원.

採 [캘 채] 手 - 총11획

採集(채집): 무엇을 캐거나 찾아서 모음. 예문 약초를 채집(採集)하다.

採擇(채택): 골라서 씀. 예문 부교재를 채택(採擇)하다.

招 [부를 초] 手 - 총8획

招請(초청): 남을 청하여 부름. 예문 손님을 초청(招請)하다.

自招(자초): 어떤 결과를 자기 스스로 불러들임. 예문 팀의 패배를 자초(自招)하다.

推 [옮을 추/밀 퇴] 手 - 총11획

推薦(추천): 좋거나 알맞다고 생각되는 물건이나 사람을 남에게 권함.

예문 책을 추천(推薦)하다.

推敲(퇴고): 시문을 지을 때, 자구(字句)를 여러 번 생각하여 고침. 예문
퇴고(推敲)를 거듭하다.

打 [칠 타] 手 - 총5획

打擊(타격): 세게 때려 침. 손해나 손실을 봄. 예문 큰 타격(打擊)을 입다.

打開(타개): 어떤 일이나 형편이 얽히거나 막힌 것을 헤치고 뚫어냄.

예문 어려운 상황을 타개(打開)하다.

探 [찾을 탐] 手 - 총11획

探訪(탐방): 어떤 사람이나 장소를 탐문하여 찾아봄. 예문 전국의 유적지
를 탐방(探訪)하다.

探究(탐구): 더듬어 찾아 구함. 예문 진리를 탐구(探究)하다.

擇 [가릴 택] 手 - 총16획

擇一(택일): 여럿 중에서 하나만 고름. 예문 셋 중에서 택일(擇一)하다.

選擇(선택): 둘 이상의 것에서 마음에 드는 것을 골라 뽑음. 예문 전공을
선택(選擇)하다.

投 [던질 투] 手 - 총7획

投藥(투약): 의사가 병에 알맞은 약을 지어 주거나 사용함. 예문 환자에
게 소화제를 투약(投藥)하다.

投手(투수): 야구에서 내야의 중앙에 위치하여 포수를 향해 공을 던지는
선수. 예문 투수(投手)의 역할이 중요하다.

抗 [막을 항] 手 - 총7획

抗拒(항거): 순종하지 않고 맞서 버팀. 예문 일제의 억압에 항거(抗拒)하다.

抵抗(저항): 어떤 힘이나 권위 등에 맞서서 버팀. 예문 권력에 저항(抵抗)
하다.

揮 [휘두를 휘] 手 - 총12획

揮發(휘발): 보통 온도에서 액체가 기체로 변하여 날아 흩어짐. 예문 휘
발(揮發) 성분이 많은 액체.

指揮(지휘): 전체 행동의 통일을 위해 명령하여 사람들을 움직임. 예문
관현악단을 지휘(指揮)하다.

犬(犭) 개견/개사슴록변 犬

4획(3획)

一 ナ 大 犬

　개의 상형이다. 사람을 본뜬 大(큰 대)와는 무관하다. 글자의 좌측에 위치할 때는 犭형태로 변하면서 '개견변' 혹은 '개사슴록변'으로 부른다. 부수로서는 비단 개(dog)에만 국한되지 않고 각종 동물들을 나타내는 글자에 널리 쓰인다.

　글자의 좌측에서 犭(개사슴록변)의 모습일 때는 부수 간 대결에서 무적이다. 하지만 다른 위치에서 犬(개견)형태일 때는 이리 치이고 저리 치인다. 그런데 '개사슴록변'이라는 이름이 다소 엉뚱하게 느껴질 것 같다. 鹿(사슴록)도 네발짐승에 두루 쓰이는 부수인데, 획이 많아 과거에는 犭(개사슴록변)과 혼용하는 경우가 흔했다. 그래서 이름조차 뒤섞이게 되었다고 한다.

참고 哭(울 곡: 口 - 3급) 器(그릇 기: 口) 臭(냄새 취: 自 - 3급) 戾(어그러질 려: 戶 - 1급) 突(갑자기 돌: 穴 - 3급) 類(무리 류: 頁) 伏(엎드릴 복: 人) 然(그러할 연: 火) 默(잠잠할 묵: 黑 - 3급)

· 소속 글자 ·

犬 [개 견] 犬 - 총4획

軍犬(군견): 군대에서 각종 수색, 탐지 등의 목적으로 기르는 개. 예문 군

견(軍犬)을 동원하여 수색하다.

犬猿之間(견원지간): 개와 원숭이 사이라는 뜻으로, 서로 사이가 나쁜 관

계를 비유하는 말. 예문 그들은 서로 견원지간(犬猿之間)이다.

狀 [형상 상 / 문서 장] 犬 - 총8획

狀況(상황): 일이 되어가는 모습이나 형편. 예문 상황(狀況)을 파악하다.

賞狀(상장): 학업, 행실, 업적 등을 칭찬하는 뜻을 적어서 상으로 주는 증

서. 예문 상장(賞狀)을 수여하다.

獎 [권면할 장] 犬 - 총15획

獎勵(장려): 권하여 힘쓰게 함. 예문 출산을 적극 장려(獎勵)하다.

勸獎(권장): 권하고 장려함. 예문 꾸준한 독서를 권장(勸獎)하다.

獨 [홀로 독] 犬 - 총16획

獨立(독립): 다른 것에 딸리거나 기대지 않음. 예문 경제적 독립(獨立).

獨特(독특): 특별히 다름. 예문 홍어만의 독특(獨特)한 냄새.

犯 [범할 범] 犬 - 총5획

犯罪(범죄): 죄를 지음. 예문 범죄(犯罪)를 단속하다.

侵犯(침범): 남의 영토 등에 함부로 들어감. 예문 영해를 침범(侵犯)하다.

心 (忄, 小) 마음심/심방변

4획(3획, 4획)

丶 忄 心 心

심장(heart)의 상형으로 '마음'의 의미를 나타낸다. 글자의 좌측에 위치할 때는 忄 형태가 되며 '마음심변' 혹은 '심방변'으로 불린다. 오롯이 좌측을 차지하기만 하면 상대를 사로잡는 강한 힘이 있다.

한편으로 글자의 하단에 위치할 때는 心 혹은 小 형태가 된다. 이 경우에도 하단을 온전히 차지하면 강력한 부수로 활약한다. 하지만 窓(창문 창)에서 무적의 부수인 穴(구멍혈)과의 정면승부에서 밀리고 만다.

참고 窓(창문 창: 穴) 寧(편안할 녕: 宀 - 3급) 罹(근심할 리: 网 - 1급) 添(더할 첨: 水 - 3급)

心 [마음 심] 心 - 총4획

心身(심신): 마음과 몸. 예문 심신(心身)을 단련하다.

安心(안심): 걱정 없이 마음을 편히 가짐. 예문 안심(安心)하고 집에 가다.

感 [느낄 감] 心 - 총13획

感情(감정): 느끼어 일어나는 기쁨, 노여움, 슬픔, 두려움 등 마음의 현상.
예문 감정(感情)이 북받치다.

感謝(감사): 고맙게 여김. 또는 그런 마음. 예문 감사(感謝)의 뜻을 전하다.

慶 [경사 경] 心 - 총15획

慶事(경사): 매우 즐겁고 기쁜 일. 예문 집안에 경사(慶事)가 나다.

慶祝(경축): 경사로운 일을 축하함. 예문 경축(慶祝) 행사를 벌이나.

急 [급할 급] 心 - 총9획

急所(급소): 사물의 가장 중요한 자리. 예문 급소(急所)를 공격하다.

應急(응급): 급한 상황에 대처함. 예문 응급(應急) 처치를 시행하다.

念 [생각할 념] 心 - 총8획

念慮(염려): 마음을 놓지 못하고 걱정함. 예문 항상 자식을 염려(念慮)하다.

執念(집념): 한 가지 일에 달라붙어 정신을 쏟음. 예문 그 사람은 집념(執念)이 강하다.

怒 [성낼 노] 心 - 총9획

激怒(격노): 격렬하게 성냄. 예문 무례한 행동에 격노(激怒)하다.

震怒(진노): 몹시 노함. 예문 임금의 진노(震怒)를 사다.

慮 [생각할 려] 心 - 총15획

思慮(사려): 여러 가지로 신중하게 생각함. 예문 그는 사려(思慮) 깊은 사람이다.

配慮(배려): 여러모로 자상하게 마음을 씀. 예문 불편함이 없도록 배려(配慮)하다.

悲 [슬플 비] 心 - 총12획

悲哀(비애): 슬픔과 설움. 예문 비애(悲哀)에 젖어 있다.

悲壯(비장): 슬픔 속에서도 의기를 잃지 않고 꿋꿋함. 예문 각오가 비장(悲壯)하다.

思 [생각할 사] 心 - 총9획

思考(사고): 생각하고 궁리함. 예문 사고(思考)의 폭을 넓히다.

意思(의사): 무엇을 하려고 하는 생각이나 마음. 예문 상대방의 의사(意思)를 알아보다.

想 [생각할 상] 心 - 총13획

想像(상상): 머릿속으로 그려서 생각함. 예문 상상(想像)한 것을 그림으로 표현하다.

幻想(환상): 현실로는 있을 수 없는 일을 있는 것처럼 상상하는 일. 예문 환상(幻想) 속에 빠져 있다.

息 [숨쉴 식] 心 - 총10획

消息(소식): 안부를 전하는 말이나 글. 예문 기쁜 소식(消息)을 전하다.

休息(휴식): 일을 하거나 길을 가다가 잠깐 쉬는 일. 예문 휴식(休息) 시간을 갖다.

惡 [악할 악 / 미워할 오] 心 - 총12획

善惡(선악): 착함과 악함. 예문 선악(善惡)을 구별하다.

憎惡(증오): 몹시 미워함. 예문 증오(憎惡)의 대상.

愛 [사랑 애] 心 - 총13획

愛情(애정): 사랑하고 귀여워하는 마음. 예문 자식에 대한 애정(愛情)이 넘치다.

割愛(할애): 소중한 것을 아까워하지 않고 선뜻 내어줌. 예문 바쁜 중에도 시간을 할애(割愛)하다.

怨 [원망할 원] 心 - 총9획

怨望(원망): 억울하게 여겨 탓하거나 분하게 여겨 미워함. 예문 가해자를
원망(怨望)하다.

怨讐(원수): 자신의 집이나 나라에 해를 끼쳐 원한이 맺힌 사람. 예문 민
족의 원수(怨讐)를 갚다.

慰 [위로할 위] 心 - 총15획

慰勞(위로): 괴로움을 어루만져 잊게 함. 예문 난민들을 위로(慰勞)하다.

慰安(위안): 위로하여 안심시킴. 예문 건강함을 위안(慰安)으로 삼다.

恩 [은혜 은] 心 - 총10획

恩師(은사): 은혜를 베풀어준 스승이라는 뜻. 스승을 감사한 마음으로 이
르는 말. 예문 은사(恩師)를 찾아뵙다.

聖恩(성은): 임금의 은혜. 예문 성은(聖恩)이 망극 하옵나이다.

應 [응할 응] 心 - 총17획

應答(응답): 물음이나 부름에 응하여 대답함. 예문 상대방의 응답(應答)
을 기다리다.

對應(대응): 어떤 일이나 사태에 알맞은 조치를 취함. 예문 상황에 유연
하게 대응(對應)하다.

意　[뜻 의]　心 - 총13획

意見(의견): 어떤 일에 대한 생각. 예문 각자의 의견(意見)을 발표하다.

用意(용의): 어떤 일을 할 마음을 먹음. 예문 가르쳐줄 용의(用意)가 있다.

志　[뜻 지]　心 - 총7획

志望(지망): 뜻하여 바람. 예문 댄스가수를 지망(志望)하다.

雄志(웅지): 웅대한 뜻. 예문 가슴에 웅지(雄志)를 품다.

忠　[충성 충]　心 - 총8획

忠誠(충성): 참마음에서 우러나는 정성. 예문 나라에 충성(忠誠)을 다하다.

忠告(충고): 남의 허물이나 결점 등을 고치도록 타이름. 예문 선배의 충고(忠告)를 받아들이다.

態　[모양 태]　心 - 총14획

態度(태도): 몸의 동작이나 몸을 거두는 모양새. 예문 의젓한 태도(態度).

狀態(상태): 사물이나 현상이 처해 있는 현재의 모양이나 형편. 예문 안정적인 상태(狀態)를 유지하다.

必　[반드시 필]　心 - 총5획

必要(필요): 꼭 소용이 있음. 예문 나중에 필요(必要)한 물건이다.

期必(기필): 틀림없이 이루어지기를 기약함. 예문 기필(期必)코 승리하겠다.

憲 [법 헌] 心 - 총16획

憲法(헌법): 국가의 통치 체제에 관한 근본 원칙을 정한 기본법. 예문 헌
법(憲法)에 의거하다.

憲章(헌장): 어떤 사실에 대해 규정한 원칙적인 규범. 예문 어린이 헌장
(憲章).

惠 [은혜 혜] 心 - 총12획

恩惠(은혜): 고맙게 베풀어주는 신세나 혜택. 예문 은혜(恩惠)에 보답하다.

惠澤(혜택): 은혜와 덕택. 예문 큰 혜택(惠澤)을 입다.

患 [근심 환] 心 - 총11획

患者(환자): 병을 앓는 사람. 예문 환자(患者)를 정성껏 치료하다.

病患(병환): 병(病)의 높임말. 예문 할아버지께서 병환(病患) 중이시다.

憤 [성낼 분] 心 - 총15획

憤怒(분노): 분하여 몹시 성을 냄. 예문 분노(憤怒)가 치밀어 오르다.

憤痛(분통): 몹시 분하여 마음이 쓰리고 아픔. 예문 분통(憤痛)이 터질 노
릇이다.

性 [성품 성] 心 - 총8획

性品(성품): 성질과 됨됨이. 예문 성품(性品)이 너그럽다.

特性(특성): 일정한 사물에만 있는 특수한 성질. 예문 지역별 특성(特性)
을 고려하다.

情 [뜻 정] 心 - 총11획

情報(정보): 사물의 내용이나 형편에 관한 소식이나 자료. 예문 여러 가지 정보(情報)를 모으다.

表情(표정): 마음속 감정이나 정서 등 심리 상태가 얼굴에 나타남. 예문 밝은 표정(表情)을 짓다.

快 [쾌할 쾌] 心 - 총7획

快癒(쾌유): 병이 개운하게 다 나음. 예문 환자의 쾌유(快癒)를 빌다.

爽快(상쾌): 기분이 아주 시원하고 거뜬함. 예문 산 정상의 공기가 상쾌(爽快)하다.

恨 [한할 한] 心 - 총9획

恨歎(한탄): 뉘우침이 있거나 원망할 때 한숨을 쉬며 탄식함. 예문 이제와 한탄(恨歎)해도 소용없다.

怨恨(원한): 원통하고 한스러운 생각. 예문 오래된 원한(怨恨)이 풀리다.

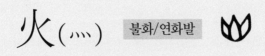

火 (灬)   불화/연화발

4획

丶 丷 少 火

불꽃이 타오르는 모습을 본뜬 것이다. 불의 작용이나 불을 사용하는 도구를 표현할 때 빠지지 않고 등장한다. 글자의 하단에 위치할 때는 灬형태가 되며 '연화(連火)' 혹은 '연화발'이라 불린다.

글자의 좌측에서 火의 형태일 때는 무적의 부수이다. 하지만 글자 하단에서 灬(연화발) 형태일 때는 그리 강하지 않다.

참고로 馬(말마), 魚(고기어), 鳥(새조), 黑(검을흑)의 경우 灬(연화발)이 부수라고 생각하기 쉽다. 하지만 이들은 모두 독자적인 부수자들이다. 더구나 馬(말마), 魚(고기어), 鳥(새조)의 灬형태는 각각 다리와 꼬리가 변형된 것이다. 기억하기는 어렵지 않다. 육군, 해군, 공군을 대표하는 동물 하나씩이다.

참고 秋(가을 추: 禾) 爲(할 위: 爪) 庶(여러 서: 广 - 3급) 寫(베낄 사: 宀) 窯(가마 요: 穴 - 1급) 蕉(파초 초: 艸 - 1급) 螢(개똥벌레 형: 虫 - 3급) 榮(영화로울 영: 木) 勞(일할 로: 力) 鶯(꾀꼬리 앵: 鳥 - 1급)

火 [불 화] 火 - 총4획

火災(화재): 불이 나는 재앙. 예문 화재(火災)를 예방하다.

消火器(소화기): 불을 끄는 데 사용하는 기구. 예문 집집마다 소화기(消火器)를 비치하다.

燈 [등잔 등] 火 - 총16획

燈盞(등잔): 기름을 담아 등불을 켜게 만든 기구. 예문 등잔(燈盞) 밑이 어둡다.

街路燈(가로등): 길거리를 밝히기 위해 설치한 등. 예문 가로등(街路燈) 불빛에 벌레가 모이다.

燃 [불사를 연] 火 - 총16획

燃燒(연소): 불이 붙어서 타는 현상. 예문 기름이 연소(燃燒)되다.

不燃性(불연성): 불에 타지 않는 성질. 예문 불연성(不燃性) 소재를 사용하다.

煙 [연기 연] 火 - 총13획

煙氣(연기): 물건이 탈 때 생기는 빛깔 있는 기체. 예문 아니 땐 굴뚝에 연기(煙氣)날까.

禁煙(금연): 담배 피우는 것을 금함. 예문 학교 주변은 금연(禁煙)구역이다.

營 [경영할 영] 火 - 총17획

經營(경영): 기업이나 사업 등을 관리하고 운영함. 예문 회사를 안정적으
로 경영(經營)하다.

營養(영양): 생물이 생명을 유지하고 성장하기 위해 필요한 성분 혹은 섭
취하는 작용. 예문 영양(營養)을 공급하다.

災 [재앙 재] 火 - 총7획

災害(재해): 재앙으로 인한 피해. 예문 재해(災害) 대책을 세우다.

天災地變(천재지변): 자연현상으로 일어나는 재앙. 예문 천재지변(天災地
變)에 현명하게 대처하다.

炭 [숯 탄] 火 - 총9획

石炭(석탄): 땅속에 오랜 세월 묻힌 식물이 변질해서 생긴 불에 타는 성
질의 퇴적암. 예문 석탄(石炭)을 캐다.

塗炭(도탄): 생활이 몹시 곤궁하거나 비참한 지경을 이르는 말. 예문 백
성들이 도탄(塗炭)에 빠져 있다.

爆 [터질 폭] 火 - 총19획

爆發(폭발): 불이 일어나며 갑작스럽게 터짐. 예문 화약이 폭발(爆發)하다.

爆笑(폭소): 갑자기 터져 나오는 웃음. 예문 관객들이 폭소(爆笑)를 터트
리다.

灰 [재 회] 火 - 총6획

灰色(회색): 잿빛. 예문 저녁 무렵 온통 회색(灰色)으로 물들다.

灰白質(회백질): 뇌나 척수를 이루는 회백색 물질. 예문 회백질(灰白質)에
는 신경세포가 모여 있다.

烈 [세찰 렬/열] 火 - 총10획

烈士(열사): 나라를 위하여 절의를 굳게 지킨 사람. 예문 유관순 열사(烈士).

熾烈(치열): 세력이 불길같이 맹렬함. 예문 경쟁이 치열(熾烈)하다.

無 [없을 무] 火 - 총12획

無人島(무인도): 사람이 살지 않는 섬. 예문 남해에는 무인도(無人島)가
많다.

無料(무료): 값을 받지 않음. 예문 박물관을 무료(無料)로 개방하다.

然 [그러할 연] 火 - 총12획

自然(자연): 사람의 손에 의하지 않고서 존재하는 것 혹은 일어나는 현
상. 예문 자연(自然)에 순응하다.

未然(미연): 아직 그렇게 되지 않은 상태. 예문 화재를 미연(未然)에 방지
하다.

熱 [더울 열] 火 - 총15획

熱氣(열기): 뜨거운 기운. 예문 열기(熱氣)를 내뿜다.

熱中(열중): 한 가지 일에 정신을 집중시킴. 예문 작업에 열중(熱中)하다.

阜(阝) 언덕부/좌부변 阜

8획(3획)

阝 阝 阝

층진 흙산의 상형이다. 단독으로 쓰일 때는 '언덕 부'이다. 하지만 글자의 좌측에 위치할 때는 阝 형태가 되는데, 邑(고을 읍)이 우측에 위치할 때 변형되는 형태와 같아진다. 그래서 왼편에 위치하는 阜(언덕부)는 '좌부변', 오른편에 위치하는 邑(고을읍)은 '우부방'으로 불린다.

阝(좌부변) 형태로 좌측을 온전히 차지하면 매우 강력한 부수가 된다. 墜(떨어진 추), 墮(떨어질 타)에서는 土(흙토)와 대결 양상이다. 土(흙토)는 하단에서 무적인 부수인데, 위치 싸움에서 승부가 갈린 듯하다.

참고 墜(떨어질 추: 土 - 1급) 墮(떨어질 타: 土 - 3급) 埠(선창 부: 土 - 1급)

降 [내릴 강 / 항복할 항] 阜 - 총9획

下降(하강): 높은 데서 낮은 데로 내려옴. 예문 비행기가 하강(下降)하다.

降服(항복): 자신이 진 것을 인정하고 상대에게 굴복함. 예문 마침내 항복(降服)하다.

階 [섬돌 계] 阜 - 총12획

階段(계단): 층층으로 된 데를 오르내릴 수 있게 만들어 놓은 설비. 예문 계단(階段)을 올라가다.

階層(계층): 사회적 지위가 비슷한 사람들의 층. 예문 소외 계층(階層)을 배려하다.

隊 [무리 대] 阜 - 총12획

隊伍(대오): 군대 행렬의 줄. 예문 군인들이 대오(隊伍)를 맞춰 행군하다.

部隊(부대): 한 단위의 군인 집단. 예문 부대(部隊)를 재편하다.

陸 [뭍 륙] 阜 - 총11획

陸地(육지): 물에 잠기지 않은 지표면의 땅. 예문 무사히 육지(陸地)에 도착하다.

大陸(대륙): 넓고 큰 땅. 해양의 영향이 미치지 않는 육지. 예문 대륙(大陸)을 횡단하다.

防 [막을 방] 阜 - 총7획

防禦(방어): 상대편의 공격을 막음. 예문 공격이 곧 최선의 방어(防禦)이다.

豫防(예방): 탈이 나기 전에 미리 막음. 예문 화재는 예방(豫防)이 중요하다.

陽 [볕 양] 阜 - 총12획

陽地(양지): 볕이 바로 드는 곳. 예문 양지(陽地)가 음지 되고 음지가 양지
된다.

太陽(태양): 태양계의 중심을 이루는 항성. 예문 동쪽에서 태양(太陽)이
떠오르다.

院 [담 원] 阜 - 총10획

學院(학원): 학교가 아닌 사립 교육 기관. 예문 자동차 운전 학원(學院)에
다니다.

病院(병원): 환자를 진찰하고 치료하는 곳. 예문 병원(病院)에서 상처를
치료하다.

隱 [숨길 은] 阜 - 총17획

隱退(은퇴): 직책에서 물러나거나 손을 떼고 한가로이 지냄. 예문 공직에
서 은퇴(隱退)하다.

隱然中(은연중): 남이 모르는 동안에. 예문 은연중(隱然中)에 속마음이 드
러나다.

陰 [그늘 음] 阜 - 총11획

陰德(음덕): 다른 사람들 앞에 드러내지 않고 베푼 덕행. 예문 조용히 음
덕(陰德)을 쌓다.

陰散(음산): 날씨가 흐리고 으스스함. 예문 분위기가 음산(陰散)하다.

障 [가로막을 장] 阜 - 총14획

障壁(장벽): 가려 막은 벽. 예문 높은 장벽(障壁)을 쌓다.

故障(고장): 기계나 설비의 기능에 이상이 생기는 일. 예문 전화기가 갑
자기 고장(故障)나다.

除 [섬돌 제] 阜 - 총10획

除外(제외): 어떤 범위 밖에 둠. 따로 빼어 냄. 예문 아픈 사람 제외(除外)
하고 전부 모이다.

削除(삭제): 깎아서 없애거나 지워버림. 예문 컴퓨터 파일을 삭제(削除)
하다.

際 [사이 제] 阜 - 총14획

國際(국제): 나라와 나라 사이의 관계. 예문 국제(國際) 교류가 활발하다.

實際(실제): 있는 그대로의 상태나 형편. 예문 사람은 실제(實際)로 겪어
봐야 안다.

陣 [줄 진] 阜 - 총10획

陣容(진용): 진을 치고 있는 형편이나 상태. 예문 부대가 진용(陣容)을 갖추다.

布陣(포진): 전쟁이나 경기를 하기 위해 진을 침. 예문 수비에 중점을 두고 포진(布陣)하다.

限 [한계 한] 阜 - 총9획

限界(한계): 사물의 정해진 범위나 경계. 예문 자신의 한계(限界)를 넘어서다.

期限(기한): 미리 정해 놓은 일정한 시기. 예문 기한(期限) 내에 원서를 제출하다.

險 [험할 험] 阜 - 총16획

危險(위험): 실패하거나 목숨을 위태롭게 할 만함. 예문 길이 매우 위험(危險)하다.

冒險(모험): 위험을 무릅씀. 예문 이번 일은 모험(冒險)에 가깝다.

阿 [언덕 아] 阜 - 총8획 / 3급

阿諂(아첨): 남에게 잘 보이려고 알랑거리며 비위를 맞춤. 예문 달콤한 말로 아첨(阿諂)을 떨다.

曲學阿世(곡학아세): 학문을 왜곡하여 세상에 아첨함. 예문 곡학아세(曲學阿世)하는 지식인들이 있다.

附 [붙을 부] 阜 - 총8획 / 3급

附錄(부록): 책의 본문과는 별도로 덧붙이는 기록. 예문 책의 끄트머리에 있는 글은 권말 부록(附錄)이라 하고, 별도의 책으로 내면 별책 부록(附錄)이라 한다.

寄附(기부): 자선사업이나 공익사업을 도울 목적으로 재물 등을 내어놓는 것. 예문 자신의 거의 모든 재산을 자선 단체에 기부(寄附)하다.

陵 [큰언덕 릉] 阜 - 총11획 / 3급

王陵(왕릉): 임금의 무덤. 예문 경주에서는 왕릉(王陵)을 곳곳에서 볼 수 있다.

丘陵地(구릉지): 완만한 경사면과 골짜기가 있는 지형. 예문 구릉지(丘陵地)는 평지와 산지의 중간쯤이라고 할 수 있다.

陷 [빠질 함] 阜 - 총11획 / 3급

陷穽(함정): 미리 파놓은 구덩이. 허방다리. 예문 사냥꾼들이 파놓은 함정(陷穽)에 호랑이가 빠지다.

陷沒(함몰): 땅속이나 물속으로 한번에 쑥 빠짐. 예문 싱크홀 현상으로 도로가 함몰(陷沒)되다.

邑(阝) 고을읍/우부방

7획(3획)

ㄱ ㄱ 阝

일정한 공간(口)에 사람(巴)이 머무는 곳을 뜻한다. 변형이 많으니 굳이 기억하지 않아도 상관없다. 단독으로 사용할 때는 '고을 읍'이다. 현재는 '읍(邑), 면(面), 동(洞), 리(里)' 이렇게 행정단위 중 하나로 쓰이고 있다. 글자의 우측에 위치할 때는 阝 형태가 된다. 그런데 阜(언덕 부)가 좌측에 위치할 때도 역시 阝 형태이다. 그래서 阜(언덕 부)는 '좌부변', 邑(고을 읍)은 '우부방'으로 구분하여 부른다. 阝(우부방)에 소속된 글자 중에는 지역과 관련된 글자도 많고, 옛날에 지명으로 쓰였던 글자도 많다.

阝(우부방)은 글자 우측을 온전히 차지하면 부수로서 거의 무적이라 할 수 있다. 그런데 耶(어조사 야)에서 耳(귀이)와의 대결에서 밀린 것은 딱히 설명할 길이 없어 보인다.

참고 耶(어조사 야: 耳 - 3급) 扈(뒤따를 호: 戶 - 2급)

· 소속 글자 ·

邑 [고을 읍] 邑 - 총7획

都邑(도읍): 서울. 그 나라의 수도를 정함. 예문 장안을 도읍(都邑)으로
하다.

邑內(읍내): 읍(邑)의 구역 안. 예문 읍내(邑內)로 들어가는 길목.

郡 [고을 군] 邑 - 총10획

郡守(군수): 군(郡)의 행정 사무를 맡아보는 책임자. 예문 군수(郡守) 선출.

郡廳(군청): 군의 행정을 맡아보는 관청. 예문 군청(郡廳)에서 서류를 발
급받다.

都 [도읍 도] 邑 - 총12획

都市(도시): 경제, 행정, 문화, 교통시설 등의 중심지가 되며 많은 사람들
이 모여 사는 지역. 예문 도시(都市) 간 교류를 확대하다.

都心地(도심지): 도시의 중심이 되는 구역. 예문 도심지(都心地)의 교통체
증이 심하다.

部 [거느릴 부] 邑 - 총11획

部署(부서): 일의 성격에 따라 여럿으로 나뉜 부분. 예문 담당 부서(部署)
를 정하다.

部下(부하): 어떤 사람 아래 딸리어 그 지시에 따라야 하는 사람. 예문 많
은 부하(部下)를 거느리다.

郵 [역참 우] 邑 - 총11획

郵遞局(우체국): 우편물의 인수와 배달, 우편환과 전신환 등의 업무를 맡아 보는 기관. 예문 우체국(郵遞局)에서 택배를 보내다.

郵便物(우편물): 우체국을 통해 부치는 편지나 물품을 통틀어 이르는 말. 예문 우편물(郵便物)을 분실하다.

鄕 [시골 향] 邑 - 총13획

故鄕(고향): 태어나서 자란 곳. 예문 고향(故鄕)을 떠나온 지 오래이다.

鄕愁(향수): 고향을 그리워하는 마음이나 시름. 예문 노래로 향수(鄕愁)를 달래다.

邦 [나라 방] 邑 - 총7획 / 3급

異邦人(이방인): 다른 나라에서 온 사람. 예문 '이방인(異邦人)'은 프랑스 작가 카뮈의 작품명이기도 하다.

聯邦(연방): 자치권을 가진 다수의 나라로 이루어진 국가. 예문 미국은 연방(聯邦) 국가로, 50개의 주가 자치권을 지니고 있다.

邪 [간사할 사] 邑 - 총7획 / 3급

奸邪(간사): 성질이 못되고 행실이 바르지 못함. 자신의 이익을 위해 나쁜 꾀를 부리며 마음이 바르지 않음. 예문 간사(奸邪)한 사람을 멀리하다.

邪惡(사악): 간사하고 악함. 예문 사악(邪惡)한 무리들로부터 지구를 지키다.

郊 [성밖 교] 邑 - 총9획 / 3급

郊外(교외): 도시의 주변 지역. 예문 주말에 교외(郊外)로 나들이 가다.

近郊(근교): 도시에 가까이 있는 변두리 지역. 예문 서울 근교(近郊)에 위
치하다.

鄭 [나라이름 정] 邑 - 총15획 / 2급

鄭重(정중): 태도나 분위기가 점잖고 엄숙함. 예문 손님을 정중(鄭重)히
모시다.

鄭道傳(정도전): 인명. 조선의 건국 공신 중 한 사람.

刀(刂) 칼도/선칼도방 刂

2획

丁 刀

날카로운 칼의 상형으로 각종 칼과 관련된 글자들에 광범위하게 쓰인다. 글자의 우측에 위치할 때는 대부분 刂 형태가 되며 '칼도방' 혹은 '선칼도방'으로 불린다. 刂(칼도방) 형태로 온전히 우측을 차지하면 막강한 부수가 된다. 刀(칼 도)의 형태일 때보다 한층 강해진다.

군이 刂(칼도방)의 패전을 꼽자면 倒(넘어질 도)가 있다. 倒(넘어질 도)는 人(사람 인)에 到(이를 도)가 더해진 글자이다. 즉 사람(人)이 땅에 이르렀다(到)는 의미로 '넘어지다'를 표현한 것이다.

참고 倒(넘어질 도: 人 - 3급) 罰(죄 벌: 网) 型(거푸집 형: 土 - 2급) 辨(분별할 변: 辛 - 3급) 班(나눌 반: 玉) 解(풀 해: 角) 召(부를 소: 口 - 3급) 契(맺을 계: 大 - 3급) 留(머무를 류: 田) 貿(바꿀 무: 貝 - 3급) 賴(힘입을 뢰: 貝 - 3급)

· 소속 글자 ·

分 [나눌 분] 刀 - 총4획

部分(부분): 전체를 몇으로 나눈 것 중의 하나. 예문 여기가 중요한 부분(部分)이다.

分類(분류): 사물을 공통된 성질에 따라 종류별로 가름. 예문 음악을 장르별로 분류(分類)하다.

券 [문서 권] 刀 - 총8획

旅券(여권): 외국을 여행하는 사람의 국적이나 신분을 증명하고, 상대국에 보호를 의뢰하는 공문서. 예문 여권(旅券)을 소지하다.

乘車券(승차권): 버스나 기차 등을 탈 수 있는 표. 예문 승차권(乘車券)의 좌석번호를 확인하다.

切 [끊을 절] 刀 - 총4획

切迫(절박): 일이나 사정이 다급하여 여유가 없음. 예문 사태가 매우 절박(切迫)하다.

適切(적절): 꼭 알맞음. 예문 적절(適切)한 시기에 움직이다.

初 [처음 초] 刀 - 총7획

初盤(초반): 바둑이나 운동 경기 등에서 승부의 처음 단계. 예문 초반(初盤)에 기선을 제압하다.

初心(초심): 처음에 먹은 마음. 예문 초심(初心)을 끝까지 유지하다.

刻 **[새길 각]** 刀 - 총8획

刻薄(각박): 모질고 박정함. 예문 인심이 너무 각박(刻薄)하다.

深刻(심각): 매우 중대하고 절실함. 예문 문제가 매우 심각(深刻)하다.

劇 **[심할 극]** 刀 - 총15획

演劇(연극): 배우가 무대 위에서 대본에 따라 동작과 대사를 통해 표현하
는 예술. 예문 연극(演劇)을 관람하다.

悲劇(비극): 인생의 불행이나 슬픔을 제재로 하여 슬픈 결말로 끝맺는
극. 예문 셰익스피어 4대 비극(悲劇).

到 **[이를 도]** 刀 - 총8획

到着(도착): 목적지에 다다름. 예문 배가 도착(到着)하기를 기다리다.

到底(도저): 아무리 하여도. 아무리 애써도. 예문 도저(到底)히 알 수 없다.

列 **[벌일 렬/열]** 刀 - 총6획

列外(열외): 늘어선 줄의 밖. 어떤 몫이나 축에 들지 않는 부분. 예문 부
상병은 작업에서 열외(列外).

陳列(진열): 여러 사람에게 보이려고 물건을 죽 벌여 놓음. 예문 상품들
을 진열(陳列)하다.

利 **[날카로울 리]** 刀 - 총7획

利得(이득): 이익을 얻는 일. 예문 거래로 이득(利得)을 보다.

銳利(예리): 날카로움. 예문 칼날이 예리(銳利)하다.

別 [나눌 별] 刀 - 총7획

區別(구별): 종류에 따라 갈라 놓음. 예문 진품과 모조품을 구별(區別)해
내다.

別途(별도): 딴 방도나 방면. 딴 용도. 예문 이불을 별도(別途)로 준비하다.

副 [버금 부] 刀 - 총11획

副應(부응): 어떤 일에 좇아서 따름. 예문 국민의 기대에 부응(副應)하다.

副統領(부통령): 대통령을 보좌하고, 대통령 유고시에는 그 직무를 대행
하는 직위. 예문 미국에는 부통령(副統領)이란 직위가 있다.

前 [앞 전] 刀 - 총9획

前後(전후): 앞과 뒤. 먼저와 나중. 예문 9시를 전후(前後)하여 차량이 몰
리다.

前進(전진): 앞으로 나아감. 예문 오로지 전진(前進)만 할 뿐이다.

制 [마를 제] 刀 - 총8획

制限(제한): 일정한 한계나 범위를 넘지 못하게 함. 예문 차량 속도를 제
한(制限)하다.

節制(절제): 알맞게 조절함. 예문 스마트폰 사용을 절제(節制)하다.

創 [비롯할 창] 刀 - 총12획

創作(창작): 방안이나 물건 등을 처음으로 만들어냄. [예문] 창작(創作) 활
　동을 하다.

創意力(창의력): 새로운 착상이나 의견을 생각해내는 능력. [예문] 창의력
　(創意力)이 뛰어난 사람.

則 [법칙 칙 / 곧 즉] 刀 - 총9획

規則(규칙): 어떤 일을 할 때, 다 같이 따라 지키기로 약속한 질서나 표준.
　[예문] 규칙(規則)을 철저히 지키다.

鐵則(철칙): 변경하거나 어길 수 없는 규칙. [예문] 실내에서는 금연이 철
　칙(鐵則)이다.

判 [관가름할 판] 刀 - 총7획

判斷(판단): 전후 사정을 종합하여 사물에 대한 자기의 생각을 마음속으
　로 정함. [예문] 현명한 판단(判斷)을 내리다.

評判(평판): 세상에 널리 퍼진 소문 또는 명성. [예문] 그 사람은 평판(評判)
　이 좋다.

刑 [형벌 형] 刀 - 총6획

刑罰(형벌): 국가가 죄를 범한 자에게 제대를 가함. [예문] 형벌(刑罰)을 내
　리다.

罰金刑(벌금형): 범죄의 처벌 방법으로 벌금을 부과하는 형(刑). [예문] 천
　만 원의 벌금형(罰金刑)에 처하다.

刷 [쓸 쇄] 刀 - 총8획 / 3급

印刷(인쇄): 문자나 그림 등을 종이나 다른 물체에 옮겨 찍어내는 일.
[예문] 광고지를 인쇄(印刷)하다.

刷新(쇄신): 잘못된 것이나 묵은 것을 없애버리고 새롭게 함. [예문] 분위
기를 쇄신(刷新)하다.

刺 [찌를 자] 刀 - 총8획 / 3급

刺戟(자극): 어떤 강한 작용을 주어 반응을 일으키는 것. [예문] 매운 음식
은 위 점막에 자극(刺戟)을 준다.

刺客(자객): 주로 정치적인 목적으로 누군가의 명령을 받아 사람을 몰래
죽이는 일을 하는 사람. [예문] 자객(刺客)을 보내 암살을 시도하다.

劉 [성 류] 刀 - 총15획 / 2급

劉備(유비): 인명. 『삼국지』 등장인물.

劉邦(유방): 인명. 중국의 漢(한) 왕조를 세운 인물.

肉(月) 고기육/육달월

6획(4획)

丨 冂 内 内 肉 肉

썰어놓은 고기의 상형이다. 글자의 좌측이나 하단에 위치할 때는 月형태가 된다. 月(달 월)과 모양이 똑같아서 '육달월'이라 불린다. 그리고 글자의 윗부분에 위치할 때는 夕(저녁 석)과 비슷한 모양으로 변형되기도 한다.

肉(고기육)은 꽤 강력한 부수인데, 특히 月(육달월) 형태일 때 활약이 매우 뛰어나다. 그런데 그 와중에 豕(돼지시)에게 일격을 당한 豚(돼지 돈)이 눈에 띈다. 때문에 豚(돼지 돈)은 부수 대결을 논할 때 널리 회자(膾炙)되는 글자이다.

참고 豚(돼지 돈: 豕 - 3급) 筋(힘줄 근: 竹) 炙(구울 자: 火 - 1급) 然(그러할 연: 火) 祭(제사 제: 示) 將(장차 장: 寸) 冑(투구 주: 冂 - 1급)

肉 [고기 육] 肉 - 총6획

肉體(육체): 구체적인 물질로서 사람의 몸. 예문 육체(肉體)를 단련하다.

肉眼(육안): 맨눈. 안경 등을 쓰지 않은 본디 눈의 시력. 예문 육안(肉眼)
으로 식별이 가능하다.

育 [기를 육] 肉 - 총8획

育成(육성): 길러서 자라게 함. 예문 신인선수들을 육성(育成)하다.

體育(체육): 건강한 몸과 온전한 운동 능력을 기르는 일. 예문 각종 체육
(體育)시설을 갖추다.

能 [능할 능] 肉 - 총10획

能力(능력): 어떤 일을 해낼 수 있는 힘. 예문 탁월한 능력(能力)을 발휘
하다.

才能(재능): 재주와 능력. 예문 글쓰기 재능(才能)이 뛰어나다.

脈 [맥 맥] 肉 - 총10획

脈搏(맥박): 심장의 박동에 따라 일어나는 혈관벽의 주기적인 파동. 예문
맥박(脈搏)이 힘차게 뛰다.

診脈(진맥): 손목의 맥을 짚어 보아 진찰함. 예문 환자를 진맥(診脈)하다.

背 [등 배] 肉 - 총9획

背泳(배영): 수영법 중 한 가지로, 반듯이 누워서 치는 헤엄. 예문 배영(背泳)을 하며 하늘을 보다.

背後(배후): ①등 뒤. ②어떤 일의 드러나지 않은 부분. 예문 ①적의 배후(背後)를 공격하다. ②사건의 배후(背後)를 밝히다.

腸 [창자 장] 肉 - 총13획

大腸(대장): 내장의 일부로, 소장 끝에서 항문에 이르는 소화 기관. 예문 대장(大腸)운동이 원활하다.

胃腸(위장): 위와 창자. 예문 위장(胃腸)이 건강하다.

脫 [벗을 탈] 肉 - 총11획

脫落(탈락): 어떤 데에 끼지 못하고 떨어져 나가거나 빠짐. 예문 예선에서 탈락(脫落)하다.

脫出(탈출): 일정한 환경이나 구속에서 빠져나감. 예문 무사히 탈출(脫出)하다.

胞 [태보 포] 肉 - 총9획

同胞(동포): 한 겨레. 같은 민족. 예문 해외 동포(同胞) 여러분.

胞子(포자): 균류나 식물 등이 무성 생식을 위해 형성하는 생식 세포. 예문 포자(胞子)를 퍼트리다.

肝 [간 간] 肉 - 총7획 / 3급

肝膽(간담): 간과 쓸개. '속마음'의 의미로도 활용. [예문] 간담(肝膽)이 서늘
해지다.

脂肪肝(지방간): 간에 비정상적으로 중성지방이 과다하게 축적된 상태.
[예문] 지방간(脂肪肝)을 유발하는 원인은 음주 이외에도 다양하다.

肺 [허파 폐] 肉 - 총8획 / 3급

肺活量(폐활량): 허파 속에 공기를 최대한 빨아들였다가 다시 내뱉는 공
기의 양. [예문] 꾸준한 운동으로 폐활량(肺活量)을 늘리다.

肺胞(폐포): 허파 속 기관지의 끝에 포도송이처럼 달려 있는 작은 주머
니. [예문] 폐포(肺胞)는 숨 쉴 때 가스를 교환하는 작용을 한다.

腎 [콩팥 신] 肉 - 총12획 / 2급

腎臟(신장): 콩팥. 복부의 등쪽에 위치하며 체내 노폐물을 걸러내고 배설
하는 기관. [예문] 자신의 신장(腎臟)을 신부전 환자에게 기증하다.

副腎(부신): 신장 부근에 위치한 내분비 기관. [예문] 부신(副腎)에서 중요
한 호르몬들이 분비되다.

水(氵, 水) 물수/삼수변

4획(3획, 5획)

亅 가 가 水

　흐르는 물의 상형이다. 글자의 좌측에 위치할 때는 氵 형태가 된다. 3획이라 흔히 '삼수변'으로 불린다. 사용되는 경우도 워낙 많다 보니 가히 부수의 대명사라고 해도 과언이 아니다.

　부수 대결에서 무적일 것 같지만, 氵(삼수변) 형태로 온전히 좌측을 차지하고도 패하는 경우가 있다. 이른바 진짜 무적의 부수인 酉(닭유)와 鳥(새조)를 만나면 힘에서 밀린다.

　참고　酒(술 주: 酉) 鴻(큰기러기 홍: 鳥 - 3급) 衍(넘칠 연: 行 - 2급) 尿(오줌 뇨: 尸 - 2급) 畓(논 답: 田 - 3급) 染(물들일 염: 木 - 3급) 羨(부러워할 선: 羊 - 1급) 盜(훔칠 도: 皿) 闊(트일 활: 門 - 1급) 箔(발 박: 竹 - 1급) 婆(할미 파: 女 - 1급) 暴(사나울 폭: 日)

· 소속 글자 ·

水 [물 수] 水 - 총4획

水泳(수영): 물속을 헤엄치는 일. [예문] 수영(水泳)을 즐기다.

水平(수평): 잔잔한 수면처럼 평평한 모양. [예문] 수평(水平)을 유지하다.

氷 [얼음 빙] 水 - 총5획

氷山(빙산): 남극이나 북극의 바다에 떠 있는 거대한 얼음덩이. [예문] 빙
산(氷山)의 일각이다.

氷板(빙판): 얼음판. 또는 얼어붙은 땅바닥. [예문] 빙판(氷板)길에 미끄러
지다.

永 [길 영] 水 - 총5획

永久(영구): 오래 계속되어 끊임이 없음. [예문] 영구(永久)히 보존할 문화
유산.

永訣式(영결식): 장례 때 죽은 이를 영원히 떠나보낸다는 의미로 행하는
의식. [예문] 영결식(永訣式)을 치르다.

泉 [샘 천] 水 - 총9획

源泉(원천): 물이 솟아나는 근원. 사물이 생기는 근원. [예문] 활력의 원천
(源泉).

溫泉(온천): 지열로 인해 땅속에서 일정 온도 이상 데워진 물이 솟아나는
샘. [예문] 온천(溫泉)을 즐기다.

求 [구할 구] 水 - 총7획

求人(구인): 필요한 사람을 구함. [예문] 구인(求人) 광고를 내다.

請求(청구): 돈이나 물건 등을 공식적으로 내놓거나 주기를 요구함. [예문]
보험금을 청구(請求)하다.

減 [덜 감] 水 - 총12획

減少(감소): 줄어서 적어짐. [예문] 인구가 감소(減少)하다.

減縮(감축): 덜어서 줄임. [예문] 군비를 감축(減縮)하다.

江 [강 강] 水 - 총6획

江邊(강변): 강가. [예문] 강변(江邊)에서 자전거를 타다.

江幅(강폭): 강의 너비. [예문] 강폭(江幅)을 측정하다.

激 [부딪쳐흐를 격] 水 - 총16획

激烈(격렬): 몹시 세참. [예문] 격렬(激烈)하게 싸우다.

感激(감격): 마음속에 깊이 느껴 격동됨. 깊이 고마움을 느낌. [예문] 감격
(感激)의 포옹을 하다.

潔 [깨끗할 결] 水 - 총15획

清潔(청결): 지저분한 것을 없애 맑고 깨끗함. [예문] 실내를 청결(清潔)하
게 유지하다.

簡潔(간결): 간단하고 깔끔함. [예문] 간결(簡潔)한 문장으로 이루어지다.

決 [터질 결] 水 - 총7획

決定(결정): 결단을 내려 확정함. 예문 고심 끝에 결정(決定)을 내리다.

解決(해결): 사건이나 문제 등을 잘 처리함. 예문 깔끔하게 해결(解決)되다.

汽 [김 기] 水 - 총7획

汽車(기차): 기관차로 객차나 화차를 끄는 철도 차량. 예문 기차(汽車)를
타고 여행하다.

汽笛(기적): 기관차, 선박 등의 신호 장치 또는 그것으로 내는 소리. 예문
기적(汽笛)소리가 울리다.

洞 [골 동 / 꿰뚫을 통] 水 - 총9획

洞窟(동굴): 안이 텅 비어 넓고 깊은 큰 굴. 예문 동굴(洞窟) 속을 탐험하다.

洞察力(통찰력): 사물을 환히 꿰뚫어 보는 능력. 예문 예리한 통찰력(洞察
力)을 지니다.

流 [흐를 류] 水 - 총10획

流布(유포): 세상에 널리 퍼뜨림. 예문 허위 사실을 유포(流布)하다.

合流(합류): 둘 이상의 흐름이 한데 합하여 흐름. 예문 여러 물줄기가 합
류(合流)하는 지점.

滿 [찰 만] 水 - 총14획

滿足(만족): 마음에 부족함이 없이 충분함. 예문 이만하면 만족(滿足)하다.

滿發(만발): 많은 꽃이 한꺼번에 활짝 핌. 예문 개나리가 만발(滿發)하다.

法 [법 법] 水 - 총8획

法律(법률): 국가가 제정하고 국민이 준수하는 법의 규율. 예문 법률(法律)에 의거하여 처결하다.

法治(법치): 법률에 따라 다스림. 예문 대한민국은 법치(法治) 국가이다.

洗 [씻을 세] 水 - 총9획

洗滌(세척): 깨끗이 씻음. 예문 세척(洗滌) 효과가 뛰어난 세제.

洗顔(세안): 얼굴을 씻음. 예문 세안(洗顔) 후에 로션을 바르다.

消 [사라질 소] 水 - 총10획

消耗(소모): 써서 없앰. 예문 기름을 소모(消耗)하다.

消火器(소화기): 불을 끄는 데 쓰는 기구. 예문 집집마다 소화기(消火器)를 비치하다.

深 [깊을 심] 水 - 총11획

深刻(심각): 매우 중대하고 절실함. 예문 사태가 생각보다 심각(深刻)하다.

深思熟考(심사숙고): 깊이 생각함. 예문 심사숙고(深思熟考) 끝에 내린 결정.

液 [진 액] 水 - 총11획

液體(액체): 물이나 기름처럼 일정한 부피는 있으나 일정한 모양이 없는 유동성 물질. 예문 고체, 액체(液體), 기체.

津液(진액): 생물체 안에서 생겨나는 수액이나 체액. 예문 진액(津液)을 만들다.

洋 [바다 양] 水 - 총9획

海洋(해양): 넓고 큰 바다. 예문 해양(海洋) 오염을 방지하다.

洋服(양복): 서양식 옷. 주로 남자의 정장을 일컬음. 예문 양복(洋服)을 입다.

漁 [고기잡을 어] 水 - 총14획

漁夫(어부): 고기잡이를 업으로 하는 사람. 예문 그물질하는 어부(漁夫).

漁船(어선): 고기잡이를 하는 데 쓰는 배. 예문 어선(漁船)이 출항하다.

演 [흐를 연] 水 - 총14획

演奏(연주): 남 앞에서 악기를 다루어 음악을 들려주는 일. 예문 연주(演奏)가 훌륭하다.

演劇(연극): 배우가 무대 위에서 대본에 따라 동작과 대사를 통해 표현하는 예술. 예문 연극(演劇)의 막이 오르다.

溫 [따뜻할 온] 水 - 총13획

溫和(온화): 날씨가 따뜻하고 바람결이 부드러움. 예문 온화(溫和)한 날씨가 지속되다.

氣溫(기온): 대기의 온도. 예문 기온(氣溫)이 영하로 떨어지다.

浴 [목욕할 욕] 水 - 총10획

沐浴(목욕): 머리를 감고 몸을 씻음. 예문 아들과 함께 목욕(沐浴)하다.

海水浴(해수욕): 바다에서 헤엄치거나 노는 일. 예문 해수욕(海水浴)을 즐기다.

源 [근원 원] 水 - 총13획

根源(근원): 물줄기가 흘러나오기 시작하는 곳. 어떤 일이 생겨나는 본바탕. 예문 근원(根源)을 찾아내다.

語源(어원): 어떤 말이 오늘날의 형태나 뜻으로 되기 전의 본디 형태나 뜻. 예문 어원(語源)을 밝히다.

油 [기름 유] 水 - 총8획

石油(석유): 천연으로 지하에서 솟아나는 탄화수소류의 혼합물. 예문 석유(石油)를 수입하다.

油田(유전): 석유가 묻혀 있는 지역. 예문 대규모 유전(油田)이 발견되다.

濟 [건널 제] 水 - 총17획

救濟(구제): 어려운 처지에 있는 사람을 도와줌. 예문 난민 구제(救濟).

辨濟(변제): 빚을 갚음. 예문 채무를 변제(辨濟)하다.

潮 [조수 조] 水 - 총15획

潮流(조류): 밀물과 썰물로 말미암아 일어나는 바닷물의 흐름. 예문 조류(潮流)를 이용해 전기를 생산하다.

風潮(풍조): 바람에 따라 흐르는 조수. 시대에 따라 변하는 세태. 예문 사치 풍조(風潮)가 확산되다.

注 [물댈 주] 水 - 총8획

注視(주시): 눈여겨봄. 어떤 대상을 온 정신을 기울여 살핌. 예문 사물을 주시(注視)하다.

暴注(폭주): 비가 갑자기 쏟아짐. 어떤 일이 처리하기 힘들 정도로 한꺼번에 몰림. 예문 전화문의가 폭주(暴注)하다.

準 [수준기 준] 水 - 총13획

準備(준비): 필요한 것을 미리 마련하여 갖춤. 예문 행사를 철저히 준비(準備)하다.

水準(수준): 사물의 가치, 등급, 품질 등의 일정한 표준이나 정도. 예문 높은 수준(水準)을 유지하다.

淸 [맑을 청] 水 - 총11획

淸淨(청정): 맑고 깨끗함. 예문 청정(淸淨) 해역에서 잡은 물고기.

淸掃(청소): 깨끗이 쓸고 닦음. 예문 청소(淸掃)를 수시로 하다.

測 [잴 측] 水 - 총12획

推測(추측): 미루어 짐작함. 예문 추측(推測)이 빗나가다.

臆測(억측): 사실에 의하지 않고 제멋대로 짐작함. 예문 갖가지 억측(臆測)이 난무하다.

治 [다스릴 치] 水 - 총8획

治癒(치유): 치료하여 병을 낫게 함. 예문 마음의 상처까지 치유(治癒)하다.

統治(통치): 나라나 지역을 도맡아 다스림. 예문 안정적인 통치(統治).

派 [물갈래 파] 水 - 총9획

派生(파생): 하나의 본체에서 다른 사물이 갈려 나와 생김. 예문 각종 문제들이 파생(派生)되다.

派遣(파견): 일이나 임무를 맡겨 어느 곳에 보냄. 예문 파견(派遣) 근무.

波 [물결 파] 水 - 총8획

波濤(파도): 바다에 이는 물결. 예문 세찬 파도(波濤)가 밀려오다.

風波(풍파): 세찬 바람과 거친 물결. 예문 모진 풍파(風波)를 이겨내다.

河 [강 하] 水 - 총8획

河川(하천): 시내와 강. 예문 하천(河川)의 오염을 방지하다.

渡河(도하): 강이나 내를 건넘. 예문 대규모 도하(渡河) 작전을 펼치다.

漢 [물이름 한] 水 - 총14획

漢族(한족): 중국 본토에 예로부터 살아온 종족. 예문 중국인의 약 90퍼센트를 한족(漢族)이 차지한다.

門外漢(문외한): 어떤 일에 대한 전문적 지식이 없거나 관계가 없는 사람. 예문 그 방면에는 문외한(門外漢)이다.

港 [항구 항] 水 - 총12획

港口(항구): 바닷가에 배를 댈 수 있도록 시설을 갖춘 곳. 예문 선박이 항구(港口)에 정박하다.

港灣(항만): 배가 정박하고 승객이나 화물 등을 싣거나 부릴 수 있도록 시설을 한 수역. 예문 항만(港灣) 운영.

海 [바다 해] 水 - 총10획

海邊(해변): 바닷가. 예문 해변(海邊)에서 일출을 보다.

海拔(해발): 바다의 평균 수면을 기준으로 하여 잰 육지나 산의 높이.
예문 해발(海拔) 고도를 측정하다.

湖 [호수 호] 水 - 총12획

湖水(호수): 육지의 내부에 위치하여 넓고 깊게 물이 괴어 있는 곳. 예문
내 마음은 호수(湖水)요.

湖畔(호반): 호숫가. 예문 춘천은 호반(湖畔)의 도시.

混 [섞을 혼] 水 - 총11획

混同(혼동): 뒤섞어 보거나 잘못 판단함. 예문 두 사람을 혼동(混同)하다.

混合(혼합): 뒤섞어서 한데 합함. 예문 여러 가지 재료를 혼합(混合)하다.

活 [살 활] 水 - 총9획

活氣(활기): 활발한 기운이나 기개. 예문 활기(活氣)차게 걷다.

活潑(활발): 생기가 있고 힘참. 예문 성격이 활발(活潑)한 편이다.

況 [하물며 황] 水 - 총8획

狀況(상황): 어떤 일의 모습이나 형편. 예문 상황(狀況)을 파악하다.

好況(호황): 경기(景氣)가 좋음. 예문 국가 경제가 호황(好況)을 누리다.

衣(衤) 옷의 仌

6획(5획)

丶　亠　ナ　ナ　衣　衣

　옷의 상형으로 각종 의류, 옷과 관련된 행위를 나타내는 글자들에 널리 쓰인다. 글자 내에서 나뉘어 위아래에 위치하기도 하고, 衤 형태로 좌측에 위치하기도 한다. 衤 형태일 때는 언뜻 礻(보일시)와 비슷하니 주의하기 바란다.

　부수로서 다른 부수에 패한 경우 또한 각각의 형태에 한 글자씩이다. 初(처음 초)는 옷감(衣)을 칼(刀)로 마름질하는 초반 과정을 가리킨다. 그리고 哀(슬플 애)는 슬퍼서 소리 내어(口) 울고, 옷깃(衣)으로 눈물을 닦는 모습이다.

참고 初(처음 초: 刀) 哀(슬플 애: 口 - 3급)

衣 [옷 의] 衣 - 총6획

衣裳(의상). 겉에 입는 옷. [예문] 전통 의상(衣裳)을 전시하다.

着衣(착의): 옷을 입음. 또는 입고 있는 옷. [예문] 인상착의(着衣)를 자세히
설명하다.

裝 [꾸밀 장] 衣 - 총13획

裝飾(장식): 겉모양을 아름답게 꾸밈. [예문] 실내를 꽃으로 장식(裝飾)하다.

扮裝(분장): 배우가 작품 속 인물의 모습으로 옷차림이나 얼굴을 꾸밈.
[예문] 공연에 앞서 분장(扮裝)을 하다.

製 [지을 제] 衣 - 총14획

製品(제품): 원료를 이용해 물건을 만듦, 또는 만든 물건. [예문] 공장에서
제품(製品)을 생산하다.

製本(제본): 종이나 인쇄물 등을 실이나 철사로 매고 겉장을 붙여 책으로
만듦. [예문] 자료를 모아 제본(製本)하다.

表 [겉 표] 衣 - 총8획

表面(표면): 사물의 겉으로 드러난 면. [예문] 표면(表面)이 부드럽다.

表情(표정): 마음속 감정이나 정서 등 심리 상태가 얼굴에 나타남. [예문]
표정(表情)이 어둡다.

複 [겹옷 복] 衣 - 총14획

複雜(복잡): 여러 사물이나 사정 등이 겹치고 뒤섞여 어수선함. 예문 골
　　목길이 복잡(複雜)하다.

重複(중복): 거듭함. 겹침. 예문 업무가 중복(重複)되다.

補 [기울 보] 衣 - 총12획 / 3급

補完(보완): 모자란 것을 채워 완전하게 하는 것. 예문 사람들은 서로의
　　단점을 보완(補完)해주며 함께 살아간다.

亡羊補牢(망양보뢰): 양을 잃은 후 우리를 고치다. 예문 망양보뢰(亡羊補
　　牢)는 '소 잃고 외양간 고친다'는 속담과 같은 의미이다.

裁 [마를 재] 衣 - 총12획 / 3급

裁判(재판): 옳고 그름을 살펴 판단하는 일. 예문 사건에 연루된 사람들
　　이 모두 모여 재판(裁判)을 열다.

決裁(결재): 책임을 가진 윗사람이 아랫사람의 요청이나 계획을 승인하
　　는 것. 예문 부장님의 결재(決裁)를 맡다.

변신하는 부수도 위치가 중요하다

* ( ) 괄호는 100퍼센트 승리는 아니라는 의미이다.

(좌상)	(상단)	(우상)
(좌) 扌 犭 忄 火 (衤) (氵) (月)		(우) (阝) (刂)
  (좌하)	(灬) (心, 小) (하단)	 (우하)

4장

종종 패하지만 중요한 부수들

부수 간 대결에서 우세한 편이지만
압도적이지는 않은 부수들이다

門 문문 門

8획

丨 丨 丨 丨 丨 丨 門 門 門

　　좌우 두 개의 문짝을 본뜬 것이다. 여러 종류의 문, 그리고 문과 관련되어 있는 여러 글자에 널리 활용된다. 부수로서도 상당히 강한 편에 속한다.

　　하지만 드물지 않게 패하기 때문에 오히려 더 헷갈리는 부수라고 할 수 있다. 이 중에서 問(물을 문)과 聞(들을 문) 두 글자의 부수 정도는 기억해두는 것이 유용하겠다.

　　참고 問(물을 문: 口) 聞(들을 문: 耳) 悶(번민할 민: 心 - 1급) 誾(온화할 은: 言 - 2급)

門 [문 문] 門 - 총8획

大門(대문): 큰 문. 집의 정문. 예문 급하게 대문(大門)을 나서다.

專門家(전문가): 어떤 한 가지 분야에 전문적인 지식이나 기술을 가진 사람. 예문 전문가(專門家)에게 의뢰하다.

間 [사이 간] 門 - 총12획

時間(시간): 어떤 시각에서 다른 시각까지의 동안. 예문 시간(時間)이 많이 필요하다.

世間(세간): 사람들이 살아가는 곳. 예문 세간(世間)의 이목을 끌다.

開 [열 개] 門 - 총12획

開始(개시): 행동이나 일 등을 처음 시작함. 예문 작전을 개시(開始)하다.

公開(공개): 마음대로 보거나 들을 수 있도록 일반에게 개방함. 예문 자료를 공개(公開)하다.

關 [빗장 관] 門 - 총19획

關門(관문): 국경이나 요새에 세운 성문. 예문 어려운 관문(關門)을 통과하다.

關心(관심): 어떤 사물에 마음이 끌리어 주의를 기울이는 일. 예문 등산에 관심(關心)을 가지다.

閉 **[닫을 폐]** 門 - 총11획

閉鎖(폐쇄): 출입을 못하도록 닫거나 막아버림. 예문 통로를 폐쇄(閉鎖)
하다.

密閉(밀폐): 틈 없이 꼭 막거나 닫음. 예문 반찬을 밀폐(密閉)해서 보관하다.

閑 **[막을 한]** 門 - 총12획

閑暇(한가): 하는 일이 적거나 바쁘지 않아 겨를이 많음. 예문 한가(閑暇)
로운 시간을 보내다.

閑寂(한적): 한가하고 고요함. 예문 한적(閑寂)한 공원을 거닐다.

閥 **[공훈 벌]** 門 - 총14획 / 2급

學閥(학벌): 학문을 닦아서 얻은 사회적 지위와 신분. 출신 학교의 사회
적 지위나 등급. 예문 우리나라는 학벌(學閥)이 매우 중시되는 분위기
이다.

財閥(재벌): 거대한 자본을 가지고 있는 자본가나 기업가의 무리. 여러
개의 기업을 거느리며 큰 세력을 가진 대자본가 집단. 예문 재벌(財
閥) 총수들이 모여 회동을 가지다.

闊 **[넓을 활]** 門 - 총17획 / 1급

闊步(활보): 큰 걸음으로 당당하게 걷는 걸음. 예문 풀려난 후 거리를 활
보(闊步)하고 다니다.

廣闊(광활): 막힌 데 없이 훤하게 트이고 넓음. 예문 광활(廣闊)한 벌판을
내달리다.

闕 [대궐 궐] 門 - 총18획 / 2급

宮闕(궁궐): 임금이 거처하는 집. [예문] 그의 저택은 궁궐(宮闕)이나 마찬가지이다.

闕門(궐문): 궁궐을 출입하는 문. [예문] 죄인을 궐문(闕門) 밖으로 쫓아내다.

耳 　귀이　 ③

6획

一 丁 丆 耳 耳 耳

　　신체 부위인 귀의 상형이다. '귀, 듣는 행위'에 관련된 글자들에 두루 쓰인다. 글자의 하단에 위치하기도 하지만, 주로 글자 좌측에서 부수로 활약하는 경우가 많다.

　　부수 간 대결 중, 恥(부끄러울 치)에서 心(마음심)에게 당한 패배는 쉽게 납득이 갈 것이다. 하지만 取(취할 취)는 부연설명이 필요하다. 取(취할 취)는 다소 잔인한 의미가 숨어 있는데, 전쟁에서 죽인 적군의 수로 전공을 가늠하기 위해 귀를 모으는 모습이다. 又(또우)가 손의 의미를 담당하며 耳(귀이)를 상대로 승리하였다.

　　참고 恥(부끄러울 치: 心 - 3급) 取(취할 취: 又) 餌(먹이 이: 食 - 1급) 珥(귀고리 이: 玉 - 2급) 茸(무성할 용: 艸 - 1급) 攝(당길 섭: 手 - 3급)

耳 [귀 이] 耳 - 총6획

耳目(이목): ①귀와 눈을 중심으로 한 얼굴 생김새. ②다른 사람의 관심이나 주의. 예문 ①이목(耳目)이 수려하다. ②사람들의 이목(耳目)을 끌다.

耳鳴(이명): 여러 요인으로 인해 귀에서 소리가 울리는 것처럼 느껴지는 상태. 예문 이명(耳鳴)에 시달리다.

聞 [들을 문] 耳 - 총14획

所聞(소문): 여러 사람의 입에 오르내리면서 전하여 오는 말. 예문 동네에 소문(所聞)이 자자하다.

見聞(견문): 보고 들어서 얻은 갖가지 지식. 예문 여행으로 견문(見聞)을 넓히다.

聖 [성스러울 성] 耳 - 총13획

聖人(성인): 지덕이 뛰어나 세인의 모범으로서 숭상 받을 만한 사람. 예문 성인(聖人)의 가르침을 따르다.

神聖(신성): 매우 거룩하고 성스러움. 예문 땅을 신성(神聖)시하는 문화.

聲 [소리 성] 耳 - 총17획

音聲(음성): 사람의 말소리나 목소리. 예문 음성(音聲)을 작게 하다.

名聲(명성): 명예로운 평판. 세상에 널리 떨친 이름. 예문 명성(名聲)이 전국에 퍼지다.

職 [벼슬 직] 耳 - 총18획

職業(직업): 생계를 위하여 일상적으로 하는 일. [예문] 자신의 직업(職業)에 충실하다.

就職(취직): 직업을 얻음. [예문] 안정적인 직장에 취직(就職)하다.

聽 [들을 청] 耳 - 총22획

聽覺(청각): 오감의 하나로 소리를 느끼는 감각. [예문] 청각(聽覺)이 예민하다.

視聽(시청): 눈으로 보고 귀로 들음. [예문] 축구 중계방송을 시청(視聽)하다.

聰 [귀밝을 총] 耳 - 총17획 / 3급

聰明(총명): 영리하고 재주가 좋음. 보고 들은 것을 잘 기억하는 힘. [예문] 참으로 총명(聰明)한 학생이다.

聰氣(총기): 총명한 기운. [예문] 그분은 나이가 들어도 눈에 여전히 총기(聰氣)가 있다.

聯 [잇달 련] 耳 - 총17획 / 3급

聯立(연립): 둘 이상의 것이 어울려 성립함. 여럿이 어울려 서는 것. [예문] 연립(聯立) 주택에 거주하다.

聯邦(연방): 자치권을 가진 다수의 나라로 이루어진 국가. [예문] 미국은 50개의 주로 이루어진 연방(聯邦) 국가이다.

聾 [귀머거리 롱] 耳 - 총22획 / 1급

聾啞(농아): 청각 장애인과 언어 장애인. 청각 장애로 인해 언어 장애를 갖게 된 사람을 이르는 말. 예문 농아(聾啞) 학교에서 수화로 수업하다.

耳聾(이롱): 귀가 먹어 소리를 듣지 못함. 예문 이롱(耳聾)증에는 여러 가지 원인이 있다.

虍 범호밑 *(seal form)*

6획

丨　卜　ᅡ　广　卢　虍

　　虎(범 호)는 호랑이의 상형이다. 虍(범호밑)은 虎(범 호)의 좌상
단으로 부수로는 '범호밑'이라 불린다. 虍(범호밑)은 대체로 호랑
이에 관련된 글자에 널리 쓰인다. 하지만 虛(빌 허), 處(살 처)와 같
이 공간적인 의미로 작용하는 경우도 있다.

　　글자의 좌상단을 온전히 덮으면 부수로서 강한 편이지만, 패
배하는 경우가 종종 있다. 그런데 한데 모아놓으면 田모양을 품
고 있다는 공통점도 보일 것이다.

　　참고　盧(밥그릇 로: 皿 - 2급) 膚(살갗 부: 肉 - 2급) 慮(생각할 려:
心) 戱(희롱할 희: 戈 - 3급) 獻(바칠 헌: 犬 - 3급)

處 [살 처] 虍 - 총11획

處理(처리): 사무나 사건을 정리하여 치우거나 마무리 지음. 예문 일을 깔끔하게 처리(處理)하다.

處世(처세): 남들과 사귀면서 살아가는 일. 예문 그 사람은 처세(處世)에 능하다.

虛 [빌 허] 虍 - 총12획

虛構(허구): 사실이 아닌 것을 사실처럼 얽어 만듦. 예문 소문이 허구(虛構)로 밝혀지다.

謙虛(겸허): 잘난 체하거나 아는 체하지 않고, 겸손한 태도가 있음. 예문 비판을 겸허(謙虛)히 받아들이다.

號 [부르짖을 호] 虍 - 총13획

號令(호령): 지배자 등이 사람을 움직이기 위해 명령함. 예문 천하를 호령(號令)하다.

信號(신호): 소리, 색깔, 빛, 몸짓 등의 일정한 부호로 의사를 전하는 일. 예문 북소리로 신호(信號)를 정하다.

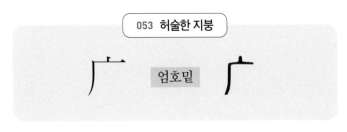

053 허술한 지붕

广 엄호밑 广

<u>3획</u>

丶 亠 广

　가옥의 지붕을 본뜬 것이다. 독립된 글자로는 '집 엄'이며 건물과 관련된 의미로 쓰인다. 글자의 좌상단에만 위치하기 때문에 부수로는 '엄호' 혹은 '엄호밑'으로 불린다. 마찬가지로 지붕의 상형인 宀(갓머리)와는 다른 형태의 가옥구조라고 생각하면 되겠다.

　글자의 좌상단을 덮으면 막강한 부수일 것 같지만 생각만큼 강하지 않다. 아래에 보다시피 패배가 드물지 않은 부수이다.

　그중에서도 應(응할 응)처럼 隹(새추)와 함께 있는 글자들을 눈여겨볼 필요가 있다. 이 글자들은 팔뚝에 매(隹)를 앉힌 모습을 표현한 것으로 '매사냥'과 관련이 있다. 厂 형태이지만 기실 지붕이 아닌 것이다.

　참고 席(자리 석: 巾) 唐(당나라 당: 口 - 3급) 龐(클 방: 龍 - 2급) 應(응할 응: 心) 膺(가슴 응: 肉 - 1급) 鷹(매 응: 鳥 - 2급)

220

康 [편안할 강] 广 - 총11획

健康(건강): 육체적 정신적으로 탈 없이 정상적이고 튼튼함. [예문] 건강
(健康)하게 자라다.

康寧(강녕): 몸이 건강하고 마음이 편안함. [예문] 그간 강녕(康寧)하셨습
니까?

庫 [곳집 고] 广 - 총10획

書庫(서고): 책을 넣어 두는 곳집. [예문] 서고(書庫)에 고서가 가득하다.

寶庫(보고): 보물처럼 귀중한 것이 갈무리되어 있는 곳. [예문] 문화의 보
고(寶庫)이다.

廣 [넓을 광] 广 - 총15획

廣告(광고): 세상에 널리 알림. 상품 등의 상업적인 선전. [예문] 신제품을
광고(廣告)하다.

廣闊(광활): 환하게 넓음. [예문] 광활(廣闊)한 평야를 누비다.

度 [법도 도] 广 - 총9획

度量(도량): 너그러운 마음과 깊은 생각. [예문] 도량(度量)이 매우 넓다.

溫度(온도): 덥고 찬 정도. [예문] 적정 온도(溫度)를 유지하다.

府 [곳집 부] 广 - 총8획

政府(정부): 국가의 정책을 집행하는 행정부. 예문 정부(政府)의 시책에
　따르다.

立法府(입법부): 삼권 분립에 따라 법률을 제정하는 국회를 이르는 말.
　예문 입법부(立法府), 행정부, 사법부.

床 [상 상] 广 - 총7획

平床(평상): 나무로 만든 침상의 한 가지. 예문 평상(平床)에 앉아 수박을
　먹다.

寢床(침상): 누워 잘 수 있게 만든 평상. 예문 침상(寢牀)에 편안히 눕다.

序 [차례 서] 广 - 총7획

順序(순서): 정해져 있는 차례. 예문 한 사람씩 순서(順序)를 지키다.

秩序(질서): 사물 또는 사회가 올바른 상태를 유지하기 위해 지켜야 할
　일정한 차례나 규칙. 예문 질서(秩序)를 유지하다.

底 [밑 저] 广 - 총8획

海底(해저): 바다의 밑바닥. 예문 해저(海底)를 탐사하다.

底邊(저변): 사회적 경제적으로 밑바탕을 이루는 계층. 예문 스포츠 저변
　(底邊)이 확대되다.

店 [가게 점] 广 - 총8획

書店(서점): 책을 팔거나 사는 가게. 예문 서점(書店)에서 책을 구경하다.

賣店(매점): 학교, 회사, 빌딩 등에서 일상 용품을 파는 소규모의 가게.
예문 매점(賣店)에서 간식을 사 먹다.

庭 [뜰 정] 广 - 총10획

庭園(정원): 정성스레 가꾸어 놓은 넓은 뜰. 예문 정원(庭園)을 관리하다.

校庭(교정): 학교의 넓은 뜰이나 운동장. 예문 교정(校庭)을 거닐다.

座 [자리 좌] 广 - 총10획

座席(좌석): 앉을 수 있게 의자를 마련한 자리. 예문 좌석(座席)에서 일어
서다.

座右銘(좌우명): 늘 가까이 적어 두고, 일상의 경계로 삼는 말이나 글.
예문 성실을 좌우명(座右銘)으로 삼다.

廳 [관청 청] 广 - 총25획

官廳(관청): 법률로 정해진 국가 사무를 취급하는 국가 기관. 예문 관청
(官廳)에서 일하다.

廳舍(청사): 관청의 건물을 두루 이르는 말. 예문 정부 종합 청사(廳舍).

艸(艹)　　초두　　艹

6획(4획)

一　十　十　艹

　　땅 위에 자라난 풀의 상형이다. 현재 '풀'을 대표하는 글자는 단연 草(풀 초)이다. 하지만 먼 옛날에는 艸 형태로 쓰고 '풀'이란 의미를 표현하였다.

　　艸(초두)는 글자의 상단에만 위치하므로 '초두'라 불린다. 혹 草(풀 초)의 윗부분이니 '초두'라 설명해도 마찬가지다. 보통 艹(4획) 艹(3획) 형태로 줄여 쓴다.

　　각종 식물, 풀로 만든 물건 등을 아우르는 매우 강력한 부수이다. 하지만 글자의 상단을 온전히 차지하고도 夢(꿈 몽)과 繭(고치 견)에서 밀리는 모습을 보인다. 그런데 눈여겨봐야 할 글자가 있으니 바로 莫(없을 막)이다. 莫(없을 막)의 부수는 분명 艸(초두)이다. 그런데 莫(없을 막)에 뭔가 덧붙은 글자들을 살펴보면 하나같이 艸(초두)가 힘을 쓰지 못하고 있다.

참고 夢(꿈 몽: 夕 - 3급) 繭(고치 견: 糸 - 1급) 暮(저물 모: 日 - 3급)

募(모을 모: 力 - 3급) 慕(그리워할 모: 心 - 3급) 墓(무덤 묘: 土) 幕(장막

막: 巾 - 3급)

· 소속 글자 ·

草 [풀 초] 艹 - 총10획

草原(초원): 풀이 난 들판. 예문 저 푸른 초원(草原) 위에.

草創期(초창기): 어떤 사업을 일으켜 처음 시작하는 시기. 예문 초창기(草

創期)에 어려움을 겪다.

苦 [쓸 고] 艹 - 총9획

苦痛(고통): 몸이나 마음이 괴롭고 아픔. 예문 고통(苦痛)을 이겨내다.

苦生(고생): 괴롭고 힘든 일을 겪음. 예문 고생(苦生) 끝에 행복을 찾다.

落 [떨어질 락] 艹 - 총13획

落下(낙하): 높은 곳에서 떨어짐. 예문 낙하(落下)훈련을 하다.

漏落(누락): 마땅히 기록되어야 할 것이 기록에서 빠짐. 예문 명단에서

누락(漏落)되다.

萬 [일만 만] 艸 - 총13획

萬物(만물): 세상에 있는 온갖 물건. [예문] 만물(萬物)이 조화를 이루다.

萬無(만무): 전혀 없음. [예문] 그럴 리 만무(萬無)하다.

藥 [약 약] 艸 - 총19획

湯藥(탕약): 달여서 마시는 약. [예문] 탕약(湯藥)을 정성스레 달이다.

貼藥(첩약): 여러 가지 약제를 섞어 지어서 약봉지로 싼 약. [예문] 첩약(貼藥)을 짓다.

葉 [잎 엽] 艸 - 총13획

落葉(낙엽): 말라서 떨어진 나뭇잎. [예문] 가을에 낙엽(落葉)이 지다.

葉錢(엽전): 놋쇠로 만든 옛날 돈. [예문] 엽전(葉錢) 백 냥을 내다.

英 [꽃부리 영] 艸 - 총9획

英雄(영웅): 지혜와 재능이 뛰어나고 용맹하여 보통 사람이 하기 어려운 일을 해내는 사람. [예문] 영웅(英雄)이 나타나기를 기다리다.

英才(영재): 뛰어난 재능이나 지능을 가진 사람. [예문] 영재(英才)를 교육하다.

藝 [심을 예] 艸 - 총19획

藝術(예술): 특별한 재료와 양식, 기교 등에 의해 미를 창조하고 표현하는 활동. [예문] 예술(藝術) 활동을 하다.

武藝(무예): 무술에 관한 재주. [예문] 무예(武藝)가 뛰어나다.

蓄 [쌓을 축] 艸 - 총14획

蓄積(축적): 많이 모아서 쌓임. 예문 첨단기술이 축적(蓄積)되다.

貯蓄(저축): 절약하여 모아둠. 예문 매달 조금씩 저축(貯蓄)하다.

華 [화려할 화] 艸 - 총12획

豪華(호화): 사치스럽고 화려함. 예문 집을 호화(豪華)롭게 꾸미다.

華奢(화사): 화려하게 고움. 예문 봄에 옷차림이 화사(華奢)하다.

花 [꽃 화] 艸 - 총8획

花草(화초): 꽃이 피는 풀과 나무. 예문 화초(花草)를 가꾸다.

花壇(화단): 화초를 심기 위해 뜰 한쪽에 흙을 높게 쌓은 꽃밭. 예문 화단
(花壇)을 관리하다.

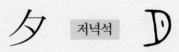

夕 저녁석 D

3획

ノ ク 夕

반쯤 이지러진 초승달의 상형이다. 본래 月(달월)과 같은 글자인데, 각각 '달'과 '저녁'으로 의미가 갈라진 것이다.

그래서 夕(저녁석)은 글자 속에서 조용히 '달'의 의미로 작용하는 경우가 많다. 소리 없이 강한 부수이기도 하다. 그런데 炙(구울자), 祭(제사 제)와 같이 肉(고기육)이 비스듬하게 변형되면 언뜻 비슷하게 보일 수 있으니 유심히 보기 바란다.

여담으로 달의 모양에 대해 잠시만 언급해보겠다. 사실 달은 그 모양이 매일 바뀐다. 이에 반해 태양은 항상 둥근데, 태양을 본뜬 글자는 日(날 일)이다. 때문에 보름달을 본떠 달을 둥글게 표현할 수는 없었을 것이다. 그래서 결국 달을 대표하는 모양으로 초승달 내지 반달이 선택되었다고 볼 수 있다.

참고 名(이름 명: 口)

夕 [저녁 석] 夕 - 총3획

夕陽(석양): 저녁 해. [예문] 석양(夕陽)에 물든 노을.

秋夕(추석): 한가위. 우리나라 명절의 하나로 음력 8월 보름. [예문] 가족
들과 추석(秋夕)을 쇠다.

外 [밖 외] 夕 - 총5획

外部(외부): 물체나 일정한 범위의 바깥 부분. [예문] 자료가 외부(外部)로
유출되다.

疏外(소외): 주위에서 꺼리며 따돌림. [예문] 소외(疏外)된 사람들을 살피다.

多 [많을 다] 夕 - 총6획

多樣(다양): 종류가 여러 가지로 많음. [예문] 디자인이 다양(多樣)하다.

雜多(잡다): 여러 가지가 뒤섞여 있음. [예문] 잡다(雜多)한 물건들이 즐비
하다.

夜 [밤 야] 夕 - 총8획

夜間(야간): 밤사이. 해가 져서 먼동이 틀 때까지. [예문] 야간(夜間)에 근무
하다.

夜行性(야행성): 밤에 먹이를 찾아 활동하는 동물의 습성. [예문] 부엉이는
야행성(夜行性)이다.

月 달월 ⽉

4획

丿 刀 月 月

반쯤 이지러진 달의 상형이다. '달'의 의미로 다른 글자 속에서 작용한다. 그런데 肉(고기 육)이 다른 글자 내에서 변형되면 月 모양이 된다. 이른바 '육달월'인데 정말 많은 글자 속에 포함되어 있다. 때문에 글자 내에서 月형태가 보이더라도 선뜻 '달(moon)'의 의미라고 단정 짓기 어렵다.

게다가 글자 내에서 月형태인 글자 중에는 舟(배 주)가 변형된 경우도 간혹 있다. 자원풀이 서적을 자세히 참조하지 않으면 알 수 없는 부분이니 그냥 듣고 잊어버리기 바란다.

참고 明(밝을 명: 日) 前(앞 전: 刀) 兪(점점 유: 入 - 2급) 勝(이길 승: 力) 謄(베낄 등: 言 - 2급) 騰(오를 등: 馬 - 3급)

· 소속 글자 ·

月 [달 월] 月 - 총4획

月給(월급): 일한 데 대한 삯으로 다달이 받는 일정한 돈. 예문 월급(月給)
이 오르다.

日月(일월): 해와 달. 예문 일월(日月)을 보다.

期 [기약할 기] 月 - 총12획

期間(기간): 어느 일정한 시기에서 다른 일정한 시기까지의 사이. 예문
오랜 기간(期間) 일하다.

期限(기한): 미리 정해 놓은 일정한 시기. 예문 기한(期限)내에 마무리하다.

朗 [밝을 랑] 月 - 총11획

明朗(명랑): 맑고 밝음. 밝고 쾌활함. 예문 아이들이 명랑(明朗)하게 웃다.

朗報(낭보): 기쁘고 반가운 소식. 예문 승리했다는 낭보(朗報)가 전해지다.

望 [바랄 망] 月 - 총11획

希望(희망): 어떤 일을 이루거나 얻고자 기대하고 바람. 예문 희망(希望)
을 갖고 매진하다.

望遠鏡(망원경): 먼 곳의 물체를 확대하여 보는 광학 기계. 예문 산꼭대
기에서 망원경(望遠鏡)으로 보다.

服 [입을 복] 月 - 총8획

服裝(복장): 옷차림. 예문 간편한 복장(服裝)을 하다.

克服(극복): 어렵고 힘든 일을 이겨냄. 예문 고난을 슬기롭게 극복(克服)
하다.

有 [있을 유] 月 - 총6획

有無(유무): 있음과 없음. 예문 경험의 유무(有無)가 중요하다.

初有(초유): 처음으로 있음. 예문 사상 초유(初有)의 사태가 벌어지다.

朝 [아침 조] 月 - 총12획

朝廷(조정): 임금이 나라의 정치를 집행하던 곳. 예문 조정(朝廷)이 바로
서다.

朝禮(조례): 학교 등에서 담임교사와 학생들이 수업하기 전에 모여 나누
는 아침 인사. 예문 조례(朝禮)를 하다.

月

달월일까? 육달월일까?

한자를 공부할 때 알고 있으면 유용한 팁 중 하나가 바로 月(달월)과 月(육달월)을 구별하는 것이다. 사실 한자 중에는 변형된 형태가 서로 같은 글자들이 종종 있다. ⻖ 좌부변/우부방, 罒 눈목/그물망 등을 예로 들수 있다. 하지만 이 글자들에 대해서는 자세히 몰라도 크게 불편하지 않으니 천천히 알아가도 별로 상관없을 것이다.

일상생활에서 자주 사용하는 글자 중에 月 형태가 들어가 있는 글자들이 아주 많다. 이럴 때 月이 달(月)인지 고기(肉)인지 그냥은 알 수가 없다. 肉(고기 육)이 月 형태로 변신한 경우가 많기 때문인데 이른바 '육달월'이다.

여기서 팁을 알려주자면 '일단은 고기(肉)일 가능성이 높다'는 것이다. 특히나 月이 글자 왼편에 위치할 경우엔 더더욱 그렇다. 그리고 그중 상당수는 인체와 연관되어 있다. 肺(허파 폐), 肝(간 간), 腸(창자 장), 臟(오장 장), 腑(장부 부), 腦(머리 뇌), 膽(쓸개 담), 胱(오줌통 광), 脾(지라 비), 胃(밥통 위), 腎(콩팥 신)……

우선은 대략 이렇게 기준을 잡아두기를 권한다. 그리고 앞으로 여러 글자들을 공부하면서 예외적인 경우를 하나씩 하나씩 만나다 보면 구별하는 재미도 쏠쏠할 것이다.

頁 머리혈 頁

9획

一 丁 丆 丆 百 百 百 頁 頁

사람의 머리(首)를 과장되게 표현하였다. 다리에 비해 머리가 매우 큰 모양새이다. 이와 비슷한 경우로 사람의 눈(目)을 엄청 크게 강조한 見(볼 견)이 있다.

頁(머리혈)은 주로 우측에 위치하여 머리(head)와 관련된 여러 글자들을 아우른다. 상단에 위치할 때는 憂(근심할 우)처럼 변형되는데 부수로서 힘을 내지 못한다.

우측에서 매우 강력한 부수인 것은 분명하다. 그렇지만 좌측에서 무적이라 할 수 있는 石(돌석), 火(불화)와 정면 승부는 역시나 버거운 것 같다.

참고 煩(괴로워할 번: 火 - 3급) 碩(클 석: 石 - 2급) 憂(근심할 우: 心 - 3급) 寡(적을 과: 宀 - 3급) 瀕(물가 빈: 水 - 1급) 傾(기울 경: 人)

· 소속 글자 ·

頭 [머리 두] 頁 - 총16획

頭痛(두통): 머리가 아픈 증세. 예문 두통(頭痛)이 씻은 듯이 사라지다.

念頭(염두): 마음. 생각. 예문 항상 염두(念頭)에 두고 지내다.

領 [옷깃 령] 頁 - 총14획

領土(영토): 그 나라가 영유하고 있는 땅. 예문 조국의 영토(領土)를 수호

하다.

要領(요령): 사물의 요긴하고 으뜸이 되는 점이나 줄거리. 예문 작업의

요령(要領)을 터득하다.

類 [무리 류] 頁 - 총19획

種類(종류):어떤 기준에 따라 나눈 갈래. 예문 곤충의 종류(種類)가 다양

하다.

類似(유사): 서로 비슷함. 예문 생김새가 유사(類似)하다.

頌 [기릴 송] 頁 - 총13획

稱頌(칭송): 공덕을 칭찬하여 기림. 예문 사람들의 칭송(稱頌)이 자자하다.

頌德碑(송덕비): 공덕을 기리기 위하여 세운 비석. 예문 송덕비(頌德碑)를

새기다.

順 [순할 순] 頁 - 총12획

順風(순풍): 배가 가는 쪽으로 부는 바람. 예문 순풍(順風)에 돛단 듯 시원
스레 나아가다.

順調(순조): 아무 탈 없이 잘되어가는 상태. 예문 일이 순조(順調)롭게 진
행되고 있다.

額 [이마 액] 頁 - 총18획

額數(액수): 돈의 머릿수. 예문 상당한 액수(額數)의 자금이 필요하다.

定額(정액): 일정한 금액. 정해진 액수. 예문 정액(定額)제를 실시하다.

願 [원할 원] 頁 - 총19획

所願(소원): 무슨 일이 이루어지기를 바람. 예문 내 소원(所願)은 가족의
건강이다.

志願(지원): 어떤 일이나 조직에 뜻을 두어 함께 일하거나 구성원이 되기
를 바람. 예문 사학과에 지원(志願)하다.

題 [표제 제] 頁 - 총18획

題目(제목): 책이나 문학 등에서 그것을 대표하거나 내용을 보이기 위해
붙이는 이름. 예문 제목(題目)을 붙이다.

宿題(숙제): ①학생에게 내어주는 과제. ②앞으로 두고 해결해야 할 문
제. 예문 ①숙제(宿題)를 다하고 놀다. ②미세먼지 문제가 큰 숙제(宿
題)이다.

顯 [나타날 현] 頁 - 총23획

顯著(현저): 뚜렷함. 드러나게 분명함. 예문 부작용이 현저(顯著)히 줄어 들다.

顯忠日(현충일): 목숨을 바쳐 나라를 위해 충성한 이들을 기리는 날. 예문 6월 6일은 현충일(顯忠日)이다.

058 무늬를 아름답게 꾸미다

彡 터럭삼

3획

／ 彡 彡

　길게 자란 머리카락의 상형이다. 글자 내에서 머리카락의 의미로 쓰인다. 예를 들어 須(모름지기 수)는 본래 머리(頁)에 난 털(彡)로서 '수염'을 의미했다. 현재는 여기서 파생된 글자인 鬚(수염 수)가 수염의 의미로 쓰이고 있다.

　또한 彡(터럭삼)은 글자의 우측에 위치하여 '무늬, 꾸미다'의 뜻을 나타내기도 한다. 彩(무늬 채), 彫(새길 조) 등을 예로 들 수 있다. 참고로 尨(삽살개 방)은 털이 많이 난 개의 모습을 표현한 것이다.

　참고　尨(삽살개 방: 尢 - 1급) 須(모름지기 수: 頁 - 3급) 參(간여할 참: 厶) 修(닦을 수: 人) 弱(약할 약: 弓)

238

形 [모양 형] 彡 - 총7획

形態(형태): 사물의 모양이나 생김새. [예문] 둥근 형태(形態)의 물건이다.

人形(인형): 사람의 형상을 본떠 만든 장난감. [예문] 인형(人形)놀이를 하다.

彩 [무늬 채] 彡 - 총11획 / 3급

彩色(채색): 그림이나 장식에 색을 칠하는 것. [예문] 도화지에 화려하게
채색(彩色)하다.

無彩色(무채색): 색상이나 채도가 없이 명도의 차이만 가지는 색. 주로 흰
색, 검정색, 회색을 가리킴. [예문] 삭막한 무채색(無彩色)의 아스팔트.

彫 [새길 조] 彡 - 총11획 / 2급

彫刻(조각): 돌이나 나무 등을 깎거나 새겨 모양을 만드는 미술 분야.
[예문] 훌륭한 조각(彫刻) 작품을 남기다.

浮彫(부조): 조각에서, 평평한 면에 그림이나 글자가 도드라지게 새기는
것. [예문] 벽에 부조(浮彫)를 새기다.

攴(攵) 둥글월문

5획(4획)

丿 ㅏ ㅕ 攵

손(又)에 막대기(卜)를 들고 있는 모습이다. 글자 단독으로는 '칠 복'이며, 글자의 우측에 위치할 때는 攵형태로 변형된다. 攵형 태가 文(글월 문)과 비슷해 '둥글월문' 혹은 '둥글월문방'으로 불린 다. 그냥 '칠복'이라고 불러도 상관없다.

'치다, 두드리다'의 뜻을 가지고 있다. 다른 글자와 더해져 '행 동을 하게 하다'는 의미로 쓰인다. 가령 소(牛)와 더해져 소를 돌 보는 행위인 '목축'의 뜻이 되는 식이다. 쓰임새가 많은 글자이지 만, 온전히 우측을 차지해도 부수로서 패하는 경우가 자주 있다.

참고 牧(칠 목: 牛) 枚(줄기 매: 木 - 2급) 赦(용서할 사: 赤 - 2급) 致 (보낼 치: 至) 變(변할 변: 言) 倣(본뜰 방: 人 - 3급) 做(지을 주: 人 - 1급) 微(작을 미: 彳 - 3급) 徹(통할 철: 彳 - 3급) 啓(열 계: 口 - 3급) 弊(해질 폐: 廾 - 3급) 繁(많을 번: 糸 - 3급) 務(일 무: 力) 修(닦을 수: 人) 條(가지 조: 木)

· 소속 글자 ·

敢 [감히 감] 攴 - 총12획

勇敢(용감): 씩씩하고 겁이 없으며 기운참. [예문] 선두에서 용감(勇敢)하게 싸우다.

果敢(과감): 과단성이 있고 용감함. [예문] 벤처기업에 과감(果敢)하게 투자하다.

改 [고칠 개] 攴 - 총7획

改善(개선): 부족하거나 잘못된 점을 고치어 잘되게 함. [예문] 생활환경을 개선(改善)하다.

改過遷善(개과천선): 잘못을 고치어 착하게 됨. [예문] 개과천선(改過遷善)하여 남들에게 봉사하다.

敬 [공경할 경] 攴 - 총13획

恭敬(공경): 공손히 받들어 섬김. [예문] 어른들을 공경(恭敬)하다.

敬畏(경외): 공경하면서 두려워함. [예문] 선생님을 경외(敬畏)하다.

故 [옛 고] 攴 - 총9획

故鄕(고향): 태어나서 자란 곳. [예문] 나의 살던 고향(故鄕)은 꽃피는 산골.

緣故地(연고지): 혈연이나 지연 또는 그 밖의 이유로 어떤 인연이 있는 곳. [예문] 연고지(緣故地)를 찾다.

攻 [칠 공] 攴 - 총7획

攻擊(공격): 나아가 적을 침. 예문 공격(攻擊)은 최선의 방어.

專攻(전공): 어느 일정한 부문에 대하여 전문적으로 연구함. 예문 수학을
전공(專攻)하다.

教 [가르칠 교] 攴 - 총11획

教育(교육): 지식을 가르치고 품성과 체력을 기름. 예문 예절 교육(教育)
이 중요하다.

教訓(교훈): 가르치고 깨우침. 예문 평생의 교훈(教訓)으로 삼다.

救 [구원할 구] 攴 - 총11획

救援(구원): 위험이나 곤란에 빠져 있는 사람을 구해줌. 예문 구원(救援)
의 손길을 뻗다.

救助(구조): 위험한 상태에 있는 사람을 도와서 구원함. 예문 바다에 빠
진 사람을 구조(救助)하다.

放 [놓을 방] 攴 - 총8획

放牧(방목): 소, 양, 말 등의 가축을 놓아기름. 예문 젖소를 초원에 방목
(放牧)하다.

解放(해방): 몸과 마음의 속박이나 제한을 풀어서 자유롭게 함. 예문 억
압에서 해방(解放)되다.

散 [흩을 산] 攴 - 총12획

散漫(산만): 어수선하여 질서나 통일성이 없음. 예문 그 사람은 주의가
산만(散漫)하다.

分散(분산): 갈라져 흩어짐. 예문 인구가 지역별로 분산(分散)되다.

收 [거둘 수] 攴 - 총6획

收穫(수확): 익은 농작물을 거두어들임. 예문 가을에 벼를 수확(收穫)하다.

吸收(흡수): 빨아들임. 받아들임. 예문 속옷이 땀을 흡수(吸收)하다.

數 [셀 수 / 자주 삭] 攴 - 총15획

數學(수학): 수량 및 도형의 성질이나 관계를 연구하는 학문. 예문 수학
(數學)은 기초 학문이다.

頻數(빈삭): 일이 매우 잦음. 빈번함. 예문 요의가 빈삭(頻數)하다.

敵 [원수 적] 攴 - 총15획

敵手(적수): 재주나 힘이 서로 비슷하여 상대가 되는 사람. 예문 우리의
적수(敵手)가 아니다.

無敵(무적): 대적할 상대가 없을 정도로 아주 셈. 예문 무적(無敵)의 부대.

整 [가지런할 정] 攴 - 총16획

整理(정리): 어수선하거나 쓸데없는 것을 없애거나 가지런하게 바로잡
음. 예문 집 안을 정리(整理)하다.

調整(조정): 기준이나 실정에 맞게 조절하여 정돈함. 예문 수위를 조정

(調整)하다.

政 [정사 정] 攴 - 총9획

政府(정부): 국가의 정책을 집행하는 행정부. 예문 임시 정부(政府)를 수
립하다.

政策(정책): 정치에 관한 방침과 그것을 이루기 위한 수단. 예문 정책(政
策)의 일관성이 중요하다.

敗 [무너질 패] 攴 - 총11획

敗亡(패망): 전쟁에 져서 망함. 예문 2차 세계대전에서 독일이 패망(敗亡)
하다.

成敗(성패): 일의 성공과 실패. 예문 이번 일의 성패(成敗)가 달려 있다.

效 [본받을 효] 攴 - 총10획

效果(효과): 보람 있는 결과. 예문 치료의 효과(效果)가 나타나다.

效用(효용): 어떤 물건의 쓸모. 예문 효용(效用)가치가 있는 물건.

敏 [재빠를 민] 攴 - 총11획 / 3급

敏捷(민첩): 행동이 재빠르고 날램. 예문 곰은 덩치가 크지만 물고기를
잡을 땐 매우 민첩(敏捷)하다.

英敏(영민): 뛰어나게 현명하고 민첩함. 예문 그는 어려서부터 영민(英
敏)하기로 소문이 났다.

敦 [도타울 돈] 攵 - 총12획 / 3급

敦篤(돈독): ①사람 사이의 관계가 매우 가깝고 다정함. ②신앙심이나 애정이 깊음. 예문 ①두 사람 사이가 무척 돈독(敦篤)하다. ②그는 믿음이 돈독(敦篤)한 사람이다.

敦厚(돈후): 인정이 두터움. 예문 성품이 돈후(敦厚)하여 주변에 사람이 많다.

斂 [거둘 렴] 攵 - 총17획 / 1급

收斂(수렴): 한 군데로 모음. 물건 등을 거두어들임. 예문 여러 곳에서 다양한 의견을 수렴(收斂)하다.

苛斂誅求(가렴주구): 가혹하게 세금을 거두며 백성들의 재물을 빼앗음. 예문 가렴주구(苛斂誅求)는 관리들이 너무나 혹독하게 세금을 거둠을 표현하는 사자성어이다.

殳　갖은등글월문　殳

<u>4획</u>

丿　几　子　殳

　　손(又)에 몽둥이를 들고 있는 모습이다. 단독으로는 '몽둥이 수'이며, 攵(등글월문)과 모양이 비슷해 '갖은등글월문'이라 부른다. 攴(칠복)과 마찬가지로 글자 우측에만 위치한다.

　　攴(칠복)과 마찬가지로 '치다, 때리다'의 의미를 나타낸다. 굳이 攴(칠복)과 비교하자면 보다 강제적이고 공격적이다. 하지만 부수로서의 위력은 攴(칠복)과 별반 차이가 없다. 두 글자는 모양, 의미, 이름, 부수로서 위력까지 여러모로 닮았다.

　　참고 股(넓적다리 고: 肉 - 1급) 投(던질 투: 手) 役(부릴 역: 彳 - 3급) 疫(염병 역: 疒 - 3급) 設(베풀 설: 言) 穀(곡식 곡: 禾) 發(쏠 발: 癶) 醫(의원 의: 酉) 般(돌 반: 舟 - 3급)

· 소속 글자 ·

段 [구분 단] 殳 - 총9획

段階(단계): 일의 차례를 따라 나아가는 과정. 예문 차근차근 단계(段階)를 밟다.

手段(수단): 어떤 목적을 달성하기 위한 방법. 예문 온갖 수단(手段)을 동원하다.

殺 [죽일 살 / 감할 쇄] 殳 - 총11획

殺伐(살벌): 분위기나 풍경 또는 인간관계 등이 거칠고 서먹서먹함. 예문 눈빛이 살벌(殺伐)하다.

相殺(상쇄): 셈을 서로 비김. 예문 수입과 지출이 상쇄(相殺)되다.

口 (巳) 병부절방

2획

ᄀ 卩

　무릎 꿇고 앉은 사람의 상형이다. 때문에 무릎 꿇고 예를 갖추는 행위와 관련이 많다. 아울러 '무릎, 관절'의 의미도 지닌다. 또 관절이 딱 맞는 모양에서 '부절(符節)'의 뜻도 나타낸다.

　부절(符節)이란, 헤어질 때 믿음의 표시로 나누어 가지던 물건을 말한다. 돌이나 대나무를 쪼개서 각자 지니고 있다가 나중에 맞춰 확인하는 식이다. 또한 사신(使臣)과 같은 공적인 일에도 많이 사용되었다고 한다. 그래서 부수로서 口(巳)을 '병부절(兵符節)'이라 하며, 항상 글자의 우측에만 위치하므로 '병부절방'이라고도 한다.

　참고 厄(액 액: 厂 - 3급) 叩(두드릴 고: 口 - 1급) 犯(범할 범: 犬) 氾(넘칠 범: 水 - 1급) 報(갚을 보: 土)

248

· 소속 글자 ·

卷 [책 권] 卩 - 총8획

壓卷(압권): 가장 뛰어난 부분. 여럿 중에서 가장 뛰어난 것. 예문 이 대
목이 소설의 압권(壓卷)이다.

手不釋卷(수불석권): 손에서 책을 놓지 않음. 예문 수불석권(手不釋卷)은
늘 글을 읽는다는 의미이다.

卵 [알 란] 卩 - 총7획

鷄卵(계란): 달걀. 닭의 알. 예문 신선한 계란(鷄卵)을 고르다.

卵巢(난소): 난자를 만들어내며 여성 호르몬을 분비하는 생식기관의 한
부분. 예문 난소(卵巢)와 정소.

危 [위태할 위] 卩 - 총6획

危險(위험): 실패하거나 목숨을 위태롭게 할 만함. 예문 위험(危險)한 길
을 걷다.

危殆(위태): 형세가 어려운 지경임. 마음을 놓을 수 없음. 예문 상황이 위
태(危殆)롭다.

印 [도장 인] 卩 - 총6획

印朱(인주): 도장을 찍을 때 묻혀 쓰는 붉은 빛깔의 재료. 예문 도장에 인
주(印朱)를 묻히다.

印象(인상): 어떤 대상에 대하여 마음에 새겨지는 느낌. 예문 좋은 인상
(印象)을 심어주다.

戈 창과 戈

4획

一 弋 戈 戈

손잡이가 있고 자루 끝에 날이 달린 창의 상형이다. 찌르거나 걸어서 당기는 무기로 사용되었다. 글자 내에서는 무기 혹은 무기를 사용하는 일과 관련되어 널리 활용된다.

항상 글자 우측에만 위치하며 부수 간 대결에서는 혼전 양상이라 할 수 있다. 그중에서도 혼동하기 쉬운 글자가 或(혹 혹)과 咸(다 함)이다. 보다시피 두 글자의 구성이 거의 같다. 그런데 부수 대결에서 或(혹 혹)의 승자는 戈(창과), 咸(다 함)의 승자는 口(입구)이다.

참고 咸(다 함: 口 - 3급) 威(위엄 위: 女) 裁(마를 재: 衣 - 3급) 栽(심을 재: 木 - 3급) 載(실을 재: 車 - 3급) 哉(어조사 재: 口 - 3급) 鐵(쇠 철: 金) 伐(칠 벌: 人) 賊(도둑 적: 貝) 幾(기미 기: 幺 - 3급) 義(옳을 의: 羊)

· 소속 글자 ·

戒 [경계할 계] 戈 - 총7획

警戒(경계): 범죄나 사고 등 좋지 않은 일이 일어나지 않도록 미리 조심하고 살핌. 예문 경계(警戒)를 철저히 하다.

哨戒艇(초계정): 적의 습격에 대비하여 감시하고 경계하는 임무의 배. 예문 초계정(哨戒艇)을 배치하다.

成 [이룰 성] 戈 - 총7획

成功(성공): 목적이나 뜻한 바를 이룸. 예문 작전이 성공(成功)하다.

成長(성장): 사람이나 동물 등 생물이 자라남. 사물의 규모가 커짐. 예문 무럭무럭 성장(成長)하다.

戰 [싸울 전] 戈 - 총16획

戰爭(전쟁): 국가 또는 교전 단체 사이에 서로 무력을 써서 하는 싸움. 예문 전쟁(戰爭)에 대비하다.

作戰(작전): 싸움이나 경기의 대책을 세움. 일정 기간에 집중적으로 벌이는 군사적 행동. 예문 작전(作戰)을 짜다.

或 [혹 혹] 戈 - 총8획

或是(혹시): 만일에. 어쩌다가 우연히. 예문 혹시(或是) 무슨 일이 생기더라도.

間或(간혹): 이따금. 어쩌다가. 예문 간혹(間或) 예외도 있다.

乙(乚) 새을 ㄥ

1획

乙

사물이 시원스레 나가지 못하는 상태를 시각적으로 표현한 글자이다. 식물이 구불구불 자라거나, 강물이 굽이굽이 흐르는 모습을 연상하면 되겠다. 언뜻 글자 모양이 오리나 백조와 비슷해 '새을'이라 불리지만, 새(bird)와는 아무런 관련이 없다. 글자의 우측에 위치할 때는 乚형태가 된다.

일례로 軋(삐걱거릴 알)은 '수레바퀴(車)가 부드럽지 않다(乙)'는 의미이다. 그래서 '알력(軋轢)'이라는 단어는 조직이나 집단 내에서 의견 충돌이 많을 때 주로 사용한다.

참고 孔(구멍 공: 子) 吼(울 후: 口 - 1급) 軋(삐걱거릴 알: 車 - 1급) 札(패 찰: 木 - 2급) 胤(이을 윤: 肉 - 2급)

252

· 소속 글자 ·

九 [아홉 구] 乙 - 총2획

九萬里(구만리): 아득히 먼 거리를 비유하여 이르는 말. 예문 앞길이 구만리(九萬里) 같은 젊은이.

九牛一毛(구우일모): 아홉 마리 소 가운데 털 하나. 예문 매우 많은 가운데 섞인 아주 사소한 것을 비유할 때 구우일모(九牛一毛)라고 한다.

亂 [어지러울 란] 乙 - 총13획

亂場(난장): 여러 사람이 뒤섞여 마구 떠들어대거나 뒤엉켜 뒤죽박죽이 된 곳. 예문 골목이 난장(亂場)판이다.

混亂(혼란): 어지럽고 질서가 없음. 예문 사회가 혼란(混亂)하다.

乳 [젖 유] 乙 - 총8획

牛乳(우유): 암소의 젖. 예문 우유(牛乳)를 천천히 마시다.

乳母車(유모차): 어린아이를 태워서 밀거나 끌고 다니는 자그마한 차. 예문 유모차(乳母車)에 아기를 태우다.

064 해가 떠 있으면 낮

日　날일　☉

4획

｜ 冂 日 日

훤히 빛나는 해(sun)의 상형이다. 글자 내에서 '태양, 날, 낮, 시간' 등 매우 다양한 의미로 광범위하게 작용한다.

글자 내에서의 위치는 다양한 편이다. 그중에서 좌측을 온전히 차지했을 때 사뭇 강한 편이고, 그 외의 위치에서는 두드러진 활약이 없다.

참고로 알려두자면 한자에서는 둥근 형태(○)를 사각형(□)으로 표현한 경우가 많다. 해를 본뜬 日(날 일)과 입을 본뜬 口(입 구)가 대표적인 예이다. 먼 옛날 칼로 글자를 새기던 시절에 곡선을 그리기 어려웠기 때문이라고 한다.

참고 間(틈 간: 門) 東(동녘 동: 木) 量(헤아릴 량: 里) 卓(높을 탁: 十) 冥(어두울 명: 冖 - 3급) 莫(없을 막: 艸 - 3급) 盟(맹세할 맹: 皿 - 3급) 炅(빛날 경: 火 - 2급) 汨(빠질 골: 水 - 1급) 杳(어두울 묘: 木 - 1급)

· 소속 글자 ·

日　[날 일]　日 - 총4획

日常(일상): 매일 반복되는 생활. 예문 공원 산책이 일상(日常)이다.

休日(휴일): 일을 하지 않고 쉬는 날. 예문 휴일(休日)을 만끽하다.

暇　[겨를 가]　日 - 총13획

休暇(휴가): 학교, 직장, 군대 등에서 일정한 기간 동안 쉬는 일. 예문 계
곡에서 휴가(休暇)를 보내다.

餘暇(여가): 겨를. 틈. 예문 여가(餘暇)를 알차게 활용하다.

景　[볕 경]　日 - 총12획

景致(경치): 산이나 강 등 자연의 아름다운 모습. 예문 경치(景致)가 펼쳐
지다.

絶景(절경): 더할 나위 없이 아름다운 경치. 예문 눈앞의 절경(絶景)에 감
탄하다.

暖　[따뜻할 난]　日 - 총13획

溫暖(온난): 날씨가 따뜻함. 예문 기후가 온난(溫暖)하다.

暖帶(난대): 온대 지방 가운데서 열대에 가까운 온난한 지대. 예문 난대
(暖帶)지방에 속하다.

明 [밝을 명] 日 - 총8획

明暗(명암): 밝음과 어두움. 예문 사람들 간에 명암(明暗)이 엇갈리다.

分明(분명): 틀림없이 확실하게. 예문 의견을 분명(分明)하게 말하다.

普 [널리 보] 日 - 총12획

普通(보통): 특별하거나 드물지 않고 예사로움. 예문 보통(普通) 수준을
유지하다.

普及(보급): 널리 펴서 알리거나 사용하게 함. 예문 스마트폰이 널리 보
급(普及)되다.

星 [별 성] 日 - 총9획

行星(행성): 태양의 둘레를 공전하는 별을 통틀어 이르는 말. 예문 지구
는 태양계 세 번째 행성(行星)이다.

衛星(위성): 행성의 둘레를 운행하는 작은 천체. 예문 달은 지구의 위성
(衛星)이다.

是 [옳을 시] 日 - 총9획

是非(시비): 옳고 그름. 옳으니 그르니 하는 말다툼. 예문 서로 시비(是非)
를 따지다.

是正(시정): 잘못된 것을 바로잡음. 예문 잘못된 관행을 시정(是正)하다.

時 [때 시] 日 - 총10획

時刻(시각): 시간의 흐름 속의 어느 순간. 예문 정확한 시각(時刻)을 알려 주다.

時事(시사): 그때그때 세상의 정세나 일어난 일. 예문 시사(時事) 프로그 램을 진행하다.

暗 [어두울 암] 日 - 총13획

暗黑(암흑): 주위가 어둡고 캄캄함. 예문 거리가 암흑(暗黑)으로 변하다.

暗記(암기): 기억할 수 있도록 외움. 예문 단어를 암기(暗記)하다.

易 [바꿀 역 / 쉬울 이] 日 - 총8획

貿易(무역): 나라와 나라 사이에 서로 물품을 팔고 사는 일. 예문 세계 여 러 나라와 무역(貿易)을 하다.

容易(용이): 어렵지 않고 매우 쉬움. 예문 사용방법이 용이(容易)하다.

映 [비출 영] 日 - 총9획

映畫(영화): 연속 촬영한 필름을 영사막에 비추어 움직임을 실제같이 재 현하여 보이는 것. 예문 영화(映畫)를 관람하다.

反映(반영): 어떤 영향이 다른 것에 미쳐 나타남. 예문 국민의 여론을 반 영(反映)하다.

曜 [빛날 요] 日 - 총18획

曜日(요일): 한 주일의 각 날을 이르는 말. [예문] 오늘이 무슨 요일(曜日)?

日曜日(일요일): 칠요일의 첫째 날. [예문] 일요일(日曜日) 아침에 늦잠을 자다.

昨 [어제 작] 日 - 총9획

昨年(작년): 지난해. [예문] 작년(昨年)보다 공기가 깨끗하다.

昨今(작금): 어제와 오늘. [예문] 작금(昨今)의 상황을 보건데.

早 [새벽 조] 日 - 총6획

早期(조기): 이른 시기. [예문] 문제를 조기(早期)에 발견하다.

早退(조퇴): 직장이나 학교 등에서 끝나는 시간이 되기 전에 일찍 돌아
감. [예문] 어쩔 수 없이 조퇴(早退)하다.

晝 [낮 주] 日 - 총11획

晝間(주간): 낮 동안. [예문] 주간(晝間) 근무를 하다.

晝夜(주야): 밤낮. [예문] 주야(晝夜)로 끊임없이 연구하다.

智 [슬기 지] 日 - 총12획

智慧(지혜): 사물의 도리나 선악 등을 잘 분별하는 마음의 작용. [예문] 지
혜(智慧)가 뛰어나다.

機智(기지): 그때그때의 상황에 따라서 재빨리 발휘되는 재치. [예문] 기지
(機智)를 발휘해 위험을 벗어나다.

春 [봄 춘] 日 - 총9획

春秋(춘추): 봄과 가을. 나이의 높임말. 예문 어르신 춘추(春秋)가 어떻게
되시는지요?

思春期(사춘기): 몸의 생식 기능이 거의 완성되며, 이성에 관심을 가지게
되는 시절. 예문 사춘기(思春期)를 겪다.

暴 [사나울 포 / 쬘 폭] 日 - 총15획

暴惡(포악): 사납고 악함. 예문 성질이 포악(暴惡)하다.

暴風(폭풍): 몹시 세차게 부는 바람. 예문 폭풍(暴風)이 휘몰아치다.

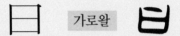

日 　가로왈　 ㅂ

4획

丨　冂　冃　日

口(입 구)에 가로획(一)이 더해진 형태로 '소리 내어 말하다'의 의미이다. 하지만 日형태가 반드시 '가로왈'이라고 생각하면 곤란하다. 소속 글자들을 보면 다른 글자들이 우연히 日모양으로 변형된 경우도 많다. 편의상 세워진 부수라 해도 크게 틀린 말은 아니다.

본래 曰(가로왈)은 日(날일)보다 납작한 형태로 서로 별개의 글자이다. 하지만 日(날일)도 글자 내에서 납작해지는 경우가 많으므로 두 글자를 엄격히 구별하기는 쉽지 않다.

참고 者(사람 자: 老) 耆(늙은이 기: 老 - 2급) 魯(둔할 로: 魚 - 2급)

· 소속 글자 ·

更 [고칠 경 / 다시 갱] 日 - 총7획

更新(경신): 이제까지 있던 것을 고쳐 새롭게 함. 예문 올림픽 기록을 경
신(更新)하다.

更新(갱신): 어떤 계약기간이 만료되었을 때 그 기간을 연장하는 일.
예문 운전면허를 갱신(更新)하다.

曲 [굽을 곡] 日 - 총6획

曲線(곡선): 부드럽게 굽은 선. 예문 곡선(曲線)의 아름다움.

曲折(곡절): 복잡한 사연이나 내용. 예문 무슨 곡절(曲折)이 있을지 모른다.

書 [쓸 서] 日 - 총10획

書畫(서화): 글씨와 그림. 예문 신사임당은 서화(書畫)에 뛰어났다.

讀書(독서): 책을 읽음. 예문 독서(讀書)하기 좋은 계절이다.

最 [가장 최] 日 - 총12획

最善(최선): 가장 좋거나 훌륭함. 예문 최선(最善)의 선택을 하다.

最後(최후): 맨 끝. 맨 마지막. 예문 최후(最後)의 순간까지 싸우다.

會 [모일 회] 日 - 총13획

會食(회식): 여럿이 모여 함께 음식을 먹음. 예문 회식(會食)을 하다.

會議(회의): 여럿이 모여 의논함. 예문 민주적으로 회의(會議)하다.

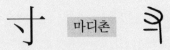

마디촌

3획

一 寸 寸

오른손을 의미하는 又(또우)에 점 하나 찍힌 형태이다. 단독으로는 '길이 단위, 친척 간 촌수' 등의 뜻으로 쓰인다. 하지만 다른 글자 내에서 寸(마디촌)은 又(또우)와 마찬가지로 '손(hand)'의 의미로 사용되는 경우가 대다수이다.

예를 들어 守(지킬 수)는 건물(宀) 지키는 손(寸)을 표현한 것이고, 耐(견딜 내)는 손(寸)으로 수염(而) 자르는 상황을 나타내고 있다. 사실 寸(마디촌)은 사용 빈도가 매우 높은 글자이다. 그래서 승리도 많고 패배도 많은 베테랑에 비유할 수 있다.

참고 守(지킬 수: 宀) 付(줄 부: 人 - 3급) 耐(견딜 내: 而 - 3급) 鬪(싸움 투: 鬥) 壽(목숨 수: 士 - 3급) 奪(빼앗을 탈: 大 - 3급) 辱(욕될 욕: 辰 - 3급) 廚(부엌 주: 广 - 1급) 樹(나무 수: 木) 村(마을 촌: 木) 忖(헤아릴 촌: 心 - 1급) 討(칠 토: 言) 紂(껑거리끈 주: 糸 - 1급)

· 소속 글자 ·

寸 [마디 촌] 寸 - 총3획

寸數(촌수): 친족 간의 멀고 가까운 관계를 나타내는 수. [예문] 촌수(寸數)
로 사촌 간이다.

寸刻(촌각): 매우 짧은 시간. [예문] 촌각(寸刻)을 다투는 일이다.

對 [대답할 대] 寸 - 총14획

對話(대화): 서로 마주 대하여 이야기함. [예문] 진솔한 대화(對話)를 나누다.

對答(대답): 묻는 말에 자기의 뜻을 나타냄. 부름에 응함. [예문] 솔직하게
대답(對答)하다.

導 [이끌 도] 寸 - 총16획

指導(지도): 어떤 목적이나 방향에 따라 가르치어 이끎. [예문] 학생들을
정성껏 지도(指導)하다.

主導(주도): 주장이 되어 이끌거나 지도함. [예문] 찬성여론을 주도(主導)
하다.

射 [쏠 사] 寸 - 총10획

射擊(사격): 총, 대포, 활 등을 쏨. [예문] 사격(射擊)을 가하다.

發射(발사): 총포나 로켓 등을 쏨. [예문] 미사일을 발사(發射)하다.

寺 [절 사] 寸 - 총6획

寺刹(사찰): 절. 예문 각지의 유명 사찰(寺刹)을 둘러보다.

寺塔(사탑): 절에 있는 탑. 예문 사탑(寺塔)에는 석가탑, 다보탑 등이 있다.

將 [장수 장] 寸 - 총11획

將軍(장군): 군(軍)을 지휘하고 통솔하는 무관. 예문 장군(將軍)의 명령에 따르다.

日就月將(일취월장): 날로 달로 자라거나 나아감. 예문 실력이 일취월장 (日就月將)하다.

專 [오로지 전] 寸 - 총11획

專屬(전속): 오직 한 기관이나 조직에만 속함. 예문 연예 기획사와 전속 (專屬)계약을 맺다.

專攻(전공): 어느 일정한 부문에 대하여 전문적으로 연구함. 예문 전공 (專攻) 분야를 정하다.

尊 [높을 존] 寸 - 총12획

尊敬(존경): 남의 훌륭한 행위나 인격 등을 높여 공경함. 예문 제자들에 게 존경(尊敬)을 받다.

自尊心(자존심): 제 몸이나 품위를 스스로 높이 가지는 마음. 예문 자존 심(自尊心)이 강하다.

封 [봉할 봉] 寸 - 총9획 / 3급

封鎖(봉쇄): 잠그거나 굳게 막아 안팎으로 드나들지 못하게 함. 예문 해

안을 봉쇄(封鎖)하다.

密封(밀봉): 단단히 묶거나 붙여 꼭 봉함. 예문 공기가 들어가지 않게 밀

봉(密封)한 후 냉장보관한다.

尉 [벼슬 위] 寸 - 총11획 / 2급

尉官(위관): 군대에서 초급 장교를 통틀어 이르는 말. 부사관보다는 높고

영관보다는 낮은 계급. 예문 위관(尉官)의 계급장은 다이아몬드 모양

이다.

大尉(대위): 위관 중에서 가장 높은 계급. 예문 위관 계급에는 대위(大尉),

중위, 소위, 준위가 있다.

貝　조개패　貝

7획

| 丨 冂 冂 目 目 貝 貝

　　조개의 상형이다. 글자 내에서 '조개'의 의미로 작용하기도 하지만, 그보다 '돈, 재물'의 의미로 쓰이는 경우가 더 많다. 과거 오랫동안 조개가 화폐로 통용되었던 흔적이 남아 있는 것이다.

　　貝(조개패)는 글자 내에서 위치를 가리지 않고 두루 활용된다. 그중에서 하단에 위치할 때 비교적 강한 힘을 내는 편이다. 다만 확실하게 상대를 압도하지 못하기 때문에 매번 헷갈리는 부수라 하겠다.

　　특히 눈여겨볼 부분은 宀(갓머리)와 세 번에 걸친 대결이다. 寶(보배 보), 實(열매 실), 賓(손 빈). 결과는 2승 1패. 宀(갓머리)가 貝(조개패)를 상대로 우세했다.

　　참고　員(수효 원: 口) 寶(보배 보: 宀) 實(열매 실: 宀) 則(법칙 칙: 刀) 敗(깨뜨릴 패: 攴) 唄(찬불 패: 口 - 1급) 具(갖출 구: 八) 算(셀 산: 竹) 嬰(갓난아이 영: 女 - 1급)

· 소속 글자 ·

貴 [귀할 귀] 貝 - 총12획

貴重(귀중): 매우 소중함. 예문 귀중(貴重)한 물건을 다루다.

貴賤(귀천): 신분 등이 귀하거나 천한 것. 예문 직업에는 귀천(貴賤)이 없다.

買 [살 매] 貝 - 총12획

購買(구매): 물건을 사들임. 예문 식료품을 대량으로 구매(購買)하다.

豫買(예매): 시기가 되기 전에 미리 삼. 예문 입장권을 예매(豫買)하다.

賣 [팔 매] 貝 - 총15획

販賣(판매): 상품을 팖. 예문 신제품을 판매(販賣)하다.

賣盡(매진): 남김없이 다 팔림. 예문 기차표가 매진(賣盡)되다.

負 [질 부] 貝 - 총9획

負擔(부담): 어떤 일의 의무나 책임을 떠맡음. 예문 부담(負擔)을 갖다.

抱負(포부): 마음속에 지닌 꿈이나 희망. 예문 큰 포부(抱負)를 품다.

費 [쓸 비] 貝 - 총12획

費用(비용): 무엇을 사거나 어떤 일을 하는 데 드는 돈. 예문 비용(費用)을
각자 부담하다.

消費(소비): 돈, 물건, 시간, 노력 등을 써 없앰. 욕망을 채우기 위해 재화
를 소모하는 일. 예문 소비(消費) 욕구를 자극하다.

貧 [가난할 빈] 貝 - 총11획

貧富(빈부): 가난함과 넉넉함. 예문 빈부(貧富) 격차가 해소되다.

貧困(빈곤): 가난하여 살림살이가 어려움. 예문 빈곤(貧困)에서 벗어나다.

賞 [상줄 상] 貝 - 총15획

賞金(상금): 상으로 주는 돈. 예문 거액의 상금(賞金)을 걸다.

褒賞(포상): 칭찬하고 권장하여 상을 줌. 예문 포상(褒賞)휴가를 받다.

資 [재물 자] 貝 - 총13획

資本(자본): 사업에 필요한 기본적인 돈. 예문 자본(資本)을 대다.

資格(자격): 어떤 행동이나 일을 하는 데 필요한 조건. 예문 충분한 자격
(資格)을 갖추다.

財 [재물 재] 貝 - 총10획

財物(재물): 돈이나 값이 나가는 물건. 예문 재물(財物)에 욕심이 없다.

財産(재산): 개인이나 단체가 소유한 유형, 무형의 경제적 가치가 있는
것의 총체. 예문 재산(財産)이 넉넉하다.

貯 [쌓을 저] 貝 - 총12획

貯蓄(저축): 절약하여 모아둠. 예문 저축(貯蓄)하는 습관을 기르다.

貯藏(저장): 물건을 모아서 간수함. 예문 쌀을 창고에 저장(貯藏)하다.

賊 [도둑 적] 貝 - 총13획

海賊(해적): 항해하는 배나 해안 지방을 습격하여 약탈하는 도둑. 예문
해적(海賊)이 출몰하는 바닷길.

賊反荷杖(적반하장): 잘못한 사람이 도리어 잘한 사람을 나무라는 경우를
이르는 말. 예문 적반하장(賊反荷杖)도 어느 정도가 있지.

質 [바탕 질] 貝 - 총15획

性質(성질): 날 때부터 가지고 있는 기질. 예문 성질(性質)이 좀 까다롭다.

資質(자질): 타고난 성품이나 소질. 맡아 하는 일에 대한 능력이나 실력
의 정도. 예문 자질(資質)이 뛰어나다.

責 [꾸짖을 책] 貝 - 총11획

責任(책임): 맡아서 해야 할 임무나 의무. 예문 일을 끝까지 책임(責任)지다.

叱責(질책): 꾸짖어 나무람. 예문 잘못된 행동을 질책(叱責)하다.

賢 [어질 현] 貝 - 총15획

賢明(현명): 어질고 사리에 밝음. 예문 현명(賢明)하게 판단하다.

賢人(현인): 덕행의 뛰어남이 성인(聖人) 다음가는 사람. 예문 현인(賢人)
으로 칭송받다.

貨 [재화 화] 貝 - 총11획

貨物(화물): 운반할 수 있는 유형의 물품. 예문 배로 화물(貨物)을 운송하다.

雜貨(잡화): 잡다한 상품. 예문 각종 잡화(雜貨)를 판매하다.

見 볼견

7획

丨 冂 冂 冃 目 貝 見

사람의 눈을 강조한 글자이다. 사람 몸(儿)에 비해 눈(目)을
매우 크게 과장한 표현이 흥미롭다. 見(볼견)은 눈으로 보는 행위
와 관련된 글자에 자주 등장한다. 주로 글자의 우측이나 하단에
위치하며, 부수로서 그리 강한 편은 아니다.

눈여겨볼 글자로는 視(볼 시)를 꼽을 수 있다. 示(보일시)는 좌
측 편에서 매우 강한 부수인데, 視(볼 시)에서 見(볼견)이 거둔 승리
는 이변이라 할 만하다.

참고 現(나타날 현: 玉) 峴(재 현: 山 - 2급) 硯(벼루 연: 石 - 2급) 窺
(엿볼 규: 穴 - 1급)

見   [볼 견/현]   見 - 총7획

見學(견학): 구체적인 지식을 얻기 위해 실제로 보고 배움. 예문 현장을 견학(見學)하다.

謁見(알현): 지체 높은 사람을 찾아뵘. 예문 임금을 알현(謁見)하다.

覺   [깨달을 각]   見 - 총20획

覺悟(각오): 앞으로 닥칠 일에 대비하여 마음의 준비를 함. 예문 이미 각오(覺悟)하고 있다.

覺醒(각성): 깨어나 정신을 차림. 자기의 잘못을 깨달음. 예문 자신의 과오를 각성(覺醒)하다.

觀   [볼 관]   見 - 총25획

觀察(관찰): 사물을 주의 깊게 살펴봄. 예문 식물을 자세히 관찰(觀察)하다.

壯觀(장관): 굉장하여 볼 만한 경관. 예문 단풍이 그야말로 장관(壯觀)이다.

規   [법 규]   見 - 총11획

規定(규정): 어떤 일을 하나의 고정된 규칙으로 정함. 예문 방송 심의 규정(規定)을 준수하다.

規制(규제): 어떤 규칙을 정하여 제한함, 또는 그 규칙. 예문 각종 규제(規制)를 철폐하다.

覽 [볼 람] 見 - 총21획

觀覽(관람): 연극, 영화, 미술품, 운동경기 등을 구경함. 예문 공연을 관람
(觀覽)하다.

閱覽(열람): 책이나 문서 등을 훑어보거나 조사하면서 읽음. 예문 자료를
열람(閱覽)하다.

視 [볼 시] 見 - 총12획

視覺(시각): 오감의 하나로, 물체의 모양이나 빛깔 등을 분간하는 눈의
감각. 예문 시각(視覺)이 발달하다.

視聽(시청): 눈으로 보고 귀로 들음. 예문 시청(視聽)해주셔서 감사합니다.

親 [친할 친] 見 - 총16획

親切(친절): 남을 대하는 태도가 정성스럽고 정다움. 예문 친절(親切)하
게 설명해주다.

親舊(친구): 벗. 친하게 오래 사귄 사람. 예문 친구(親舊)를 잘 사귀다.

5장

서로 물고 물리는 부수들

부수들끼리 서로 물고 물리며
우열을 가늠하기 어려운 부수들이다

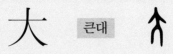

大 큰대 大

3획

一 ナ 大

두 팔을 벌리고 당당히 서 있는 사람의 상형이다. 단독으로는 '크다'의 의미로 쓰이지만, 다른 글자 내에서는 주로 '사람'의 의미로 작용한다. 간혹 다른 글자가 大모양으로 변형되어 글자 풀이에 혼선을 유발하기도 한다.

大(큰대)는 주로 글자의 윗부분이나 아랫부분에 위치한다. 부수 대결에서는 美(아름다울 미)와 尖(뾰족할 첨)에서 각각 羊(양양)과 小(작을소)에 밀린 부분이 눈에 띈다.

참고 美(아름다울 미: 羊) 尖(뾰족할 첨: 小 - 3급) 爽(시원할 상: 爻 - 1급) 汰(씻을 태: 水 - 1급) 因(인할 인: 囗) 莫(없을 막: 艸 - 3급) 樊(울타리 번: 木 - 1급) 喫(마실 끽: 口 - 1급)

大 [큰 대] 大 - 총3획

大勝(대승): 싸움이나 경기에서 크게 이김. 예문 왜군을 상대로 대승(大勝)을 거두다.

大小(대소): 사물의 크고 작음. 예문 물건의 대소(大小)를 가리지 않다.

奇 [기이할 기] 大 - 총8획

奇異(기이): 보통과는 달리 이상야릇함. 예문 기이(奇異)한 일이 벌어지다.

奇拔(기발): 유달리 재치 있고 뛰어남. 예문 기발(奇拔)한 아이디어를 내다.

奉 [받들 봉] 大 - 총8획

奉養(봉양): 부모나 조부모를 받들어 모심. 예문 늙으신 부모님을 봉양(奉養)하다.

奉仕(봉사): 자신의 이해를 돌보지 아니하고 몸과 마음을 다하여 일함. 예문 남을 위해 봉사(奉仕)하다.

夫 [지아비 부] 大 - 총4획

夫婦(부부): 남편과 아내. 결혼한 한 쌍의 남녀. 예문 부부(夫婦)생활이 원만하다.

大丈夫(대장부): 건장하고 씩씩한 사나이. 예문 사내 대장부(大丈夫)답게 행동하다.

失 [잃을 실] 大 - 총5획

失手(실수): 부주의로 잘못을 저지름. 예문 실수(失手)를 범하다.

失敗(실패): 일이 뜻한 바대로 되지 못하거나 그릇됨. 예문 실패(失敗)는
성공의 어머니.

天 [하늘 천] 大 - 총4획

天地(천지): 하늘과 땅. 우주. 세상. 예문 온 천지(天地)가 눈으로 덮이다.

天下(천하): 하늘 아래 온 세상. 한 나라 전체. 예문 천하(天下)에 이름을
날리다.

太 [클 태] 大 - 총4획

太初(태초): 천지가 처음 열린 때. 예문 태초(太初)의 신비를 간직하다.

太陽(태양): 태양계의 중심을 이루는 항성. 예문 지구가 태양(太陽) 주위
를 공전하다.

奢 [사치할 사] 大 - 총12획 / 1급

奢侈(사치): 자신의 분수에 넘치게 돈이나 물건을 쓰며 생활함. 예문 옷
이 너무 사치(奢侈)스럽다.

豪奢(호사): 매우 호화롭고 사치스럽게 지냄. 예문 지나치게 호사(豪奢)
를 부린다.

央 [가운데 앙] 大 - 총5획 / 3급

中央(중앙): 한가운데. 어떤 사물의 중심이 되는 곳. 예문 광장의 중앙(中央)에 동상이 있다.

奏 [아뢸 주] 大 - 총9획 / 3급

演奏(연주): 사람들 앞에서 악기를 다루어 곡을 들려주는 것. 예문 관현악단의 연주(演奏)를 감상하다.

前奏(전주): 악곡의 주요부 앞의 도입부. 노래가 시작되기 전 연주되는 부분. 예문 전주(前奏)만 듣고 무슨 노래인지 바로 알 수 있다.

奔 [달릴 분] 大 - 총9획 / 3급

奔走(분주): 몹시 바쁘게 뛰어다님. 이리저리 바쁘고 수선스러움. 예문 너무 분주(奔走)해서 정신이 없다.

東奔西走(동분서주): 사방으로 이리저리 몹시 바쁘게 돌아다님. 예문 요즘 사업 준비로 동분서주(東奔西走)하고 있다.

070 예쁜 양머리

羊 양양 ᛝ

<u>6획</u>

丶 丷 半 羊 羊 羊

가축인 양(ram)의 머리를 본뜬 모습이다. 부수로서 '양' 혹은 '양고기'와 관련된 글자들을 아우른다. 또한 과거 제사의 희생으로 많이 사용되었기에 '제사'와 관련된 글자에도 자주 등장한다.

눈여겨볼 글자는 翔(날 상)과 姜(성 강)이다. 보통 羊(양양)이 글자 좌측에 위치하면 부수로서 강한 힘을 발휘한다. 그런데 새가 빙빙 돌면서 날아다니는 모습을 표현한 翔(날 상)에서는 羽(깃우)에 밀린다. 그리고 姜(성 강)에서 女(계집녀)와의 승부에 패한 것도 기억해두기 바란다.

　참고　洋(바다 양: 水) 祥(상서로울 상: 示 - 3급) 詳(자세할 상: 言 - 3급) 姜(성 강: 女 - 2급) 翔(날 상: 羽 - 1급) 樣(모양 양: 木) 善(착할 선: 口) 養(기를 양: 食) 庠(학교 상: 广 - 2급) 鮮(고울 선: 魚)

278

羊 [양 양] 羊 - 총6획

羊頭狗肉(양두구육): 양의 머리를 내걸고 개고기를 팔다. 겉은 훌륭해 보이지만 속은 보잘것없음을 뜻하는 말. [예문] 양두구육(羊頭狗肉)은 사람들을 속인다는 의미로 많이 쓰이는 표현이다.

九折羊腸(구절양장): 아홉 번 꼬부라진 양의 창자. 산길 등이 몹시 험하게 꼬불꼬불한 것을 이르는 말. [예문] 구절양장(九折羊腸) 같은 길을 지나다.

群 [무리 군] 羊 - 총13획

群衆(군중): 한곳에 모인 많은 사람의 무리. [예문] 군중(群衆)을 향해 호소하다.

拔群(발군): 여럿 가운데서 특히 뛰어남. [예문] 발군(拔群)의 실력을 발휘하다.

美 [아름다울 미] 羊 - 총9획

美術(미술): 공간 및 시각의 미를 표현하는 예술. [예문] 미술(美術)에 조예가 뛰어나다.

美容(미용): 얼굴이나 머리 등을 곱게 매만짐. [예문] 미용(美容)실에서 머리를 자르다.

義 [옳을 의] 羊 - 총13획

義理(의리): 사람으로서 마땅히 지켜야 할 바른 도리. [예문] 의리(義理)를
중시하다.

義兵(의병): 나라를 위하여 스스로 일어난 군대. [예문] 각지에서 의병(義
兵)들이 일어나다.

着 [입을 착] 羊 - 총11획

着手(착수): 어떤 일을 하기 위해 손을 대기 시작함. [예문] 진상 조사에 착
수(着手)하다.

着實(착실): 일을 처리하는 태도가 차분하고 미더움. [예문] 착실(着實)하
게 준비하다.

羞 [바칠 수] 羊 - 총11획 / 1급

羞惡之心(수오지심): 자신의 잘못을 부끄럽게 여기고 남의 옳지 못함을
미워하는 마음. [예문] 수오지심(羞惡之心)은 맹자가 말한 四端(사단) 중
하나이다.

閉月羞花(폐월수화): 달이 숨고 꽃이 부끄러워함. [예문] 폐월수화(閉月羞
花)란 미인을 비유하는 다양한 표현 중 하나이다.

羨 [부러워할 선] 羊 - 총13획 / 1급

羨望(선망): 부러워하며 바람. [예문] 연예인을 선망(羨望)하는 이들이 많다.

羨慕(선모): 부러워하고 그리워함. [예문] 누군가를 몹시 선모(羨慕)하다.

280

羌 **[종족이름 강]** 羊 - 총8획 / 특급

羌族(강족): 중국 사천성 일대에 주로 거주하는 소수 민족. 예문 과거 강

족(羌族)이 거주하던 지역은 중원의 서쪽 편이었다.

西羌(서강): 강족을 달리 부르는 말. 예문 강족을 서강(西羌)이라고도 불

렀다.

羽 　깃우　 羽

6획

丁　丁　丑　羽　羽　羽

　새의 두 날개를 본뜬 모양으로 '깃, 날개'를 의미한다. 날갯짓이 특징적인 새와 하늘을 나는 동작에 관련된 글자의 부수로 작용한다.

　주목할 글자는 扇(부채 선)이다. 扇(부채 선)은 문짝(戶)이 여닫히는 모습을 새의 날갯짓(羽)에 빗댄 글자이다. '부채, 부채질'의 뜻으로 쓰인다. 羽(깃우)가 부수일 법도 한데 승자는 戶(지게호)이다.

참고 扇(부채 선: 戶 - 1급) 戮(죽일 륙: 戈 - 1급)

282

習 [익힐 습] 羽 - 총11획

習慣(습관): 버릇. [예문] 좋은 습관(習慣)을 들이다.

學習(학습): 지식이나 기술 등을 배워서 익힘. [예문] 학습(學習) 능력을 기르다.

翼 [날개 익] 羽 - 총17획 / 3급

翼狀(익상): 새의 날개 같은 모양. [예문] 자세가 불량하면 익상(翼狀) 견갑이 유발될 수 있다.

左翼手(좌익수): 야구에서 외야 왼쪽 지역의 수비를 맡은 선수. [예문] 외야수에는 좌익수(左翼手), 중견수, 우익수가 있다.

翔 [날 상] 羽 - 총12획 / 1급

飛翔(비상): 공중을 날다. [예문] 독수리가 날개를 활짝 펼치고 하늘을 비상(飛翔)하다.

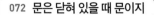
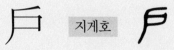

戶 지게호 ㅌ

4획

一 ㅋ ㅋ 戶

한쪽만 열리는 문짝의 상형이다. 양쪽이 열리는 형태인 門(문
문)과 다른 종류의 문이다. 부엌이나 마루에서 방으로 드나드는
외짝 문을 '지게문'이라고 하기 때문에 '지게호'로 불린다. 부수로
서 '문' 혹은 '집'에 관한 글자에 사용된다.

눈여겨볼 만한 글자는 啓(열 계)이다. 啓(열 계)는 문(戶)을 쳐
서(攴) 열고 말하는(口) 모습을 표현한 글자이다. 그런데 이렇게
손으로 치는(攴) 경우엔 戶(지게호)가 부수 대결에서 힘을 못 쓴다.
그리고 肩(어깨 견)에서 戶는 문이 아닌 사람의 어깨가 변형된 형
태이다.

참고 雇(품살 고: 隹 - 2급) 肩(어깨 견: 肉 - 3급) 啓(열 계: 口 - 3급)
肇(칠 조: 聿 - 1급)

戶 [지게 호] 戶 - 총4획

門戶(문호): 집으로 드나드는 문. 외부와 교류하기 위한 통로나 수단을 비유하는 말. 예문 문호(門戶)를 개방하다.

家家戶戶(가가호호): 한 집 한 집. 집집마다. 예문 가가호호(家家戶戶) 웃음이 넘치다.

房 [방 방] 戶 - 총8획

煖房(난방): 인공적으로 건물 전체 또는 방 안을 따뜻하게 하는 일. 예문 난방(煖房)이 잘되는 집.

各房(각방): 각각의 방. 여러 방. 예문 각방(各房)을 사용하다.

所 [바 소] 戶 - 총8획

所信(소신): 자기가 믿고 생각하는 바. 예문 소신(所信)을 갖고 근무하다.

所得(소득): 어떤 일의 결과로 얻는 것. 예문 이번 여행은 소득(所得)이 많았다.

斤 　날근　 ㇆

4획

一 厂 斥 斤

　　구부러진 자루 끝에 날이 달린 도끼의 상형이다. 다른 글자 내에서 '도끼' 혹은 '베다'의 의미로 날카롭게 작용한다.

　　대표적으로 欣(기뻐할 흔)을 예로 들 수 있다. 어떤 제안을 망설임 없이 '흔쾌(欣快)히 받아들인다'고 할 때 도끼날처럼 시원스러움이 느껴진다. 그런데 정작 欣(기뻐할 흔)의 부수는 欠(하품흠)이다. 이어지는 본문 288쪽을 눈여겨봐주기 바란다.

　　참고 所(바 소: 戶) 欣(기뻐할 흔: 欠 - 1급) 近(가까울 근: 辵) 匠(장인 장: 匚 - 1급) 兵(군사 병: 八) 祈(빌 기: 示 - 3급) 析(가를 석: 木 - 3급) 折(꺾을 절: 手) 質(바탕 질: 貝)

·소속 글자·

斷 [끊을 단] 斤 - 총18획

斷乎(단호): 결심한 것을 실행하는 태도가 딱 끊은 듯이 엄격함. 예문 단
호(斷乎)히 대처하다.

速斷(속단): 성급하게 판단함. 예문 아직 속단(速斷)하지 마라.

新 [새로울 신] 斤 - 총13획

新銳(신예): 그 분야에 새로 나타나서 만만찮은 실력이나 기세를 보이는
존재. 예문 걸출한 신예(新銳)의 등장.

新鮮(신선): 새롭고 산뜻함. 채소나 생선 등이 싱싱함. 예문 재료가 신선
(新鮮)하다.

欠 하품흠 ⺈

4획

ノ ⺈ ⺈ 欠

입을 크게 벌린 사람의 상형이다. 하품, 기침 등 사람 입으로 하는 갖가지 동작들을 아우른다고 보면 되겠다.

예를 들어 吹(불 취)는 입(口)으로 '후, 쉬' 하며 부는 모습, 炊(불땔 취)는 불(火)을 입으로 불어 불붙이는 모습이다. 또한 次(버금 차)는 침을 살짝 흘리는 모습이고, 盜(도둑 도)는 남의 물건을 탐내며 군침을 질질 흘리는 모습이다. 이외에도 欠(하품흠)이 들어간 글자들 속엔 다양한 이유로 입 벌린 사람들이 등장한다.

그런데 軟(연할 연) 속에 등장하는 欠은 입 벌리는 사람이 아니다. 사실은 輭(연할 연)의 속자이기 때문이다. 아마 매우 생소한 글자일 것이다. 본래 수레가 부드럽게 움직인다는 의미를 나타낸다.

참고 軟(연할 연: 車 - 3급) 吹(불 취: 口 - 3급) 炊(불땔 취: 火 - 2급) 飮(마실 음: 食) 羨(부러워할 선: 羊 - 1급) 盜(훔칠 도: 皿)

· 소속 글자 ·

歌   [노래 가]   欠 - 총14획

歌手(가수): 노래 부르는 일을 직업으로 삼는 사람. 예문 가수(歌手)의 공
연에 감동하다.

軍歌(군가): 군대의 사기를 돋우기 위해 부르는 노래. 예문 군가(軍歌)에
맞춰 행진하다.

次   [버금 차]   欠 - 총6획

次善(차선): 최선의 다음. 최선에 버금가는 좋은 방도. 예문 차선(次善)을
선택하다.

節次(절차): 일을 치르는 데 밟아야 하는 차례와 방법. 예문 절차(節次)에
따라 진행하다.

歎   [읊을 탄]   欠 - 총15획 嘆과 동자(同字)

歎聲(탄성): 탄식하는 소리. 감탄하는 소리. 예문 관객의 탄성(歎聲)을 자
아내다.

歎服(탄복): 깊이 감탄하여 마음으로 따름. 예문 간병인의 정성에 탄복
(歎服)하다.

歡   [기뻐할 환]   欠 - 총22획

歡迎(환영): 기쁘게 맞음. 예문 팬들의 환영(歡迎)을 받으며 입국하다.

歡喜(환희): 즐거워 기뻐함. 예문 환희(歡喜)에 벅찬 웃음을 짓다.

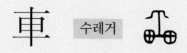

車 수레거

7획

一 厂 闩 肙 盲 車 車

수레의 상형이다. 복잡한 수레 바퀴축을 깔끔하게 잘 표현하였다. 글자 속에서 각종 수레, 수레와 관련된 여러 가지 일에 관한 의미로 쓰인다. 글자의 좌측이나 하단에 주로 위치하는데, 특히 좌측에서 부수로서 강한 면모를 보인다.

예외적인 글자가 斬(벨 참)이다. 斬(벨 참)은 풀이가 여러 가지인데, 車가 수레가 아닌 '나무를 묶은 모습'의 변형이라는 견해가 설득력 있다. 묶은 나무(車)를 도끼(斤)로 베는 모습이라면 斤(날근)이 부수인 게 자연스럽다.

여기에 사족을 덧붙이겠다. 斬(벨 참: 斤), 軟(연할 연: 車), 欣(기뻐할 흔: 欠)의 부수를 보라. 車(수레거), 欠(하품흠), 斤(날근)은 부수 대결에서 물고 물리는 사이이니 서로 무승부라 하겠다.

참고 斬(벨 참: 斤 - 2급) 庫(곳집 고: 广) 連(잇닿을 련: 辵)

290

·소속 글자·

車 [수레 차/거] 車 - 총7획

車輛(차량): 여러 가지 탈것을 통틀어 이르는 말. 예문 많은 차량(車輛)이 한꺼번에 몰리다.

自轉車(자전거): 사람이 올라타 발로 바퀴를 굴려 나아가는 탈 것. 예문 헬멧을 쓰고 자전거(自轉車)를 타다.

輕 [가벼울 경] 車 - 총14획

輕快(경쾌): 마음이 가뜬하고 상쾌함. 예문 발걸음이 경쾌(輕快)하다.

輕重(경중): 가벼움과 무거움. 예문 죄의 경중(輕重)을 가리다.

軍 [군사 군] 車 - 총9획

軍人(군인): 육해공군의 군적에 있는 장교, 부사관, 병사를 통틀어 이르는 말. 예문 군인(軍人) 정신을 발휘하다.

我軍(아군): 우리 편의 군사. 예문 아군(我軍)의 엄호를 받다.

輪 [바퀴 륜] 車 - 총15획

輪廓(윤곽): 둘레의 선. 사물의 대강. 예문 윤곽(輪廓)이 드러나다.

四輪(사륜): 네 개의 바퀴. 예문 사륜(四輪) 구동 자동차.

轉 [구를 전] 車 - 총18획

轉學(전학): 다른 학교로 학적을 옮겨 가서 배움. 예문 전학(轉學)을 다니다.

回轉(회전): 물체가 한 점을 중심으로 도는 것. 예문 회전(回轉) 목마.

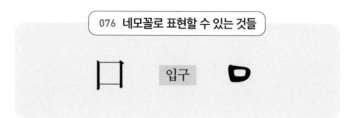

입구

3획

丨 冂 口

사람 입(mouth)의 상형이다. 말하는 것 먹는 것을 포함해 입과 관련된 수많은 역할을 담당한다. 하지만 글자 속에 口모양 사각형이 전부 '입'이라고 생각해선 곤란하다. 너무나 다양한 사물들이 사각형으로 단순화되어 있기 때문이다. 일례로 國(나라 국), 圍(둘레 위)에서 겉을 둘러싼 사각형인 囗(큰입구)는 '둘레'를 표현한 것으로 작은 사각형인 口(입구)와 아무런 관련이 없다.

口(입구)는 쓰임새가 워낙 다양하기 때문에 글자 속에서 위치도 제각각이다. 부수로서 우측에선 약한 모습, 좌측에선 매우 강력한 모습을 보인다. 좌측에서 패배한 유일한 글자가 鳴(울 명)인데, 鳥(새조)가 필승 부수라 어쩔 수 없었다고 이해하면 되겠다.

참고 鳴(울 명: 鳥) 如(같을 여: 女) 知(알 지: 矢) 加(더할 가: 力) 區(지경 구: 匸) 兄(맏 형: 儿) 兌(빛날 태: 儿 - 2급) 克(이길 극: 儿 - 3급) 局(판 국: 尸) 壽(목숨 수: 士 - 3급) 號(부르짖을 호: 虍) 杏(살구나무 행:

木 - 2급) 占(차지할 점: 卜) 害(해칠 해: 宀) 奇(기이할 기: 大) 或(혹 혹: 戈) 僉(다 첨: 人 - 1급) 尙(오히려 상: 小 - 3급) 營(경영할 영: 火)

· 소속 글자 ·

口　[입 구] 口 - 총3획

口傳(구전): 말로 전해 내려옴. 예문 구전(口傳)되어 온 이야기.

出入口(출입구): 드나드는 어귀나 문. 예문 출입구(出入口)를 봉쇄하다.

可　[옳을 가] 口 - 총5획

可能(가능): 할 수 있음. 될 수 있음. 예문 어린이도 사용이 가능(可能)하다.

可望(가망): 될성부른 희망. 예문 아직은 가망(可望)이 있다.

各　[각각 각] 口 - 총6획

各自(각자): 제각기. 각각의 자신. 예문 각자(各自) 맡은 일에 힘쓰다.

各種(각종): 여러 가지 종류. 예문 각종(各種) 놀이를 즐기다.

告　[알릴 고] 口 - 총7획

告白(고백): 마음속에 숨기고 있던 것을 털어놓음. 예문 용기 내어 사랑을 고백(告白)하다.

忠告(충고): 남의 허물이나 결점 등을 고치도록 타이름. 예문 제자에게 진심으로 충고(忠告)하다.

古 [옛 고] 口 - 총5획

古典(고전): 시대를 대표하는 것으로서, 후세 사람들의 모범이 될 만한 가치를 지닌 작품. [예문] 고전(古典)을 탐독하다.

古跡(고적): 남아 있는 옛적 건물이나 시설물이나 그런 것이 있었던 터. [예문] 고적(古跡)을 답사하다.

句 [글귀 구] 口 - 총5획

句節(구절): 긴 글의 한 부분인 토막 글. [예문] 고전의 한 구절(句節)을 인용하다.

一言半句(일언반구): 한 마디의 말과 한 구절의 반. 아주 짧은 말을 일컬음. [예문] 일언반구(一言半句) 설명이 없다.

君 [임금 군] 口 - 총7획

君主(군주): 임금. [예문] 군주(君主)를 성실히 보필하다.

聖君(성군): 덕으로 나라를 다스리는 어질고 훌륭한 임금. [예문] 성군(聖君)으로 추앙을 받다.

器 [그릇 기] 口 - 총16획

容器(용기): 물건을 담는 그릇. [예문] 밀폐 용기(容器)에 담다.

陶瓷器(도자기): 사기그릇, 오지그릇, 질그릇을 아울러 이르는 말. [예문] 도자기(陶瓷器)를 빚다.

吉 [길할 길] 口 - 총6획

吉日(길일): 좋은 날. 운이 좋고 상서로운 날. 예문 길일(吉日)을 택하여 이사하다.

吉兆(길조): 좋은 일이 있을 징조. 예문 길조(吉兆)가 연이어 보이다.

單 [홑 단] 口 - 총12획

單純(단순): 복잡하지 않고 간단함. 순진하고 어수룩함. 예문 구조가 단순(單純)하다.

單調(단조): 상태나 가락 등이 같아서 변화 있는 색다른 맛이 없음. 예문 생활이 너무 단조(單調)롭다.

同 [같을 동] 口 - 총6획

同參(동참): 함께 참여하거나 참가함. 예문 수해 복구에 동참(同參)하다.

共同(공동): 둘 이상의 단체나 사람이 같이 일하거나 같은 자격으로 관계를 가짐. 예문 공동(共同)으로 연구하다.

名 [이름 명] 口 - 총6획

名譽(명예): 세상에서 훌륭하다고 인정되는 이름이나 자랑. 예문 돈보다 명예(名譽)를 중요시하다.

名聲(명성): 명예로운 평판. 세상에 널리 떨친 이름. 예문 세계적인 명성(名聲)을 얻다.

命 [목숨 명] 口 - 총8획

命令(명령): 윗사람이 아랫사람에게 무엇을 하게 시킴. 예문 명령(命令)
을 내리다.

命中(명중): 겨냥한 곳을 쏘아 바로 맞힘. 예문 과녁 한가운데에 명중(命
中)하다.

問 [물을 문] 口 - 총11획

質問(질문): 모르는 것이나 알고 싶은 것을 물음. 예문 선생님께 질문(質
問)하다.

學問(학문): 어떤 분야를 체계적으로 배워서 익힘. 예문 학문(學問)에 정
진하다.

味 [맛 미] 口 - 총8획

味覺(미각): 오감의 하나로 맛을 느끼는 감각. 예문 미각(味覺)이 발달하다.

興味(흥미): 흥을 느끼는 재미. 어떤 대상에 관심을 가지는 감정. 예문 역
사에 흥미(興味)를 가지다.

否 [아닐 부] 口 - 총7획

否決(부결): 회의에서 의안을 승인하지 않기로 결정함. 예문 안건이 부결
(否決)되다.

與否(여부): 그러함과 그러하지 아니함. 예문 사실 여부(與否)를 확인하다.

史 [역사 사] 口 - 총5획

歷史(역사): 인간 사회가 거쳐 온 변천의 모습, 또는 그 기록. 예문 역사

(歷史)에 한 획을 그은 사건.

正史(정사): 정확한 사실을 바탕으로 하여 편찬한 역사. 예문 정사(正史)

와 야사(野史)의 구별은 모호하다.

商 [헤아릴 상] 口 - 총11획

商品(상품): 판매를 목적으로 하여 생산된 유형 또는 무형의 재화. 예문

상품(商品)을 광고하다.

商街(상가): 상점이 많이 늘어서 있는 거리. 예문 상가(商街)가 형성되다.

善 [착할 선] 口 - 총12획

善良(선량): 착하고 어짊. 예문 선량(善良)한 시민을 보호하다.

善防(선방): 공격을 잘 막아냄. 예문 골키퍼의 선방(善防)으로 승리하다.

嚴 [엄할 엄] 口 - 총20획

嚴格(엄격): 말, 태도, 규칙 등이 엄하고 철저함. 예문 규칙이 엄격(嚴格)하다.

嚴正(엄정): 엄격하고 공정함. 예문 사안을 엄정(嚴正)하게 판정하다.

右 [오른쪽 우] 口 - 총5획

右側(우측): 오른쪽. 예문 우측(右側)으로 걷다.

右翼(우익): 오른쪽 날개. 보수적이고 국수적인 입장의 당파. 예문 우익

(右翼)의 의견을 대변하다.

員　[수효 원] 口 - 총10획

人員(인원): 단체를 이룬 여러 사람. 예문 인원(人員)을 보충하다.

一員(일원): 어떤 단체나 사회를 이루는 구성원 가운데 한 사람. 예문 가족의 일원(一員)으로 참석하다.

周　[두루 주] 口 - 총8획

周圍(주위): 둘레, 사람이나 사물을 둘러싸고 있는 환경. 예문 집 주위(周圍)를 청소하다.

周邊(주변): 둘레의 언저리. 예문 건물 주변(周邊)을 샅샅이 뒤지다.

唱　[노래 창] 口 - 총11획

齊唱(제창): 여럿이 동시에 소리를 내어 부름. 예문 애국가를 제창(齊唱)하다.

歌唱力(가창력): 노래를 부르는 능력. 예문 가창력(歌唱力)이 뛰어난 가수.

品　[물건 품] 口 - 총9획

品位(품위): 사람이 갖추어야 할 기품이나 위엄. 예문 품위(品位) 있게 행동.

品質(품질): 물품의 성질과 바탕. 예문 제품의 품질(品質)을 향상시키다.

合　[합할 합] 口 - 총6획

合計(합계): 수나 양을 합하여 셈함. 예문 물건 값의 합계(合計)를 내다.

合勢(합세): 흩어져 있는 세력을 한데 모음. 예문 합세(合勢)하여 적을 공격하다.

向 [향할 향] 口 - 총6획

方向(방향): 향하거나 나아가는 쪽. 예문 방향(方向)을 정하다.

性向(성향): 성질에 따른 경향. 예문 고객의 성향(性向)을 파악하다.

呼 [부를 호] 口 - 총8획

呼吸(호흡): 숨을 내쉬고 들이마심. 예문 천천히 깊게 호흡(呼吸)하다.

呼稱(호칭): 이름 지어 부름, 또는 그 이름. 예문 직원 간 호칭(呼稱)을 분명히 하다.

和 [화할 화] 口 - 총8획

和睦(화목): 뜻이 맞고 정다움. 예문 가정이 화목(和睦)하다.

和音(화음): 높낮이가 다른 둘 이상의 음이 동시에 울렸을 때 합성된 음. 예문 환상적인 화음(和音)을 만들다.

吸 [들이쉴 흡] 口 - 총7획

吸入(흡입): 기체나 액체를 빨아들임. 예문 맑은 공기를 흡입(吸入)하다.

吸收(흡수): 빨아들임. 받아들임. 예문 스펀지가 물기를 흡수(吸收)하다.

喜 [기쁠 희] 口 - 총12획

喜悅(희열): 기쁨과 즐거움. 예문 우승의 희열(喜悅)을 만끽하다.

喜消息(희소식): 기쁜 소식. 예문 무소식이 희소식(喜消息)이다.

矢 화살시 ↑

5획

ノ 亠 亇 矢 矢

화살의 상형으로, 글자 내에서 '화살'의 의미로 쓰인다. 疾(병질)의 경우 본래 화살에 맞아 다친 상처를 의미했다. 한편으로 矢(화살시)는 똑바로 곧은 모양과 관련하여 '곧다' 혹은 '자'의 뜻을 나타내기도 한다. 矩(곱자 구)를 예로 들 수 있겠다.

부수로서는 좌측을 온전히 차지했을 때 강한 편이다. 그런데 화살(矢)보다 새(隹)가 더 날렵했던 걸까. 雉(꿩 치)에서 隹(새추)에게 부수 자리를 넘겨준다.

참고 雉(꿩 치: 隹 - 2급) 疑(의심할 의: 疋) 埃(티끌 애: 土 - 2급) 侯(과녁 후: 人 - 3급) 智(슬기 지: 日) 質(바탕 질: 貝) 醫(의원 의: 酉) 族(겨레 족: 方)

短 [짧을 단] 矢 - 총12획

短點(단점): 모자라거나 흠이 되는 점. 예문 자신의 단점(短點)을 극복하다.

短縮(단축): 일정 기준보다 짧게 줄임. 예문 일정을 단축(短縮)하다.

知 [알 지] 矢 - 총8획

知識(지식): 사물에 관한 명료한 인식과 그것에 대한 판단. 예문 다방면
에 지식(知識)이 해박하다.

熟知(숙지): 충분히 잘 앎. 예문 경기 규칙을 숙지(熟知)하다.

078 어디로 날지 모르는 새

隹 새추

8획

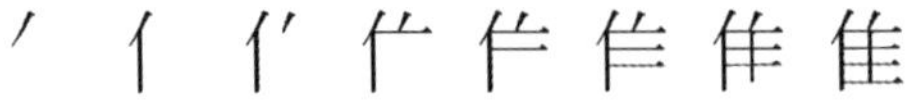

새의 상형으로 鳥(새조)와 함께 새(bird)를 대표하는 글자이다. 글자 내에서 등장하는 빈도는 隹(새추)가 鳥(새조)에 비해 훨씬 높다.

부수로서의 대결은 다른 부수들과 혼전 양상이다. 반면 鳥(새조)는 등장하기만 하면 승리하는 무적의 부수. 隹(새추)가 포함된 글자는 다른 강력한 부수가 있는지부터 살펴보는 게 상책이다.

참고 唯(오직 유: 口 - 3급) 惟(생각할 유: 心 - 3급) 維(바 유: 糸 - 3급) 誰(누구 수: 言 - 3급) 推(옮을 추: 手) 稚(어릴 치: 禾 - 3급) 堆(언덕 퇴: 土 - 1급) 奪(빼앗을 탈: 大 - 3급) 奮(떨칠 분: 大 - 3급) 進(나아갈 진: 辵) 準(수준기 준: 水) 讐(원수 수: 言 - 1급) 焦(그을릴 초: 火 - 2급) 耀(빛날 요: 羽 - 2급) 顧(돌아볼 고: 頁 - 3급) 截(끊을 절: 戈 - 1급) 崔(높을 최: 山 - 2급)

· 소속 글자 ·

難 [어려울 난] 隹 - 총19획

難關(난관): 통과하기 어려운 관문. 뚫고 나가기 어려운 사태나 상황.
[예문] 큰 난관(難關)에 부딪치다.

無難(무난): 말썽이나 흠잡을 것이 없음. [예문] 무난(無難)히 통과하다.

離 [떼놓을 리] 隹 - 총19획

離別(이별): 서로 헤어짐. [예문] 이별(離別)했던 가족을 만나다.

分離(분리): 따로 나뉘어 떨어짐. [예문] 재활용품을 분리(分離)수거하다.

雄 [수컷 웅] 隹 - 총12획

雄壯(웅장): 우람하고 으리으리함. [예문] 웅장(雄壯)한 모습을 드러내다.

雌雄(자웅): 암컷과 수컷. 이기고 짐을 비유. [예문] 자웅(雌雄)을 겨루다.

集 [모일 집] 隹 - 총12획

集合(집합): 한군데로 모이거나 모음. [예문] 운동장에 집합(集合)하다.

蒐集(수집): 물건이나 자료를 찾아서 모음. [예문] 골동품 수집(蒐集).

雜 [섞일 잡] 隹 - 총18획

煩雜(번잡): 번거롭게 뒤섞여 어수선함. [예문] 도심이 매우 번잡(煩雜)하다.

粗雜(조잡): 솜씨 등이 거칠고 엉성함. [예문] 제품이 조잡(粗雜)하다.

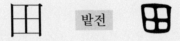

밭 전

5획

丨 冂 冊 冊 田

구획된 경작지 혹은 사냥터의 상형이다. 다른 글자 내에서 '논밭' 혹은 '사냥'이라는 뜻으로 쓰인다. 간혹 다른 사물이 田형태로 변형된 경우도 많아 이런저런 오해도 많이 받는다. 예를 들어 胃(밥통 위)의 윗부분은 짐승 위장의 상형이고, 思(생각할 사)의 윗부분은 머리의 숫구멍이 변형된 형태이다.

주목할 부수 대결은 뭐니 뭐니 해도 男(사내 남)일 것이다. 남자로서의 자존심 대결인데 '남자는 힘'이라고 응원했다면 많이 아쉬울 것 같다. 결과는 '남자는 밭'이다. 그런데 勇(날쌜 용)의 부수는 되려 力(힘 력)이다. 가운데 田형태가 밭이 아닌 통(桶)의 변형이기 때문이다.

> **참고** 細(가늘 세: 糸) 思(생각할 사: 心) 苗(모 묘: 艹 - 3급) 累(묶을 루: 糸 - 3급) 蓄(쌓을 축: 艹) 奮(떨칠 분: 大 - 3급) 胃(밥통 위: 肉 - 3급)

果(실과 과: 木) 彊(굳셀 강: 弓 - 2급) 甥(생질 생: 生 - 1급) 勇(날쌜 용: 力) 毘(도울 비: 比 - 2급)

· 소속 글자 ·

田　[밭 전] 田 - 총5획

田畓(전답): 논과 밭. 예문 전답(田畓)을 부지런히 일구다.

田園(전원): 시골. 도시의 교외. 예문 전원(田園)생활을 즐기다.

甲　[첫째천간 갑] 田 - 총5획

同甲(동갑): 같은 나이. 나이가 같은 사람. 예문 그 사람과 나는 동갑(同甲)이다.

還甲(환갑): 자신이 태어났던 해의 육십갑자로 돌아온다는 뜻으로, 만 60세를 이르는 말. 예문 환갑(還甲) 잔치를 벌이다.

界　[지경 계] 田 - 총9획

境界(경계): 지역이 갈라지는 한계. 예문 양국 간의 경계(境界)를 분명히 하다.

世界(세계): 지구 위의 모든 나라. 우주 전체. 예문 세계(世界)평화에 기여하다.

男 [사내 남] 田 - 총7획

男女(남녀): 남자와 여자. 예문 남녀(男女)가 동등한 권리를 가지다.

男性(남성): 남자, 특히 성인 남자를 이르는 말. 예문 남성(男性) 고객을 대상으로 하다.

當 [당할 당] 田 - 총13획

當落(당락): 붙음과 떨어짐. 예문 한 표 차이로 당락(當落)이 결정되다.

當籤(당첨): 제비에 뽑힘. 예문 복권에 당첨(當籤)되다.

略 [간략할 략] 田 - 총11획

省略(생략): 덜어서 줄이거나 뺌. 예문 일부 내용을 생략(省略)하여 풀이하다.

略式(약식): 정식 절차를 생략한 간단한 방식. 예문 행사를 약식(略式)으로 치르다.

留 [머무를 류] 田 - 총10획

留意(유의): 잊지 않고 마음에 새겨 둠. 예문 건강에 유의(留意)하다.

保留(보류): 어떤 일의 결정을 뒤로 미루어 둠. 예문 판단을 보류(保留)하다.

番 [갈마들 번] 田 - 총12획

番號(번호): 차례를 나타내거나 식별하기 위해 붙이는 숫자. 예문 차례대로 번호(番號)를 매기다.

當番(당번): 어떤 일을 돌아가면서 맡음. 예문 청소 당번(當番)을 정하다.

申 [아홉째지지 신] 田 - 총5획

申請(신청): 어떤 일을 해주거나 어떤 물건을 내줄 것을 청구하는 일.
[예문] 여름휴가를 신청(申請)하다.

申申當付(신신당부): 여러 번 되풀이하여 간곡히 하는 부탁. [예문] 주의할
것을 신신당부(申申當付)하다.

由 [말미암을 유] 田 - 총5획

由來(유래): 사물이 어디에서 연유하여 옴, 또는 그 내력. [예문] 탈춤의 유
래(由來).

由緖(유서): 예로부터 전하여 오는 까닭과 내력. [예문] 유서(由緖)깊은 장
소를 방문하다.

異 [다를 이] 田 - 총11획

異變(이변): 괴이한 변고. 예상하지 못한 사태. [예문] 뜻밖의 이변(異變)이
일어나다.

異彩(이채): 이상한 빛. 색다른 빛깔. 남다름. [예문] 이채(異彩)로운 풍경이다.

畵 [그림 화 / 가를 획] 田 - 총12획

畵家(화가): 그림 그리는 일을 업으로 하는 사람. [예문] 화가(畵家)의 손길
이 닿다.

畵順(획순): 글자의 획을 긋는 순서. [예문] 획순(畵順)에 따라 글자를 쓰다.

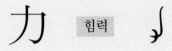

力 힘력

2획

ㄱ 力

농기구인 쟁기의 상형이다. 힘껏 쟁기질하는 모습에서 '힘 (power)'의 의미가 나타났다. 팔을 힘껏 굽힌 모습이 연상될 수도 있겠지만, 구부린 팔을 본뜬 글자는 九(아홉 구)이다.

주로 글자의 하단이나 우측에 위치한다. 부수로서 힘은 그리 센 편이 아니다. 加(더할 가)에서 口(입구)를 물리쳐 잠시 으쓱했다 가, 幼(어릴 유)에서 실(幺)에게 져 체면을 구겼다.

참고 男(사내 남: 田) 幼(어릴 유: 幺 - 3급) 肋(갈비 륵: 肉 - 1급) 筋 (힘줄 근: 竹) 辦(힘쓸 판: 辛 - 1급) 嘉(아름다울 가: 口 - 1급) 協(맞을 협: 十) 脅(옆구리 협: 肉 - 3급)

力 [힘 력] 力 - 총2획

力道(역도): 역기를 들어 올려 그 기록을 겨루는 경기. 예문 역도(力道)에
는 인상과 용상이 있다.

魅力(매력): 사람의 마음을 사로잡아 끄는 야릇한 힘. 예문 목소리가 매
력(魅力)적이다.

加 [더할 가] 力 - 총5획

加擔(가담): 한편이 되어 힘을 보탬. 예문 평화시위에 가담(加擔)하다.

加工(가공): 원료나 재료에 손을 더 대어 새로운 물건을 만드는 일. 예문
보석을 가공(加工)하다.

功 [공 공] 力 - 총5획

功勞(공로): 어떤 일에 이바지한 공적과 노력. 예문 수십 년간의 공로(功
勞)를 인정받다.

功勳(공훈): 나라나 회사 등에 드러나게 세운 공로. 예문 혁혁한 공훈(功
勳)을 세우다.

勸 [권할 권] 力 - 총20획

勸誘(권유): 어떤 일을 하도록 권함. 예문 회원가입을 권유(勸誘)하다.

勸善懲惡(권선징악): 착한 일을 권장하고 악한 일을 징계함. 예문 권선징
악(勸善懲惡)의 결말을 보이다.

勤　[부지런할 근]　力 - 총13획

勤續(근속): 한 일자리에서 오래 근무함. 예문 20년간 근속(勤續)하다.

皆勤(개근): 일정 기간 동안 휴일 이외에는 하루도 빠짐없이 출석하거나 출근함. 예문 개근(皆勤)상을 타다.

努　[힘쓸 노]　力 - 총7획

努力(노력): 어떤 일을 이루기 위해 힘을 다하여 애씀. 예문 혼신의 노력(努力)을 다하다.

動　[움직일 동]　力 - 총11획

動物(동물): 생물을 크게 둘로 분류한 것의 하나로 사람, 짐승, 물고기, 벌레 등을 통틀어 이름. 예문 동물(動物)과 식물.

運動場(운동장): 주로 체육이나 운동 경기를 하기 위해 마련한 큰 마당. 예문 운동장(運動場)에서 축구를 하다.

勞　[일할 로]　力 - 총12획

勞動(노동): 생활에 필요한 물자를 얻기 위해 체력이나 정신을 씀. 예문 노동(勞動)을 보람 있게 여기다.

勞苦(노고): 어떤 일을 이루기 위해 수고하며 애쓰는 일. 예문 장병들의 노고(勞苦)를 치하하다.

勉　[힘쓸 면]　力 - 총9획

勤勉(근면): 부지런히 힘씀. 예문 근면(勤勉)하고 성실한 사람.

勉學(면학): 학문에 힘씀. 예문 면학(勉學)적인 분위기.

務 [일 무] 力 - 총11획

任務(임무): 맡은 일. 예문 성공적으로 임무(任務)를 완수하다.

用務(용무): 볼일. 용건. 예문 용무(用務)를 마치다.

勢 [기세 세] 力 - 총13획

勢力(세력): 남을 누르는 기세와 힘. 예문 큰 세력(勢力)을 떨치다.

戰勢(전세): 싸움의 형세. 예문 갑자기 전세(戰勢)가 뒤집히다.

勝 [이길 승] 力 - 총12획

勝利(승리): 겨루거나 싸워서 이김. 예문 힘겹게 승리(勝利)를 거두다.

勝算(승산): 이길 가망. 예문 아직은 승산(勝算)이 있다.

勇 [날쌜 용] 力 - 총9획

勇敢(용감): 씩씩하고 겁이 없으며 기운참. 예문 용감(勇敢)하게 돌진하다.

蠻勇(만용): 사리를 분별함이 없이 함부로 날뛰는 용맹. 예문 만용(蠻勇)
을 부려선 안 된다.

助 [도울 조] 力 - 총7획

助言(조언): 도움을 주는 말. 예문 부모님께 조언(助言)을 구하다.

助長(조장): 좋지 않은 일을 부추김. 예문 사행심을 조장(助長)하다.

081 작지만 강하다

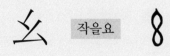
작을요

3획

ㄥ ㄠ ㄠ

실끝의 상형이다. 부수로서 糸(실사), 玄(검을현)과 친척이라고 생각하면 되겠다. 독립된 의미로는 '작다'는 뜻을 나타낸다. 다른 글자 내에서 '실, 잇다, 작다'의 뜻으로 작용한다.

부수로서 존재감이 강한 편은 아니다. 하지만 幼(어릴 유), 幽(그윽할 유), 幾(기미 기)에서 각각 力(힘력), 山(메산), 戈(창과)를 누른 것은 주목할 만하다.

참고 後(뒤 후: 彳) 胤(이을 윤: 肉 - 2급) 率(거느릴 솔: 玄 - 3급) 畿(경기 기: 田 - 3급)

幼 [어릴 유] 幺 - 총5획 / 3급

幼兒(유아): 학교를 다니기 전의 어린아이. 예문 공원에서 유아(幼兒)들
이 뛰어다닌다.

幼稚園(유치원): 초등학교에 입학하기 전 어린이들을 교육하는 기관.
예문 유치원(幼稚園)을 다니다.

幽 [그윽할 유] 幺 - 총9획 / 3급

幽靈(유령): 죽은 사람의 혼령. 이름만 있고 실제론 없는 것. 예문 유령(幽
靈)이라도 나올 것 같이 음산하다.

深山幽谷(심산유곡): 산속에 있는 깊은 골짜기. 예문 심산유곡(深山幽谷)
에서 풍류를 즐기다.

幾 [기미 기] 幺 - 총12획 / 3급

幾微(기미): 낌새나 눈치 등을 주는 작은 표시. 예문 비가 내릴 기미(幾微)
가 보이지 않는다.

幾何學(기하학): 점, 선, 면, 입체가 이루는 모양 등을 연구하는 학문.
예문 기하학(幾何學)은 매우 흥미롭다.

又 또우 え

2획

フ 又

사람 오른손의 상형이다. 정말 많은 글자 속에서 손(hand)의 의미로 작용한다. 심지어 부수 글자 중에도 又(또우)가 포함된 글자가 상당수이다. 거기다 秉(잡을 병), 兼(겸할 겸)의 가운데 부분처럼 포크 모양으로 변형된 경우도 있어 일일이 세기도 어렵다. 워낙 사용빈도가 높다 보니 부수 간 대결도 혼전을 거듭한다.

雙(쌍 쌍)은 새(隹) 두 마리를 손(又)으로 잡은 모습인데 隹(새추)의 승리이다. 한편 取(취할 취), 反(되돌릴 반), 受(받을 수)에서 각각 耳(귀이), 厂(민엄호), 爪(손톱조)를 상대로 거둔 승리는 기억해둘 만하다.

참고 雙(쌍 쌍: 隹 - 3급) 奴(종 노: 女 - 3급) 報(갚을 보: 土) 度(법도 도: 厂) 燮(불꽃 섭: 火 - 2급) 秉(잡을 병: 禾 - 2급) 兼(겸할 겸: 八 - 3급) 最(가장 최: 曰)

· 소속 글자 ·

反 [되돌릴 반] 又 - 총4획

反省(반성): 자기의 언행, 생각 등의 잘잘못이나 옳고 그름을 깨닫기 위해 스스로를 돌이켜 살핌. 예문 하루의 일과를 반성(反省)하다.

相反(상반): 서로 반대되거나 어긋남. 예문 상반(相反)된 의견을 드러내다.

受 [받을 수] 又 - 총8획

授受(수수): 물품을 주고받음. 예문 금품을 수수(授受)하다.

甘受(감수): 책망이나 고통 등을 군말 없이 달게 받음. 예문 질책을 감수(甘受)하다.

叔 [아재비 숙] 又 - 총8획

叔父(숙부): 아버지의 남동생. 작은아버지. 예문 숙부(叔父)댁에 방문하다.

堂叔(당숙): 아버지의 사촌형제. 예문 5촌 당숙(堂叔).

友 [벗 우] 又 - 총4획

友情(우정): 친구 사이의 정. 예문 우정(友情)이 돈독하다.

友好(우호): 개인이나 국가 간에 서로 사이가 좋음. 예문 우호(友好) 관계.

取 [취할 취] 又 - 총8획

取得(취득): 자기의 것으로 만들어 가짐. 예문 영주권을 취득(取得)하다.

取扱(취급): 일, 물건 등을 다루는 것. 예문 화장품을 取扱(취급)하다.

민엄호

2획

一 厂

험한 낭떠러지의 상형이다. 厂(엄호밑)에서 점 하나 빠진 형태라 하여 '민엄호' 혹은 '민엄호밑'으로 불린다. 부수자 중에서 石(돌석)과 친척이다. 石(돌석)은 벼랑(厂) 아래 굴러다니는 바위(口)를 표현한 글자이다. 글자의 좌상단을 덮으면 부수로서 강한 편이지만 압도적이지는 않다. 歷(지낼 력), 曆(책력 력)처럼 낭떠러지를 탈출한 글자가 여럿이기 때문이다.

하지만 그중에서 주인공은 단연 反(되돌릴 반)이다. 反(되돌릴 반)은 깎아지른 듯한 낭떠러지(厂)를 맨손(又)으로 거슬러 올라가는 모습을 표현한 것이다. 그렇게 험준한 낭떠러지는 아닌가 보다.

참고 反(되돌릴 반: 又) 仄(기울 측: 人 - 1급) 雁(기러기 안: 隹 - 3급) 炭(숯 탄: 火) 岸(언덕 안: 山 - 3급) 歷(지낼 력: 止) 曆(책력 력: 日 - 3급) 壓(누를 압: 土)

· 소속 글자 ·

原 [근원 원] 厂 - 총10획

原稿(원고): 출판하기 위해 초벌로 쓴 글이나 그림. 예문 원고(原稿)를 집

필하다.

平原(평원): 평평하고 넓은 들판. 예문 광활한 평원(平原)을 달리다.

厚 [두터울 후] 厂 - 총9획

厚待(후대): 후하게 대접함. 후한 대접. 예문 극진한 후대(厚待)를 받다.

厚恩(후은): 두터운 은혜. 예문 조상님의 후은(厚恩)을 입다.

木 나무목 木

4획

一 十 才 木

　나무의 상형이다. 각종 나무, 나무로 만들어진 물건과 관련된 글자에 널리 쓰인다. 쓰임새가 많은 만큼 글자 내에서의 위치도 다양하다. 부수로서는 글자 좌측에 위치할 때 강한 면모를 보인다. 하지만 막강한 상대인 目(눈목)과의 정면대결에서는 역부족인 듯하다.

　그 외에도 눈여겨봐야 할 대결이 제법 된다. 승리한 경우로는 李(오얏 리)에서 子(아들자)를 상대로 거둔 승리. 패한 경우로는 集(모일 집), 宋(송나라 송), 休(쉴 휴)와 來(올 래)에서 각각 隹(새추), 宀(갓머리), 人(사람인)에게 당한 패배들이다.

　참고　相(서로 상: 目) 休(쉴 휴: 人) 來(올 래: 人) 宋(송나라 송: 宀 - 2급) 沐(머리감을 목: 水 - 2급) 困(괴로울 곤: 囗) 集(모일 집: 隹) 雜(섞일 잡: 隹) 築(쌓을 축: 竹) 禁(금할 금: 示) 焚(불사를 분: 火 - 1급) 新(새

신: 斤) 親(친할 친: 見) 渠(도랑 거: 水 - 1급) 寨(울짱 채: 宀 - 1급) 閑(막

을 한: 門) 乘(탈 승: 丿 - 3급) 殺(죽일 살: 殳)

· 소속 글자 ·

木 [나무 목] 木 - 총4획

木手(목수): 나무를 다루어 집을 짓거나 기구를 만드는 일을 업으로 하는

사람. 예문 목수(木手)가 대패질하다.

伐木(벌목): 나무를 벰. 예문 벌목(伐木)업에 종사하다.

檢 [봉함 검] 木 - 총17획

檢査(검사): 옳고 그름, 좋고 나쁨 등의 사실을 살피어 검토하거나 조사

하여 판정함. 예문 제품을 검사(檢査)하다.

點檢(점검): 낱낱이 검사함. 예문 자동차를 꼼꼼히 점검(點檢)하다.

格 [바로잡을 격] 木 - 총10획

格式(격식): 격에 맞는 일정한 법식. 예문 격식(格式)을 갖추다.

嚴格(엄격): 말, 태도, 규칙 등이 엄하고 철저함. 예문 엄격(嚴格)하게 교

육하다.

果 [열매 과] 木 - 총8획

果實(과실): 먹을 수 있는, 나무의 열매. 예문 과실(果實)을 수확하다.

結果(결과): 열매를 맺음. 어떤 원인으로 말미암아 생기는 상태. 예문 결과(結果)를 발표하다.

橋 [다리 교] 木 - 총16획

橋梁(교량): 강, 개천, 길, 골짜기 등에 건너다닐 수 있도록 가로질러 놓은 시설. 예문 교량(橋梁)을 건설하다.

橋脚(교각): 교량의 몸체를 받치는 기둥. 예문 파손된 교각(橋脚)을 보수하다.

校 [학교 교] 木 - 총10획

學校(학교): 교육에 필요한 설비를 갖추고 학생을 모아 일정한 목적 아래 교사가 지속적으로 교육을 하는 기관. 예문 학교(學校)에 입학하다.

校庭(교정): 학교의 넓은 뜰이나 운동장. 예문 교정(校庭)에서 뛰어놀다.

構 [얽을 구] 木 - 총14획

構成(구성): 몇 개의 부분이나 요소를 얽어서 하나로 만드는 일. 예문 작품을 구성(構成)하는 요소.

構造物(구조물): 건물, 다리, 터널 등과 같이 여러 가지 재료를 얽어서 만든 시설물. 예문 콘크리트 구조물(構造物).

權 [저울추 권] 木 - 총22획

棄權(기권): 자기가 가지고 있는 투표, 의결, 참가 등의 권리를 버리고 행사하지 않음. 예문 경기를 기권(棄權)하다.

公權力(공권력): 국가나 공공 단체가 국민에 대하여 명령, 강제하는 권력.
[예문] 공권력(公權力)을 발동하다.

極 [다할 극] 木 - 총12획

極度(극도): 더할 수 없이 극심한 정도. [예문] 극도(極度)로 흥분하다.

極讚(극찬): 매우 칭찬함. [예문] 극찬(極讚)을 아끼지 않다.

根 [뿌리 근] 木 - 총10획

根本(근본): 사물이 생겨나는 데 바탕이 되는 것. [예문] 근본(根本)을 바로
세우다.

根絶(근절): 뿌리째 없애버림. [예문] 폭력범죄를 근절(根絶)하다.

機 [틀 기] 木 - 총16획

機械(기계): 동력으로 움직여서 일정한 일을 하게 만든 장치. [예문] 기계
(機械)를 이용하다.

機會(기회): 어떤 일이 이루어지는 데에 알맞은 때나 경우. [예문] 절호의
기회(機會)를 잡다.

檀 [박달나무 단] 木 - 총17획

檀君(단군): 우리 겨레의 시조로 받드는 태초의 임금. [예문] 단군왕검(檀君
王儉).

東 [동녘 동] 木 - 총8획

東洋(동양): 동쪽 아시아 일대를 이르는 말. 예문 동양(東洋)과 서양.

東窓(동창): 동쪽으로 난 창. 예문 동창(東窓)이 밝았느냐.

樂 [즐길 락 / 풍류 악 / 좋아할 요] 木 - 총15획

快樂(쾌락): 욕망을 만족시키는 즐거움. 예문 쾌락(快樂)을 추구하다.

音樂(음악): 인간의 사상이나 감정을 주로 소리를 이용해 나타내는 예술.
예문 감동적인 음악(音樂)을 연주하다.

柳 [버들 류] 木 - 총9획

柳成龍(유성룡): 인명. 임진왜란 시기 활약한 조선의 재상.

柳馨遠(유형원): 인명. 조선 후기 활동한 실학자.

李 [오얏나무 리] 木 - 총7획

李下不整冠(이하부정관): 자두나무 밑에서 관을 고쳐 쓰지 말라는 뜻으
로, 남의 의심을 받을 일을 하지 말라는 말. 예문 이하부정관(李下不整
冠)과 과전불납리는 비슷한 의미이다.

李舜臣(이순신): 인명. 임진왜란 시기 조선 수군을 이끈 장군.

林 [수풀 림] 木 - 총8획

林野(임야): 숲이 있거나 개간되지 않은 땅. 예문 임야(林野)를 개간하다.

森林(삼림): 나무가 많이 우거진 곳. 예문 삼림(森林)을 보전하다.

末　[끝 말]　木 - 총5획

末端(말단): 물건의 맨 끄트머리. 사람이나 부서 등의 맨 아래. 예문 조직
의 말단(末端).

末尾(말미): 글이나 책의 끝부분. 예문 서류의 말미(末尾)에 기록하다.

模　[법 모]　木 - 총15획

模範(모범): 본받아 배울 만한 본보기. 예문 제자들의 모범(模範)이 되다.

模倣(모방): 본뜨거나 흉내 냄. 예문 다른 사람의 작품을 모방(模倣)하다.

未　[아닐 미]　木 - 총5획

未熟(미숙): 익숙하지 아니하여 서투름. 예문 운전이 아직 미숙(未熟)하다.

未然(미연): 아직 그렇게 되지 않은 상태. 예문 미연(未然)에 방지할 수 있
었던 사고.

朴　[나무껍질 박]　木 - 총6획

素朴(소박): 꾸밈이나 거짓 없이 있는 그대로임. 예문 표현이 소박(素朴)
하다.

質朴(질박): 꾸밈이 없이 수수함. 예문 그릇의 모양이 질박(質朴)하다.

本　[밑 본]　木 - 총5획

本人(본인): 그 사람 자신. 당사자. 예문 진실은 본인(本人)만이 알고 있다.

見本(견본): 본보기로 보이는 상품의 일부, 또는 그러한 목적으로 만든
물건. 예문 견본(見本) 제품을 내놓다.

査 [사실할 사] 木 - 총9획

調査(조사): 내용을 뚜렷하게 알기 위해 자세히 살펴보거나 찾아봄. 예문
사건을 면밀히 조사(調査)하다.

踏査(답사): 실지로 현장에 가서 보고 조사함. 예문 문화유적을 답사(踏査)하다.

束 [묶을 속] 木 - 총7획

束縛(속박): 사람의 행동의 자유를 빼앗음. 예문 속박(束縛)에서 벗어나다.

約束(약속): 어떤 일에 대하여 어떻게 하기로 미리 정해 놓고 서로 어기지 않을 것을 다짐함. 예문 약속(約束)을 반드시 지키다.

松 [소나무 송] 木 - 총8획

松林(송림): 소나무 숲. 예문 뒷산에 송림(松林)이 울창하다.

松栮(송이): 추석 무렵 솔밭에서 나는 송이과의 버섯. 예문 송이(松栮)향이 은은하다.

樹 [나무 수] 木 - 총16획

樹木(수목): 살아 있는 나무. 예문 수목(樹木)이 우거지다.

植樹(식수): 나무를 심음. 예문 대통령이 기념식수(植樹)를 하다.

植 [심을 식] 木 - 총12획

植物(식물): 생물을 동물과 함께 둘로 분류한 것의 하나. 예문 식물(植物)과 동물.

移植(이식): 농작물이나 나무를 다른 데로 옮겨 심는 일. 예문 묘목을 이식(移植)하다.

案 [책상 안] 木 - 총10획

案件(안건): 조사하거나 토의해야 할 사항. 예문 안건(案件)을 심의하다.

方案(방안): 일을 처리할 방법이나 계획. 예문 새로운 방안(方案)을 모색하다.

樣 [모양 양] 木 - 총15획

樣相(양상): 생김새. 모습. 상태. 예문 새로운 양상(樣相)을 띠다.

模樣(모양): 겉으로 본 생김새나 형상. 예문 모양(模樣)이 제각각이다.

業 [일 업] 木 - 총13획

業務(업무): 직장 등에서 맡은 일. 예문 업무(業務)를 원활히 수행하다.

業績(업적): 어떤 사업이나 연구 등에서 이루어 놓은 성과. 예문 그의 업적(業績)을 칭송하다.

榮 [영화로울 영] 木 - 총14획

榮譽(영예): 빛나는 명예. 예문 대상의 영예(榮譽)를 누리다.

繁榮(번영): 일이 성하게 잘되어 영화로움. 예문 나라가 번영(繁榮)하다.

材 [재목 재] 木 - 총7획

木材(목재): 건축이나 가구 제조에 쓰이는 나무로 된 재료. 예문 좋은 목
재(木材)를 확보하다.

素材(소재): 어떤 것을 만드는 데 바탕이 되는 재료. 예문 최첨단 소재(素
材)를 이용하다.

條 [가지 조] 木 - 총11획

條約(조약): 문서에 의한 국가 간의 합의. 예문 통상 조약(條約)을 체결
하다.

條理(조리): 말, 글 등의 앞뒤가 들어맞고 체계가 서는 갈피. 예문 말을 조
리(條理) 있게 하다.

朱 [붉을 주] 木 - 총6획

朱黃(주황): 빨강과 노랑의 중간색. 예문 주황(朱黃) 빛깔의 귤.

朱雀(주작): 사신(四神) 중에서 남방을 지키는 신으로 붉은 봉황을 형상화
함. 예문 청룡(靑龍), 주작(朱雀), 백호(白虎), 현무(玄武).

村 [마을 촌] 木 - 총7획

農村(농촌): 농업으로 생업을 삼는 주민이 대부분인 마을. 예문 농촌(農
村)생활을 하다.

村落(촌락): 여러 집이 모여 사는 곳. 시골의 작은 마을. 예문 도시와 촌
락(村落)을 오가는 생활을 하다.

板 [널빤지 판] 木 - 총8획

板子(판자): 널빤지. 예문 판자(板子)를 이용해 침상을 설치하다.

漆板(칠판): 흑색이나 진녹색을 칠하여 그 위에 분필로 글씨를 쓰게 한 판. 예문 칠판(漆板)에 그림을 그리다.

標 [우듬지표] 木 - 총15획

標榜(표방): 어떤 명목을 붙여 내세움. 예문 민주주의를 대외적으로 표방(標榜)하다.

目標(목표): 이루거나 도달하려고 함, 또는 그 대상. 예문 성공을 목표(目標)로 달리다.

核 [씨 핵] 木 - 총10획

核心(핵심): 알맹이. 사물의 중심이 되는 가장 요긴한 부분. 예문 문제의 핵심(核心)을 파악하다.

核家族(핵가족): 한 쌍의 부부와 미혼 자녀로만 이루어진 소가족. 예문 대가족과 핵가족(核家族).

子 아들자 웃

3획

ㄱ 了 子

　　몸에 비해 머리가 크고 손발에 힘이 없는 젖먹이의 상형이다. 어른의 상형인 大(큰대)와 비교해보면 머리가 큼을 알 수 있다. 많은 글자 내에서 '아이, 자식'의 의미로 광범위하게 쓰인다. 그런데 부수로서는 매우 혼전 양상이기 때문에 子(아들자)가 포함된 글자의 부수는 예측하기 어렵다.

　　눈여겨볼 글자가 정말 많지만 그중에서 李(오얏 리), 好(좋을 호) 그리고 字(글자 자), 季(철 계), 孝(효도 효)를 기억해뒀으면 한다.

　　참고 李(오얏 리: 木) 好(좋을 호: 女) 浮(뜰 부: 水 - 3급) 乳(젖 유: 乙) 吼(울 후: 口 - 1급) 厚(두터울 후: 厂) 享(누릴 향: 亠 - 3급) 敎(가르침 교: 攴) 勃(일어날 발: 力 - 1급) 悖(어그러질 패: 心 - 1급)

· 소속 글자 ·

子 [자식 자] 子 - 총3획

子女(자녀): 아들과 딸. 예문 자녀(子女)를 교육하다.

子宮(자궁): 아기집. 여성 생식기의 일부로, 수정란이 착상하여 자라는 곳. 예문 자궁(子宮)이 튼튼하다.

季 [어릴 계] 子 - 총8획

季節(계절): 한 해를 날씨에 따라 봄, 여름, 가을, 겨울로 나눈 한 철. 예문 몸으로 계절(季節)의 변화를 느끼다.

四季(사계): 봄, 여름, 가을, 겨울 네 계절. 예문 비발디 교향곡 〈사계(四季)〉.

孤 [외로울 고] 子 - 총8획

孤立(고립): 홀로 외따로 떨어져 있음. 예문 부대가 고립(孤立)되다.

孤兒(고아): 부모가 없는 아이. 예문 고아(孤兒)로 자라다.

孔 [구멍 공] 子 - 총4획

瞳孔(동공): 눈동자. 예문 갑자기 동공(瞳孔)이 확대되다.

毛孔(모공): 털구멍. 예문 모공(毛孔) 관리에 신경 쓰다.

孫 [손자 손] 子 - 총10획

孫子(손자): 아들이나 딸의 아들. 예문 할머니가 손자(孫子)를 귀여워하다.

長孫(장손): 맏손자. 예문 집안의 장손(長孫)이다.

字 [글자 자] 子 - 총6획

字典(자전): 한자를 모아 일정한 순서로 배열하여 음, 뜻, 자원 등을 해설한 책. 예문 자전(字典)을 편찬하다.

綴字(철자): 자음과 모음을 맞추어 한 글자를 만듦. 예문 철자(綴字)법이 정확하다.

存 [있을 존] 子 - 총6획

生存(생존): 죽지 않고 살아 있음. 예문 기적적으로 생존(生存)하다.

存亡(존망): 존속과 멸망. 삶과 죽음. 예문 국가의 존망(存亡)이 달린 문제이다.

學 [배울 학] 子 - 총16획

學生(학생): 학교에 다니면서 공부하는 사람. 예문 학생(學生)들과 대화를 하다.

學識(학식): 학문으로 얻은 식견. 학문과 식견. 예문 다방면에 학식(學識)이 풍부하다.

孝 [효도 효] 子 - 총7획

孝道(효도): 부모를 정성껏 잘 섬김. 예문 부모님께 효도(孝道)하다.

忠孝(충효): 충성과 효도를 아울러 이르는 말. 예문 충효(忠孝) 사상을 몸소 실천하다.

孟 [맏 맹] 子 - 총8획 / 3급

孟子(맹자): ①중국 전국시대에 활동한 사상가. ②유교 경전 중 하나로 맹자와 제자들이 저술한 서적. [예문] ①공자와 맹자(孟子). ②『논어』, 『맹자(孟子)』, 『대학』, 『중용』을 아울러 사서(四書)라 부른다.

孟母三遷(맹모삼천): 맹자의 어머니가 맹자의 교육을 위해 세 번이나 이사를 함. [예문] 맹모삼천(孟母三遷)은 교육에 있어 주변 환경이 중요함을 일컫는 말이다.

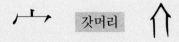

ㅗ → 갓머리 ⬆

3획

丶 丷 宀

　가옥의 지붕을 본뜬 모습이다. 지붕답게 항상 글자의 상단에만 위치하며 '집, 공간'의 의미로 작용한다. 모양이 갓과 비슷해 '갓머리'로 불린다.

　글자의 상단을 덮기만 하면 부수일 것 같지만 기대만큼 강력하지 않다. 온전히 글자 윗부분을 차지하고도 밀린 경우가 여럿이다. 예를 들어 寨(울짱 채), 寒(찰 한)의 부수는 宀(갓머리)이지만, 비슷한 형태인 塞(변방 새)의 부수는 土(흙토)이다. 앞에서 언급했지만 土(흙토)는 하단에서 무적인 부수이다.

　특히 字(글자 자), 牢(우리 뢰)의 대결에서 子(아들자)와 牛(소우)에게 패한 게 눈에 확 들어온다. 그리고 李(오얏 리: 木), 字(글자 자: 子), 宋(송나라 송: 宀)을 모아놓고 보면 子(아들자), 木(나무목), 宀(갓머리)가 서로 물고 물리는 관계임을 알 수 있다.

字(글자 자: 子) 牢(우리 뢰: 牛 - 1급) 賓(손 빈: 貝 - 3급) 塞

(변방 새: 土 - 3급) 蜜(꿀 밀: 虫 - 3급) 憲(법 헌: 心) 案(책상 안: 木) 豁

(열릴 활: 谷 - 1급) 貯(쌓을 저: 貝)

·소속 글자·

家 [집 가] 宀 - 총10획

家庭(가정): 가족이 함께 생활하는, 사회의 가장 작은 집단. 예문 단란한

가정(家庭)을 이루다.

一家見(일가견): 어떤 분야에 대해서 독자적인 경지나 체계를 이룬 견해.

예문 세계사에 일가견(一家見)이 있다.

客 [손 객] 宀 - 총9획

客地(객지): 자기가 살던 고장을 떠나 임시로 머무르는 곳. 예문 객지(客

地) 생활을 하다.

觀客(관객): 공연 등을 구경하는 사람. 예문 객석이 관객(觀客)으로 가득

차다.

官 [벼슬 관] 宀 - 총8획

官職(관직): 국가로부터 위임을 받은 일정한 범위의 직무나 직위. 예문

관직(官職) 생활을 오래 하다.

官吏(관리): 관직에 있는 사람. 벼슬아치. 예문 관리(官吏)들의 부정부패

를 뿌리 뽑다.

宮 [집 궁] 宀 - 총10획

宮闕(궁궐): 임금이 거처하는 집. 예문 궁궐(宮闕) 같은 집에 살다.

宮合(궁합): 혼담이 있는 남녀의 사주를 맞추어 보아 배우자로서의 길흉
을 헤아리는 점. 예문 궁합(宮合)이 좋다.

寄 [부칠 기] 宀 - 총11획

寄生(기생): 어떤 생물이 다른 생물에 붙어 영양을 섭취하여 사는 일.
예문 갖가지 기생(寄生)식물들이 자라다.

寄附(기부): 자선 사업이나 공공사업을 도울 목적으로 재물을 내어놓음.
예문 거액을 기부(寄附)하다.

密 [빽빽할 밀] 宀 - 총11획

密林(밀림): 큰 나무들이 빽빽하게 들어선 수풀. 예문 밀림(密林)이 울창
하다.

機密(기밀): 드러나서는 안 될 중요한 비밀. 예문 군사 기밀(機密)이라 말
할 수 없다.

寶 [보배 보] 宀 - 총20획

寶物(보물): 보배로운 물건. 드물고 귀한 물건. 예문 보물(寶物)을 찾아내다.

國寶(국보): 나라의 보배. 국가가 보호하고 관리하는 문화재. 예문 국보
(國寶)로 지정되다.

富 [넉넉할 부] ⌃ - 총12획

富者(부자): 재산이 많아 살림이 넉넉한 사람. 예문 사업이 성공해 부자(富者)가 되다.

富裕(부유): 재물이 많아 생활이 넉넉함. 예문 부유(富裕)한 환경에서 자라다.

寫 [베낄 사] ⌃ - 총15획

複寫(복사): 문서, 사진, 컴퓨터 파일 등을 본디 것과 똑같이 박는 일. 예문 서류를 복사(複寫)하다.

描寫(묘사): 눈으로 보거나 마음으로 느낀 것을 그림 그리듯이 객관적으로 표현함. 예문 풍경을 묘사(描寫)하다.

宣 [베풀 선] ⌃ - 총9획

宣誓(선서): 여러 사람 앞에서 공개하여 맹세하는 일. 예문 선수단을 대표하여 선서(宣誓)하다.

宣言(선언): 널리 퍼서 말함. 방침이나 주장을 정식으로 표명함. 예문 중립을 선언(宣言)하다.

守 [지킬 수] ⌃ - 총6획

守護(수호): 중요한 사람이나 장소 등을 지키고 보호함. 예문 조국을 수호(守護)하다.

固守(고수): 굳게 지킴. 예문 전통방식을 고수(固守)하다.

宿 [묵을 숙] 宀 - 총11획

宿所(숙소): 머물러 묵는 곳. 예문 숙소(宿所)에 여장을 풀다.

露宿(노숙): 한데에서 밤을 지냄. 예문 산속에서 노숙(露宿)하다.

實 [열매 실] 宀 - 총14획

實狀(실상): 실제의 상태. 예문 기업의 실상(實狀)을 파악하다.

虛實(허실): 거짓과 참. 허함과 실함. 예문 상대편의 허실(虛實)을 파악하다.

室 [집 실] 宀 - 총9획

室內(실내): 방이나 건물의 안. 예문 실내(室內)로 안내하다.

居室(거실): 가족이 모여 생활하는 공간. 예문 거실(居室)에 모여 이야기
나누다.

安 [편안할 안] 宀 - 총6획

安全(안전): 위험이나 사고가 날 염려가 없는 상태. 예문 화물을 안전(安
全)하게 운송하다.

安否(안부): 편안함과 편안하지 않은지에 대한 소식. 예문 서로의 안부
(安否)를 묻다.

完 [완전할 완] 宀 - 총7획

完全(완전): 필요한 것이 모두 갖추어져 있음. 모자람이나 흠이 없음.
예문 완전(完全)히 매듭짓다.

補完(보완): 모자란 것을 더하여 완전하게 함. 예문 제도를 보완(補完)하다.

容 [얼굴 용] 宀 - 총10획

容貌(용모): 사람의 얼굴 모습. [예문] 용모(容貌)가 준수하다.

容恕(용서): 잘못이나 죄를 꾸짖거나 벌하지 않고 덮어 줌. [예문] 죄인을
용서(容恕)하다.

定 [정할 정] 宀 - 총8획

定着(정착): 일정한 곳에 자리 잡아 삶. [예문] 객지에 정착(定着)하여 살다.

斷定(단정): 딱 잘라 판단하고 결정함. [예문] 범인으로 단정(斷定) 짓다.

宗 [마루 종] 宀 - 총8획

宗家(종가): 한 문중에서 맏이로만 이어온 큰 집. [예문] 종가(宗家)의 맏며
느리.

宗廟(종묘): 역대 임금과 왕비의 위패를 모시던 왕실의 사당. [예문] 종묘
(宗廟)를 지키다.

察 [살필 찰] 宀 - 총14획

診察(진찰): 의사가 여러 가지 방법으로 병의 유무나 증세 등을 살피는
일. [예문] 환자를 꼼꼼히 진찰(診察)하다.

省察(성찰): 자신이 한 일을 돌이켜 보고 깊이 생각함. [예문] 자신을 깊이
성찰(省察)하다.

寝 [잠잘 침] 宀 - 총14획

寢具(침구): 잠자는 데 쓰는 이부자리나 베개 등의 기구. 예문 아침에 침구(寢具)를 정리하다.

就寢(취침): 잠자리에 듦. 예문 밤늦게 취침(就寢)하다.

宅 [집 택] 宀 - 총6획

住宅(주택): 사람이 들어 살 수 있게 지은 집. 예문 단독 주택(住宅)에 살다.

宅地(택지): 주택을 짓기 위한 땅. 예문 택지(宅地)를 조성하다.

寒 [찰 한] 宀 - 총12획

寒冷(한랭): 기온이 낮고 매우 추움. 예문 한랭(寒冷)한 기후가 형성되다.

寒波(한파): 겨울철에 한랭 전선의 급속한 이동으로 기온이 급격히 떨어지는 현상. 예문 한파(寒波)가 몰아닥치다.

害 [해칠 해] 宀 - 총10획

害惡(해악): 해가 되는 나쁜 영향. 예문 사회에 해악(害惡)을 끼치다.

被害(피해): 신체, 재물, 정신상의 손해를 입는 일. 예문 태풍으로 큰 피해(被害)를 입다.

宋 [송나라 송] 宀 - 총7획 / 2급

宋襄之仁(송양지인): 중국 춘추시대, 송나라 양공(襄公)이 전투에서 상대편에게 인정을 베풀다 대패한 일을 일컫는 고사. 예문 송양지인(宋襄之仁)은 때와 장소에 맞지 않는 어리석은 행동을 뜻하는 말이다.

宋時烈(송시열): 인명. 조선 후기 활동한 문신 및 학자.

宇 [집 우] 宀 - 총6획 / 3급

宇宙(우주): 온 세계를 둘러싸고 있는 공간. 예문 언젠가는 우주(宇宙)를 자유롭게 여행할 수 있을 것이다.

宇宙洪荒(우주홍황): 우주는 넓고 커서 끝이 없음. 예문 우주홍황(宇宙洪荒)은 천자문 초반에 등장하는 문구이다.

寓 [머무를 우] 宀 - 총12획 / 1급

寓話(우화): 여러 가지 교훈적, 풍자적 내용을 동식물 등에 빗대어 엮은 이야기. 예문 이솝 우화(寓話).

寓意(우의): 어떤 의미를 그대로 말하지 않고 다른 사물에 빗대어 넌지시 비춤. 예문 자신의 생각을 우의(寓意)적으로 표현하다.

豕 돼지시 豸

7획

一　丆　丁　丂　豸　豸　豕

　주둥이가 튀어나온 멧돼지의 상형이다. 주로 좌측이나 하단에서 돼지나 돼지 비슷한 짐승에 관련된 글자들을 아우른다. 象(코끼리 상)의 경우는 단지 아랫부분의 모양이 비슷해 포함된 경우이다.

　가장 눈여겨봐야 할 글자는 바로 豚(돼지 돈)이다. 豚(돼지 돈)은 肉/月(고기육/육달월)이 좌측에서 패배한 유일한 글자이다. 가히 돼지(豕)가 작정하고 일으킨 반란이라 할 만하다. 반면 家(집 가)에서 宀(갓머리)에 패한 부분은 꼭 기억해주기 바란다.

　참고 家(집 가: 宀) 逐(쫓을 축: 辶 - 3급) 彖(단 단: 彑 - 1급) 蒙(입을 몽: 艹 - 3급) 毅(굳셀 의: 殳 - 1급)

· 소속 글자 ·

象 [코끼리 상] 豕 - 총12획

象牙(상아): 코끼리의 위턱에 길게 뻗은 두 개의 엄니. [예문] 상아(象牙)는
앞니가 발달된 것이다.

現象(현상): 지각할 수 있는 사물의 모양이나 상태. [예문] 갖가지 현상(現
象)을 관찰하다.

豫 [미리 예] 豕 - 총16획

豫備(예비): 미리 준비함. [예문] 예비(豫備)로 마련해두다.

豫感(예감): 무슨 일이 일어날 것 같다는 것을 미리 느끼는 일. [예문] 이번
일은 예감(豫感)이 좋다.

豚 [돼지 돈] 豕 - 총11획 / 3급

養豚(양돈): 돼지를 사육하는 일. [예문] 양돈(養豚) 농가를 지원하다.

豚肉(돈육): 돼지고기. [예문] 돈육(豚肉)으로 다양한 요리를 할 수 있다.

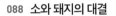

牛　소우　Ψ

4획

丿　仁　牛

뿔이 나 있는 소의 상형이다. 여러 종류의 소 그리고 소와 관련된 각종 행위들을 아우른다. 특히 글자의 좌측에서는 부수로서 밀리는 법이 없다.

눈에 띄는 글자가 牢(우리 뢰)이다. '우리에 들어가 있는 소'를 표현한 글자인데, 宀(갓머리)와의 대결에서 牛(소우)가 승리했다. 앞서 언급한 家(집 가)에서 豕(돼지시)와 비교된다. 말하자면 宀(갓머리)를 매개로 벌인 소(牛), 돼지(豕)의 간접 대결은 소(牛)의 승리라고 할 수 있다.

참고 件(사건 건: 人) 告(알릴 고: 口) 解(풀 해: 角)

342

· 소속 글자 ·

牛 [소 우] 牛 - 총4획

牛馬(우마): 소와 말. 예문 우마(牛馬)가 기린 되랴.

牛耳讀經(우이독경): 쇠귀에 경 읽기. 예문 아무리 가르치고 일러주어도 알아듣지 못할 때 우이독경(牛耳讀經)이란 말을 한다.

牧 [칠 목] 牛 - 총8획

牧畜(목축): 소, 말, 양 등의 가축을 기르는 일. 예문 목축(牧畜)업에 종사하다.

遊牧(유목): 거처를 정하지 않고 물과 목초를 따라 가축을 몰고 다니며 하는 목축. 예문 유목(遊牧) 민족.

物 [만물 물] 牛 - 총8획

物件(물건): 일정한 형체를 갖추고 있는 물질적 존재. 예문 물건(物件)을 정리하다.

物情(물정): 세상의 실정이나 형편. 예문 세상 물정(物情)에 어둡다.

特 [특별할 특] 牛 - 총10획

特別(특별): 보통과 아주 다름. 예문 매우 특별(特別)하게 대우하다.

特性(특성): 일정한 사물에만 있는 특수한 성질. 예문 저마다의 특성(特性)을 살리다.

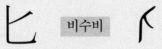

ヒ　비수비　人

2획

ノ　ヒ

　　사람의 상형이자 숟가락의 상형이다. 단독으로는 날카로운
칼인 '비수'의 뜻으로 쓰이지만, 글자 속에서 주로 '사람'으로 작용
한다. 旨(맛있을 지), 眞(참 진) 등 몇몇 글자에서는 '숟가락'으로 쓰
인다.

　　여러 글자 속에 자주 등장하지만, 부수로서의 힘은 미약한 편
이다. 사실상 化(될 화), 北(북녘 북) 두 글자에서만 부수라고 기억
해도 무방하다. 다만 化(될 화)에서 人(사람인)을 이긴 것은 대어를
낚았다고 할 만하다.

　　참고　牝(암컷 빈: 牛 - 1급) 此(이 차: 止 - 3급) 尼(중 니: 尸 - 2급)
死(죽을 사: 歹) 旨(맛있을 지: 日 - 2급) 眞(참 진: 目) 能(능할 능: 肉) 疑
(의심할 의: 疋) 頃(잠깐 경: 頁 - 3급)

344

北 [북녘 북 / 달아날 배] ヒ - 총5획

北方(북방): 북녘. 북쪽 지방. 예문 북방(北方) 한계선을 설정하다.

敗北(패배): 싸움이나 겨루기에서 짐. 예문 패배(敗北)를 인정하다.

化 [될 화] ヒ - 총4획

化身(화신): 추상적인 특질이 구체적인 것으로 바뀌는 일. 예문 질투의
화신(化身).

變化(변화): 사물의 모양, 성질, 상태 등이 달라짐. 예문 여러 가지 변화
(變化)가 일어나다.

人(亻) 사람인/사람인변 刁

2획

丿 人

　　왼쪽을 향해 있는 사람의 상형이다. 글자의 좌측에 위치할 때는 亻 형태로 변형되며 '사람인변' 혹은 '인변'으로 불린다.

　　人(사람인)은 단독으로도 용례가 많지만, 다른 글자 내에서도 '사람'의 의미로 광범위하게 활약한다. 부수로서 파워는 人의 형태일 때는 보통, 亻(사람인변)의 형태일 때는 매우 강력하다고 알아두면 되겠다. 막강한 상대인 牛(소우)도 件(사건 건)에서 물리친 바 있다.

　　하지만 무적은 아니다. 패배한 경우로 化(될 화), 條(가지 조)가 있다. 그런데 修(닦을 수)의 부수는 彡(터럭삼)이 아닌 亻(사람인변)이다. 별다른 의미 둘 필요는 없다.

> **참고** 化(될 화: 匕) 條(가지 조: 木) 臥(엎드릴 와: 臣 - 3급) 囚(가둘 수: □ - 3급) 閃(번쩍할 섬: 門 - 1급) 合(합할 합: 口) 會(모일 회: 曰) 舍(집 사: 舌) 夾(낄 협: 大 - 1급) 巫(무당 무: 工 - 1급) 坐(앉을 좌: 土 - 3급) 卒(군사 졸: 十) 矜(불쌍히여길 긍: 矛 - 1급) 宿(묵을 숙: 宀)

· 소속 글자 ·

人 [사람 인] 人 - 총2획

人情(인정): 사람이 본디 지니고 있는 온갖 감정. 남을 생각하고 도와주는 따뜻한 마음. 예문 인정(人情) 넘치다.

人山人海(인산인해): 많은 사람이 모인 상태를 이르는 말. 예문 방문객으로 인산인해(人山人海)를 이루다.

假 [거짓 가] 人 - 총11획

假定(가정): 논리를 진행시키기 위해 어떤 조건을 임시로 설정하는 일. 예문 성공을 가정(假定)하고 논의하다.

假想(가상): 사실이 아니거나 사실인지 분명하지 않은 것을 그렇다고 가정하여 생각함. 예문 가상(假想) 현실.

價 [값 가] 人 - 총15획

價格(가격): 돈으로 나타낸 상품의 값. 예문 가격(價格)이 올라가다.

價値(가치): 값어치. 어떤 사물이 지니고 있는 의의나 중요성. 예문 가치(價値)를 매길 수도 없다.

個 [낱 개] 人 - 총10획

個人(개인): 집단의 구성요소로서의 한 사람. 예문 개인(個人)의 자유를 존중하다.

個別(개별): 따로따로임. 하나씩 따로 떨어진 것. 예문 개별(個別) 행동.

件 [사건 건] 人 - 총6획

事件(사건): 문제가 되거나 관심을 끌 만한 일. 예문 사건(事件)을 해결하다.

與件(여건): 어떤 일을 하는 출발점으로서의 주어진 조건. 예문 좋은 여건(與件)이 마련되다.

健 [튼튼할 건] 人 - 총11획

健康(건강): 육체적 정신적으로 탈 없이 정상적이고 튼튼함. 예문 건강(健康)한 아기가 태어나다.

健實(건실): 건전하고 착실함. 예문 회사의 재정이 건실(健實)하다.

傑 [뛰어날 걸] 人 - 총12획

傑作(걸작): 매우 뛰어난 작품. 예문 일생의 걸작(傑作)을 집필하다.

傑出(걸출): 남보다 훨씬 우뚝하게 뛰어남. 예문 걸출(傑出)한 활약을 펼치다.

儉 [검소할 검] 人 - 총15획

儉素(검소): 사치하지 않고 수수함. 예문 결혼식을 검소(儉素)하게 치르다.

勤儉節約(근검절약): 부지런하고 알뜰하게 재물을 아낌. 예문 근검절약(勤儉節約)하는 습관.

傾 [기울 경] 人 - 총13획

傾斜(경사): 비스듬히 기울어짐. 기울어진 정도나 상태. 예문 경사(傾斜)
가 가파르다.

傾向(경향): 마음이나 형세가 어떤 방향으로 기울어 쏠림. 예문 보수적인
경향(傾向)을 보이다.

係 [걸릴 계] 人 - 총9획

關係(관계): 둘 이상의 사람, 사물, 현상 등이 서로 관련을 맺음. 예문 좋
은 관계(關係)를 지속하다.

係員(계원): 사무를 갈라 맡은 계(係) 단위 부서에서 일하는 사람. 예문 인
사 담당 계원(係員)으로 일하다.

今 [이제 금] 人 - 총4획

今年(금년): 올해. 예문 금년(今年)에는 성공할 것이다.

東西古今(동서고금): 동양과 서양 그리고 옛날과 지금. 인간 사회의 모든
시대와 장소. 예문 동서고금(東西古今)을 막론하다.

代 [대신할 대] 人 - 총5획

代表(대표): 개인이나 단체를 대신하여 그 의사나 성질을 외부에 나타냄.
예문 우리 나라를 대표(代表)하다.

現代(현대): 오늘날의 시대. 예문 현대(現代) 사회.

來 [올 래] 人 - 총8획

來日(내일): 오늘의 바로 다음 날. 예문 내일(來日)은 내일의 해가 뜬다.

將來(장래): 앞으로 닥쳐올 날. 앞날의 전망. 예문 장래(將來)가 촉망되다.

令 [명령할 령] 人 - 총5획

命令(명령): 윗사람이 아랫사람에게 무엇을 하게 시킴. 예문 명령(命令)
에 따르다.

發令(발령): 법령, 경보 등을 발표하거나 공포함. 예문 태풍주의보를 발
령(發令)하다.

例 [법식 례] 人 - 총8획

例示(예시): 예를 들어 보임. 예문 풀이 방법을 예시(例示)하다.

例外(예외): 보통의 예에서 벗어나는 일. 예문 예외(例外)적인 경우.

倍 [곱 배] 人 - 총10획

倍加(배가): 갑절로 늘어남. 예문 기쁨은 나눌수록 배가(倍加)된다.

倍數(배수): 갑절이 되는 수. 예문 10은 5의 배수(倍數)이다.

伐 [칠 벌] 人 - 총6획

征伐(정벌): 무력을 써서 적이나 죄 있는 무리를 치는 일. 예문 친히 정벌
(征伐)에 나서다.

殺伐(살벌): 분위기나 풍경 또는 인간관계 등이 거칠고 서먹서먹함. 예문
살벌(殺伐)한 분위기.

保 [지킬 보] 人 - 총9획

保護(보호): 위험으로부터 약한 것을 잘 돌보아 지킴. 예문 가족을 보호(保護)하다.

保全(보전): 온전하게 잘 지키거나 지님. 예문 자연 환경을 보전(保全)하다.

伏 [엎드릴 복] 人 - 총6획

埋伏(매복): 적군을 기습하기 위해 요긴한 곳에 숨어서 기다리는 일. 예문 산기슭에 매복(埋伏)하다.

潛伏(잠복): 겉으로 드러나지 않게 숨어 있음. 예문 범인을 기다리며 잠복(潛伏)하다.

佛 [부처 불] 人 - 총7획

佛敎(불교): 기원전 5세기 경 인도의 석가모니가 창시한 종교. 예문 불교(佛敎)가 전파되다.

佛像(불상): 부처의 모습을 조각이나 그림으로 나타낸 것. 예문 불상(佛像)을 제작하다.

備 [갖출 비] 人 - 총12획

兼備(겸비): 두 가지 이상의 좋은 점을 함께 갖추어 가짐. 예문 인성과 실력을 겸비(兼備)하다.

對備(대비): 앞으로 있을 어떤 일에 대응하여 미리 준비함. 예문 태풍에 대비(對備)하다.

仕　[벼슬할 사]　人 - 총5획

奉仕(봉사): 자신의 이해를 돌보지 아니하고 몸과 마음을 다하여 일함.
　예문　사회에 봉사(奉仕)하다.

出仕(출사): 벼슬을 해서 관아에 나감.　예문　궁중에 출사(出仕)하다.

使　[하여금 사]　人 - 총8획

使用(사용): 물건을 쓰거나 사람을 부림.　예문　전기를 아껴서 사용(使用)
하다.

行使(행사): 부려서 씀. 사용함.　예문　주어진 권리를 행사(行使)하다.

傷　[상처 상]　人 - 총13획

傷處(상처): 몸의 다친 자리. 피해를 입은 흔적.　예문　상처(傷處)가 아물다.

傷心(상심): 마음 아파함. 슬프게 생각함.　예문　상심(傷心)이 크다.

仙　[신선 선]　人 - 총5획

神仙(신선): 도를 닦아 신통력을 얻은 사람.　예문　신선(神仙)이 도끼를 들
고 나타나다.

仙人掌(선인장): 잎이 가시 모양이며 사막 등에 분포하는 선인장과의 다
년초.　예문　선인장(仙人掌)을 키우다.

俗　[풍속 속] 人 - 총9획

俗世(속세): 속인(俗人)들이 사는 일반의 사회. 예문 속세(俗世)를 떠나서 살다.

俗談(속담): 옛날부터 민간에 전해 내려오는 격언. 예문 속담(俗談)에는 민중의 지혜가 녹아 있다.

修　[닦을 수] 人 - 총10획

修道(수도): 도를 닦음. 예문 수도(修道)에 정진하다.

修繕(수선): 낡거나 헌 물건을 손보아 고침. 예문 바지를 수선(修繕)하다.

信　[믿을 신] 人 - 총9획

信用(신용): 언행이나 약속이 틀림없을 것으로 믿음. 예문 오랜 기간 신용(信用)을 쌓다.

信賴(신뢰): 굳게 믿고 의지함. 예문 서로 신뢰(信賴)하는 사이이다.

億　[억 억] 人 - 총15획

億臺(억대): 억(億)으로 헤아리는 금액이나 수량. 예문 수억대(億臺)의 아파트.

億丈(억장): 꽤 높은 것. 예문 억장(億丈)이 무너지는 것 같다.

優 [넉넉할 우] 人 - 총17획

優秀(우수): 여럿 가운데 뛰어남. 예문 우수(優秀)한 인재를 등용하다.

優先(우선): 다른 것보다 앞섬. 다른 것보다 앞서 행사함. 예문 실력을 우선(優先)하다.

位 [자리 위] 人 - 총7획

位置(위치): 일정한 곳에 자리를 차지함. 예문 유리한 위치(位置)를 차지하다.

爵位(작위): 벼슬과 직위. 예문 공작의 작위(爵位)를 하사 받다.

偉 [훌륭할 위] 人 - 총11획

偉大(위대): 크게 뛰어나고 훌륭함. 예문 위대(偉大)한 업적을 남기다.

偉人(위인): 뛰어나고 훌륭한 사람. 위대한 일을 한 사람. 예문 위인(偉人)을 본받다.

儒 [선비 유] 人 - 총16획

儒學(유학): 공자의 사상을 근본으로 하여 정치와 도덕의 실천을 중심 과제로 하는 학문. 예문 유학(儒學)의 가르침을 따르다.

儒家(유가): 공자의 학설과 학풍 등을 신봉하고 연구하는 학자나 학파. 예문 유가(儒家)와 도가(道家).

依 [의지할 의] 人 - 총8획

依支(의지): ①다른 것에 몸을 기댐. ②마음을 붙여 도움을 받음. 예문 ① 지팡이에 의지(依支)해 걷다. ②부모에 의지(依支)하다.

依賴(의뢰): 남에게 의지하거나 부탁함. 예문 법률자문을 의뢰(依賴)하다.

儀 [거동 의] 人 - 총15획

儀式(의식): 일정한 격식을 갖추어 베푸는 행사. 예문 경건하게 의식(儀式)을 치르다.

國民儀禮(국민의례): 국가의 의식이나 예식에서 국민으로서 갖추어 해야 할 의례. 예문 경기 시작에 앞서 국민의례(國民儀禮)를 하다.

以 [써 이] 人 - 총5획

以前(이전): 기준이 되는 일정한 때를 포함하여 그 앞. 예문 이전(以前)에 있었던 일.

一以貫之(일이관지): 하나의 이치로써 모은 일을 꿰뚫음. 예문 일이관지(一以貫之)에서 '일관되다'란 말이 나왔다.

仁 [어질 인] 人 - 총4획

仁慈(인자): 마음이 어질고 무던하며 자애로움. 예문 성격이 인자(仁慈)하다.

仁者無敵(인자무적): 어진 사람에게는 적이 없음. 예문 자고로 인자무적(仁者無敵)이라 했다.

任 [맡길 임] 人 - 총6획

委任(위임): 일이나 처리를 남에게 맡김. 예문 권한을 위임(委任)하다.

所任(소임): 맡은 바 직책. 예문 자신의 소임(所任)을 다하다.

作 [지을 작] 人 - 총7획

作家(작가): 문학이나 예술의 창작 활동을 전문으로 하는 사람. 예문 작가(作家)로서 첫발을 내디디다.

作定(작정): 어떤 일을 마음으로 결정함. 예문 매주 등산을 가기로 작정(作定)하다.

低 [낮을 저] 人 - 총7획

低下(저하): 사기, 정도, 수준, 능률 등이 떨어져 낮아짐. 예문 병사들의 사기가 저하(低下)되다.

低廉(저렴): 물건 등의 값이 쌈. 예문 저렴(低廉)한 가격으로 판매하다.

傳 [전할 전] 人 - 총13획

傳授(전수): 기술이나 지식 등을 전하여 줌. 예문 제자에게 기술을 전수(傳授)하다.

傳承(전승): 대대로 전하여 이어감. 예문 민간에 전승(傳承)되는 이야기이다.

停 [머무를 정] 人 - 총11획

停車(정차): 가던 차를 멎게 함. 예문 갓길에 잠시 정차(停車)하다.

停戰(정전): 교전 중이던 두 편이 합의에 따라 한때 전투 행위를 그치는
일. 예문 정전(停戰)협정을 체결하다.

住 [살 주] 人 - 총7획

住民(주민): 일정한 곳에 자리를 잡고 사는 사람. 예문 동네 주민(住民)들
이 모이다.

居住地(거주지): 사람이 자리를 잡아 살고 있는 곳. 예문 거주지(居住地)
가 일정하지 않다.

侵 [침범할 침] 人 - 총9획

侵略(침략): 남의 나라를 침범하여 영토를 빼앗음. 예문 이웃 나라의 침
략(侵略)에 대비하다.

侵害(침해): 침범하여 해를 끼침. 예문 시민의 권리를 침해(侵害)하다.

他 [다를 타] 人 - 총5획

他地(타지): 다른 지방이나 지역. 예문 타지(他地)에서 온 사람들을 반겨
주다.

利他(이타): 자기를 희생하여 남을 이롭게 함. 예문 이타(利他)적인 삶을
살다.

便 [편할 편 / 변소 변] 人 - 총9획

便利(편리): 어떤 일을 하는 데 편하고 이용하기 쉬움. 예문 교통이 편리
(便利)한 지역.

大便(대변): 사람의 똥. 예문 대변(大便)과 소변(小便)은 건강의 중요한 척
도이다.

候 [물을 후] 人 - 총10획

徵候(징후): 어떤 일이 일어날 조짐. 겉으로 드러나는 낌새. 예문 지진의
징후(徵候)를 감지하다.

全天候(전천후): 어떠한 기상 조건에서도 제 기능을 다할 수 있음. 예문
전천후(全天候) 타이어를 장착하다.

休 [쉴 휴] 人 - 총6획

休養(휴양): 편히 쉬면서 마음과 몸을 건강하게 함. 예문 한동안 고향에
서 휴양(休養)하다.

休職(휴직): 공무원이나 회사원이 그 신분을 유지하면서 일정 기간 직무
를 쉬는 일. 예문 휴직(休職) 중인 직원.

付 [줄 부] 人 - 총5획 / 3급

付託(부탁): 어떤 일을 해달라고 청하거나 맡기는 것. 예문 새해를 맞이
해 덕담을 부탁(付託)하다.

當付(당부): 말로 단단히 부탁함. 예문 매우 조심해달라는 당부(當付)의
말을 남기다.

企 [꾀할 기] 人 - 총6획 / 3급

企劃(기획): 일을 꾸미고 꾀함. 예문 대규모 행사를 기획(企劃)하다.

企待(기대): 어떤 일이 이루어지기를 바라고 기다림. 어떤 일이 이루어질
것이라 믿으며 기다림. 예문 이번 일에 큰 기대(企待)를 걸다.

仰 [우러를 앙] 人 - 총6획 / 3급

仰望(앙망): 우러러 바람. 공경하며 우러러봄. 예문 소신의 청을 윤허해
주시기를 앙망(仰望)하옵니다.

信仰心(신앙심): 종교를 믿고 그 가르침을 따르는 마음. 예문 신앙심(信仰
心)이 깊은 사람.

止 그칠지 止

4획

丨　丄　止　止

　　본래 발의 상형이다. 다른 글자 내에서 '발' 혹은 '걷다'라는 뜻
으로 다용된다. 부수로서는 그리 강력한 영향력을 발휘하지 못한
다. 게다가 다른 글자와 섞여 있으면 눈에 잘 띄지 않아 부수로 인
식하기도 쉽지 않다. 正(바를 정), 歸(돌아갈 귀)의 경우처럼 말이다.

　　재미 삼아 한번쯤 살펴볼 만한 글자로 此(이 차)가 있다. 앞에
서 언급했듯 匕(비수비)는 사람의 상형이다. 여기에 발을 뜻하는
止(그칠지)가 더해져 '사람 발밑'을 가리킨다. 그래서 가까운 위치
인 '여기, 이것'의 의미로 쓰인다. 아울러 此(이 차: 止), 化(될 화: 匕),
企(꾀할 기: 人)를 모아놓으면 止(그칠지), 匕(비수비), 人(사람인)이 서
로 물고 물리는 관계임을 알 수 있다.

　　참고　企(꾀할 기: 人 - 3급) 祉(복 지: 示 - 1급) 址(터 지: 土 - 2급)
肯(옳을 긍: 肉 - 3급) 些(적을 사: 二 - 1급)

· 소속 글자 ·

止 [그칠 지] 止 - 총4획

防止(방지): 어떤 일이 일어나지 않도록 막음. [예문] 사고를 방지(防止)하다.

沮止(저지): 막아서 못하게 함. [예문] 적군의 침입을 저지(沮止)하다.

歸 [돌아갈 귀] 止 - 총18획

歸鄕(귀향): 고향으로 돌아가거나 돌아옴. [예문] 무사히 귀향(歸鄕)하다.

歸化(귀화): 다른 나라의 국적을 얻어 그 나라의 국민이 됨. [예문] 대한민국에 귀화(歸化)하다.

歷 [지낼 력] 止 - 총16획

歷史(역사): 인간 사회가 거쳐 온 변천의 모습 또는 그 기록. [예문] 역사(歷史)적인 의미가 있다.

履歷(이력): 지금까지 닦아 온 학업이나 거쳐 온 직업 등의 경력. [예문] 이력(履歷)이 화려하다.

武 [굳셀 무] 止 - 총8획

武藝(무예): 검술, 궁술 등 무술에 관한 재주. [예문] 무예(武藝)를 연마하다.

文武(문무): 문식과 무략. 문화적인 방면과 군사적인 방면. [예문] 문무(文武)를 겸비한 인재.

步 [걸음 보] 止 - 총7획

初步(초보): 첫걸음. 학문이나 기술 등 가장 낮고 쉬운 정도의 단계. 예문 초보(初步) 운전.

闊步(활보): 큰 걸음으로 당당히 걷는 일. 예문 대로를 활보(闊步)하고 다니다.

歲 [해 세] 止 - 총13획

歲月(세월): 흘러가는 시간. 예문 세월(歲月)이 강물처럼 흐르다.

年歲(연세): 나이의 높임말. 예문 올해 연세(年歲)가 어떻게 되시는지요?

正 [바를 정] 止 - 총5획

正義(정의): 사람으로서 지켜야 할 바른 도리. 예문 정의(正義)를 지키다.

正鵠(정곡): 과녁의 한가운데가 되는 점. 목표나 핵심을 비유함. 예문 정곡(正鵠)을 찌르는 질문.

此 [이 차] 止 - 총6획 / 3급

此日彼日(차일피일): 오늘내일하며 기한을 늦춤. 예문 약속을 자꾸 차일피일(此日彼日) 미루다.

彼此(피차): 이쪽 사람과 저쪽 사람. 상대와 나. 예문 서로 다투니 피차(彼此)가 너무 피곤하다.

여기서 잠깐!

굳셀 무 　달릴 주 　달릴 분

武(굳셀 무)는 '싸우다, 다투다'의 의미로 다양하게 활용되는 글자이다. 무술(武術), 무인(武人), 무장(武將), 무기(武器) 등 용례들을 살펴봐도 그러하다. 그러면 武(굳셀 무)에 대해서 좀 더 자세하게 알아보자.

武(무)는 止(그칠 지)와 戈(창 과)과 더해진 글자이다. 戈(창 과)는 고대에 사용하던 창을 본뜬 글자이다. 그런데 간혹 이를 보고 武(무)를 '무기를 멈춘다'는 의미로 풀이하는 경우가 종종 있다. 즉 진정한 武(무)란 싸우지 않는 것이란 주장이다. 언뜻 그럴듯한 풀이 같지만 억지이다.

왜냐하면 止(그칠 지)가 '그치다, 멈추다'의 의미로 사용되는 경우는 止(그칠 지) 단독으로 사용되는 경우뿐이기 때문이다. 다른 글자 내에서 止(그칠 지)가 등장하면 항상 '움직이는 발'로 작용한다. 즉 武(굳셀 무)는 '창을 들고 진군하는 모습'을 표현한 글자이다.

다른 예를 좀 더 들어보겠다. 走(달릴 주)와 奔(달릴 분)의 옛 글자들을 비교해보자. 두 글자 모두 사람(大)과 발(止)로 이루어진 글자들이다. 走(달릴 주)는 사람의 발(止)을 강조해 달리는 모습을 표현한 것인데, 奔(달릴 분)은 발(止)을 무려 셋이나 그려 몹시 분주하게 달리는 모습을 과장되게 표현하고 있다.

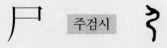

尸 주검시 乛

3획

ㄱ ㄱ 尸

흔히 주검의 상형으로 알려져 있다. 하지만 많은 글자들 속에서 尸(주검시)는 人(사람인)과 비슷한 의미로 작용한다. 즉 글자 내에서 살아 움직이는 경우가 더 흔하다. 아울러 尸(주검시)는 '지붕, 공간'의 의미로도 다용된다. 層(층 층), 屋(집 옥) 등을 예로 들 수 있다.

다시 말해 글자 내에서 尸(주검시)가 보이면 섣불리 단정 짓기 어렵다. 본래 각기 다른 사물들이 나중에 尸형태로 단순화되면서 생긴 혼선이다. 그리고 소속 글자 중에서 尹(다스릴 윤)은 의미와 무관하게 모양이 비슷하다는 이유만으로 편입되어 있다.

참고로 부수 글자 중에는 좌상단에서 '공간'의 의미로 쓰이는 글자가 여럿 있다. 厂(엄호밑), 厂(민엄호), 戶(지게호) 등이다. 尸(주검시)도 이런 부수들처럼 좌상단을 완전히 덮었을 때 제법 강한 편이다. 물론 의미는 공간, 산 사람, 주검 등 상황에 따라 달라진다.

> **참고** 犀(무소 서: 牛 - 1급) 尉(벼슬 위: 寸 - 2급) 漏(샐 루: 水 - 3급)

刷(쓸 쇄: 刀 - 3급) 殿(큰집 전: 殳 - 3급) 君(임금 군: 口)

· 소속 글자 ·

居 [살 거] 尸 - 총8획

居住(거주): 일정한 곳에 자리를 잡고 머물러 삶. 예문 국내에 거주(居住)
하다.

蟄居(칩거): 나가지 않고 거처에 틀어박혀 있음. 예문 조용히 칩거(蟄居)
중이다.

局 [판 국] 尸 - 총7획

局所(국소): 전체 가운데의 한 부분. 예문 국소(局所)적인 사안이다.

局限(국한): 범위를 일정 부분에 한정함. 예문 미세먼지는 호흡기에만 국
한(局限)된 문제가 아니다.

屈 [굽을 굴] 尸 - 총8획

屈曲(굴곡): 이리저리 굽어 꺾여 있음. 예문 굴곡(屈曲)이 많은 인생.

屈折(굴절): 휘어서 꺾임. 예문 수면을 통과하면서 빛이 굴절(屈折)되다.

屬 [엮을 속 / 이을 촉] 尸 - 총21획

所屬(소속): 어떤 기관이나 조직에 딸림, 또는 딸린 사람이나 물건. 예문
　　의무중대 소속(所屬)이다.

屬望(촉망): 잘되기를 바라고 기대함, 또는 그런 대상. 예문 촉망(屬望)받
　　는 청년.

屋 [집 옥] 尸 - 총9획

屋上(옥상): 지붕 위. 건물에서 지붕 부분을 편평하게 만들어놓은 곳.
　　예문 옥상(屋上)에 올라가다.

家屋(가옥): 사람이 사는 집. 예문 전통 가옥(家屋)에서 생활하다.

展 [펼 전] 尸 - 총10획

展開(전개): 넓게 펼쳐짐. 논리나 이야기 등이 점차 크게 펼쳐짐. 예문 본
　　격적인 사건이 전개(展開)되다.

展示(전시): 물품 등을 늘어놓아 보임. 예문 유물을 전시(展示)하다.

層 [층 층] 尸 - 총15획

層階(층계): 층층으로 된 데를 오르내릴 수 있도록 여러 턱으로 만들어
　　놓은 설비. 예문 층계(層階)를 오르다.

深層(심층): 사물의 속이나 밑에 있는 깊은 층. 예문 해저의 심층(深層)을
　　탐사하다.

尾 [꼬리 미] 尸 - 총7획 / 3급

尾行(미행): 누군가를 감시하거나 증거를 잡기 위해 뒤를 몰래 따라가는 것. 예문 형사가 용의자를 미행(尾行)하다.

九尾狐(구미호): 꼬리가 아홉 개 달리고 사람을 홀린다는 옛이야기 속의 여우. 예문 구미호(九尾狐)가 젊은 여인으로 둔갑하다.

尿 [오줌 뇨] 尸 - 총7획 / 2급

尿道(요도): 방광에서 체외로 오줌이 나오는 길. 예문 요도(尿道)가 막히다.

糖尿病(당뇨병): 혈액 속에 당이 높은 상태가 오랫동안 지속되는 병. 예문 당뇨병(糖尿病)을 예방하기 위해 꾸준히 운동하다.

屍 [주검 시] 尸 - 총9획 / 2급

屍體(시체): 사람의 죽은 몸. 주검. 예문 사고 현장에서 시체(屍體)를 수습하다.

屍身(시신): 사람의 죽은 몸을 높여 가리키는 말. 예문 장례를 치른 후 시신(屍身)을 안장하다.

女 계집녀 {女}

3획

ㄴ 女 女

일반적으로 무릎을 꿇고 다소곳이 앉은 여성의 모습으로 알려져 있다. 많은 글자 속에서 '여성'의 의미로 작용한다. 참고로 女(계집 녀)에 점 두 개가 찍히면 母(어미 모)가 된다. 즉 자식에게 젖먹이는 여성이 '엄마'인 것이다.

부수로서는 좌측을 차지했을 때 거의 무적이지만 다른 위치에서는 혼전 양상이다. 그중에서 눈여겨볼 글자가 好(좋을 호)와 安(편안할 안)이다. 好(좋을 호)는 아기(子)를 안은 엄마의 모습, 安(편안할 안)은 안전한 장소(宀)에 머문 여성(女)의 모습이다.

그런데 앞서 字(글자 자)의 부수 대결에서 子(아들자)가 승리했음을 언급했다. 好(좋을 호: 女), 安(편안할 안: 宀)을 모아놓으면 女(계집녀), 子(아들자), 宀(갓머리)가 서로 물고 물린 것을 알 수 있다.

참고 安(편안할 안: 宀) 汝(너 여: 水 - 3급) 恕(용서할 서: 心 - 3급) 要(구할 요: 襾) 魏(나라이름 위: 鬼 - 2급)

女 [여자 녀] 女 - 총3획

女性(여성): 여자, 특히 성인 여자를 이르는 말. 예문 여성(女性) 의류를
디자인하다.

女史(여사): 학자, 예술가 등 사회적으로 활동하는 여자를 높여 부르는
말. 예문 ○○○ 여사(女史)를 초청하다.

妹 [누이 매] 女 - 총8획

妹夫(매부): 손위 누이 혹은 손아래 누이의 남편. 예문 누이 좋고 매부(妹
夫) 좋고.

男妹(남매): 오누이. 오라비와 누이. 예문 남매(男妹)가 서로 돕다.

妙 [묘할 묘] 女 - 총7획

妙手(묘수): 좋은 방법이나 솜씨. 바둑이나 장기 등에서 절묘한 수. 예문
위기에서 묘수(妙手)를 두다.

微妙(미묘): 섬세하고 야릇하여 무엇이라고 딱 잘라 말할 수 없음. 예문
아주 미묘(微妙)한 차이가 있다.

妨 [방해할 방] 女 - 총7획

妨害(방해): 남의 일에 훼살을 놓아 못하게 함. 예문 일을 자꾸 방해(妨害)
하다.

妨害物(방해물): 방해가 되는 물건. 예문 방해물(妨害物)을 치우다.

婦 [아내 부] 女 - 총11획

夫婦(부부): 남편과 아내. 결혼한 한 쌍의 남녀. 예문 부부(夫婦)의 연을
맺다.

有婦男(유부남): 아내가 있는 남자. 예문 총각 아니라 유부남(有婦男).

姓 [성 성] 女 - 총8획

姓名(성명): 성과 이름. 예문 성명(姓名)을 밝히다.

百姓(백성): 일반 국민의 예스러운 표현. 예문 백성(百姓)들을 다스리다.

始 [처음 시] 女 - 총8획

始作(시작): 무엇을 처음으로 하거나 쉬었다가 다시 함. 예문 활동을 시
작(始作)하다.

始初(시초): 맨 처음. 예문 사건의 시초(始初)가 되다.

如 [같을 여] 女 - 총6획

如前(여전): 전과 다름없음. 예문 여전(如前)히 아름답다.

如何間(여하간): 어떠하든 간에. 예문 여하간(如何間) 만나서 얘기하자.

委 [맡길 위] 女 - 총8획

委託(위탁): 남에게 사물이나 사람의 책임을 맡김. 예문 위탁(委託) 교육
을 의뢰하다.

委員(위원): 특정한 사항의 처리나 심의를 위임받은 자로서 임명되거나
선출된 사람. 예문 국무 위원(委員).

威 [위엄 위] 女 - 총9획

威嚴(위엄): 의젓하고 엄숙함, 또는 그러한 태도나 기세. 예문 위엄(威嚴) 있게 말하다.

威脅(위협): 으르고 협박함. 예문 인질을 위협(威脅)하다.

姊 [손윗누이 자] 女 - 총8획 姉와 동자(同字)

姊妹(자매): 언니와 여동생. 예문 자매(姊妹)간에 우애가 두텁다.

姊妹結緣(자매결연): 어떤 지역이나 단체가 다른 지역이나 단체와 친선 또는 상호 교류를 목적으로 밀접한 관계를 맺는 일. 예문 교토시와 자매결연(姊妹結緣)을 맺다.

姿 [맵시 자] 女 - 총9획

姿勢(자세): 몸을 움직이거나 가누는 모양. 예문 자세(姿勢)가 반듯하다.

姿態(자태): 몸가짐과 맵시. 예문 한복 입은 자태(姿態).

好 [좋을 호] 女 - 총6획

好意(호의): 남에게 보이는 친절한 마음씨. 예문 호의(好意)를 베풀다.

好感(호감): 좋게 여기는 감정. 예문 서로에게 호감(好感)을 가지다.

婚 [혼인할 혼] 女 - 총11획

婚姻(혼인): 남녀가 부부가 되는 일. 예문 혼인(婚姻)을 약속하다.

請婚(청혼): 혼인하기를 청함. 예문 청혼(請婚)을 받아들이다.

禾 　벼화　 ⺭

5획

一 二 千 禾 禾

　　벼의 상형이다. 익을수록 고개를 숙이는 벼의 특징이 머리 부분에 드러나 있다. 벼와 그 외 여러 곡식을 나타내는 글자에 널리 쓰인다. 주로 글자의 좌측이나 상단에 위치한다.

　　부수로서는 좌측에 위치할 때 강한 편이다. 秋(가을 추), 科(품등 과)에서의 승리는 기억해둘 만하다. 하지만 和(화할 화), 利(날카로울 리)에서 패한 부분이 눈에 띈다. 刂(칼도방)은 우측에서 무적이니 이해하지만 和(화할 화)는 다소 의외이다.

　　아울러 앞에서 好(좋을 호)에 대해 언급하였는데 女(계집녀), 子(아들자) 두 부수 모두 禾(벼화)를 상대로 우세함을 보인다.

　　참고 委(맡길 위: 女) 季(철 계: 子) 和(화할 화: 口) 利(날카로울 리: 刀)

· 소속 글자 ·

穀 [곡식 곡] 禾 - 총15획

穀食(곡식): 양식이 되는 쌀, 보리, 조 등을 통틀어 이르는 말. 예문 곡식
(穀食)이 여물다.

脫穀(탈곡): 곡식의 낟알을 이삭에서 떨어냄. 곡식의 낟알에서 겉겨를 벗
겨냄. 예문 농기계로 탈곡(脫穀)하다.

科 [품등 과] 禾 - 총9획

科學(과학): 어떤 영역의 대상을 객관적인 방법으로, 계통적으로 연구하
는 활동. 예문 과학(科學)적인 사고.

科目(과목): 분야별로 나눈 학문의 구분. 예문 교과를 구성하는 단위 '전
공 과목(科目)을 선택하다.

私 [사사로울 사] 禾 - 총7획

私益(사익): 개인의 이익. 예문 사익(私益)을 추구하다.

公私(공사): 공적인 일과 사사로운 일. 예문 공사(公私)를 엄격히 구분하다.

稅 [구실 세] 禾 - 총12획

稅金(세금): 국가나 지방 공공 단체가 징수하는 돈. 예문 세금(稅金)을 납
부하다.

有名稅(유명세): 세상에 이름이 널리 알려진 탓에 겪게 되는 어려움을 이
르는 말. 예문 유명세(有名稅)를 치르다.

秀 [빼어날 수] 禾 - 총7획

秀才(수재): 머리가 좋고 재주가 뛰어난 사람. 예문 수재(秀才)와 둔재.

優秀(우수): 여럿 가운데 뛰어남. 예문 우수(優秀)한 성적을 거두다.

移 [옮길 이] 禾 - 총11획

移徙(이사): 살던 곳을 떠나 다른 데로 옮김. 예문 이사(移徙)를 다니다.

移籍(이적): 운동선수가 다른 팀으로 소속을 옮김. 예문 ○○○ 선수가 A
팀으로 이적(移籍)하다.

積 [쌓을 적] 禾 - 총16획

積善(적선): 착한 일을 많이 함. 예문 다른 사람 몰래 적선(積善)하다.

山積(산적): 물건이나 일이 산더미같이 쌓임. 예문 산적(山積)한 현안을
해결하다.

程 [단위 정] 禾 - 총12획

程度(정도): 알맞은 한도. 그만큼의 분량. 예문 대략 10분 정도(程度) 걸
리다.

過程(과정): 일이 되어가는 경로. 예문 과정(過程)이 결과보다 중요하다.

種 [씨 종] 禾 - 총14획

種類(종류):어떤 기준에 따라 나눈 갈래. 예문 다양한 종류(種類)의 물건
을 전시하다.

機種(기종): 항공기의 종류. 기계의 종류. 예문 새로운 기종(機種)을 도입.

秋 [가을 추] 禾 - 총9획

秋收(추수): 가을에 익은 곡식을 거두어들임. 예문 벼를 추수(秋收)하다.

秋霜(추상): 가을의 찬 서리. 예문 추상(秋霜)같은 명령을 내리다.

稱 [일컬을 칭] 禾 - 총14획

稱讚(칭찬): 잘한다고 추어주거나 좋은 점을 들어 기림. 예문 칭찬(稱讚)
은 고래도 춤추게 한다.

自稱(자칭): 남에게 스스로 자기를 일컬음. 예문 자칭(自稱) 취미 사학자.

儿 어진사람인발 ⺉

2획

丿 儿

　　사람의 상형이다. 人(사람인)과 다른 것은 글자의 하단에만 위치한다는 점이다. 때문에 부수로 쓰일 때는 '어진사람인발'이라 한다. 줄여서 '어진사람인'이라고도 하는데, 특별히 人(인)에 비해 어진(仁) 성격인지는 잘 모르겠다. 다만 모나지 않은 성격 탓인지 부수로서 그리 압도적인 편은 아니다.

　　흥미로운 글자는 禿(대머리 독)이다. 벼(禾)와 사람(儿)이 더해져 '민머리'를 곡식알에 빗댄 표현이다. 부수 대결 승자는 禾(벼화). 그런데 和(화할 화: 口), 兄(맏 형: 儿)과 모아놓으면 禾(벼화), 儿(어진사람인), 口(입구)가 서로 물고 물린다. 사실 口(입구)는 쓰임새가 워낙 다양해 이런 먹이사슬에 단골손님임을 알 수 있다.

　　참고　禿(대머리 독: 禾 - 1급) 竟(다할 경: 立 - 3급) 競(겨룰 경: 立) 亮(밝을 량: 亠 - 2급) 匹(필 필: 匸 - 3급)

· 소속 글자 ·

光 [빛 광] 儿 - 총6획

光復(광복): 잃었던 국권을 도로 찾음. 예문 광복(光復)을 맞이하다.

曙光(서광): 동이 틀 때 비치는 빛. 예문 서광(曙光)이 비치다.

先 [먼저 선] 儿 - 총6획

先後(선후): 앞뒤. 먼저와 나중. 예문 선후(先後)를 정해 일하다.

先天(선천): 태어날 때부터 몸에 지니고 있음. 예문 선천(先天)적으로 부
지런하다.

兒 [아이 아] 儿 - 총8획

兒童(아동): 어린아이. 예문 아동(兒童) 문학 작가.

幼兒(유아): 학교 다니기 전의 어린아이. 예문 유아(幼兒) 보육시설을 갖
추다.

元 [으뜸 원] 儿 - 총4획

元氣(원기): 타고난 기운. 몸과 마음의 활동력. 예문 원기(元氣)를 회복
하다.

還元(환원): 본디의 상태로 되돌아감. 예문 재산을 모두 사회에 환원(還
元)하다.

充 [찰 충] 儿 - 총6획

充分(충분): 분량이나 요구 조건이 모자람 없이 차거나 넉넉함. 예문 충분(充分)한 수면을 취하다.

充塡(충전): 빈 곳이나 공간 등을 채움. 예문 가스를 충전(充塡)하다.

兄 [맏 형] 儿 - 총5획

兄弟(형제): 형과 아우. 예문 용감한 형제(兄弟).

呼兄呼弟(호형호제): 형이라 부르고 아우라 부름. 친형제처럼 가깝게 지냄을 이르는 말. 예문 서로 호형호제(呼兄呼弟)하는 사이이다.

兆 [조짐 조] 儿 - 총6획 / 3급

兆朕(조짐): 어떤 일이 생기려는 기미가 보이는 것. 예문 산사태가 일어날 조짐(兆朕)이 나타나다.

一兆(일조): 1,000,000,000,000. 예문 일조(一兆)는 일억의 만 배이다.

克 [이길 극] 儿 - 총7획 / 3급

克己(극기): 여러 가지 욕망이나 감정 등을 자신의 의지로 억제함. 예문 극기(克己) 훈련을 하다.

克復(극복): 어렵고 힘든 상황을 이겨내고 본래 상태로 되돌아감. 예문 모두가 힘을 모아 고난을 극복(克復)하다.

免 　[면할 면] 儿 - 총7획 / 3급

免除(면제): 책임이나 의무 등을 지우지 않음. 예문 올림픽에서 메달을
　딴 선수는 병역이 면제(免除)된다.

免疫力(면역력): 외부에서 들어온 여러 가지 병원균이나 독소 등에 저항
　하는 힘. 예문 잠을 충분히 자야 면역력(免疫力)이 높아진다.

兔 　[토끼 토] 儿 - 총8획 / 3급

兔死狗烹(토사구팽): 토끼를 잡고 나면 사냥개를 삶는다. 예문 토사구팽
　(兔死狗烹)은 필요할 때 사용하다가 더이상 쓸모가 없어지면 버린다는
　의미이다.

守株待兔(수주대토): 나무 그루터기를 지키며 토끼를 기다리다. 예문 수
　주대토(守株待兔)는 융통성 없이 한 가지만 고집하는 사람을 빗댄 고
　사이다.

斗　말두　又

4획

` `` ` `三 `斗`

　　자루 달린 국자의 상형이다. 물건의 양을 '되는' 도구이다. 단독으로는 용량 단위인 '말, 열 되'의 뜻을 나타내며, 다른 글자 내에서는 '국자' 그리고 '양을 되다'의 의미로 작용한다.

　　대부분 글자의 우측 편에 위치한다. 눈여겨볼 글자는 科(품등과), 料(되질할 료)이다. 禾(벼화), 米(쌀미) 모두 곡식이므로 科(품등과), 料(되질할 료) 둘 다 곡식의 양을 되는(斗) 상황이다. 그런데 부수 대결 상 科(품등 과)에서는 禾(벼화)에 패하고, 料(되질할 료)에서는 米(쌀미)에 승리한다. 솔직히 말해 논리적으로 설명하기 힘든 승부이다.

　　참고　科(품등 과: 禾) 魁(우두머리 괴: 鬼 - 1급)

斗 [말 두] 斗 - 총4획

北斗七星(북두칠성): 큰곰자리에서 가장 뚜렷하게 보이는 국자 모양의 일
곱 개 별. 예문 북두칠성(北斗七星)을 바라보다.

泰山北斗(태산북두): 태산과 북두칠성. 세상 사람들로부터 가장 존경 받
는 사람을 비유하는 말. 예문 태산북두(泰山北斗)와 같은 존재.

料 [되질할 료] 斗 - 총10획

料理(요리): 맛있는 음식을 만드는 일, 또는 그 음식. 예문 정성스레 요리
(料理)하다.

料金(요금): 삯으로 주는 돈. 예문 전기 요금(料金)을 납부하다.

米 쌀미 ∭

6획

` ´ 丷 半 米 米

　벼의 이삭을 가까이에서 본 모양이다. 禾(벼화)에서 껍질 벗긴 상태가 米(쌀미)라고 생각하면 되겠다. 쌀 혹은 쌀을 가공한 음식과 관련된 글자에 널리 쓰인다.

　글자 내에서 위치는 다양한 편인데, 좌측에서 매우 강력한 부수이다. 좌측을 온전히 차지하고도 패한 유일한 글자가 바로 앞 본문 380쪽에서 언급한 料(되질할 료)이다. 참 여러모로 이해할 수 없는 승부라 하겠다. 만약 여기서만 승리했더라면 米(쌀미)는 '반드시 승리하는 부수들'에 포함되었을 것이다.

참고 料(되질할 료: 斗) 屎(똥 시: 尸 - 1급) 迷(미혹할 미: 辶 - 3급) 氣(기운 기: 气) 類(무리 류: 頁)

米 [쌀 미] 米 - 총6획

玄米(현미): 왕겨만 벗기고 쓿지 않은 쌀. 예문 현미(玄米)로 밥을 짓다.

精米所(정미소): 방앗간. 예문 정미소(精米所)에서 벼를 찧다.

糧 [양식 량] 米 - 총18획

食糧(식량): 살아가는 데 필요한 먹을거리. 예문 식량(食糧)을 충분히 비축하다.

糧食(양식): 식량. 정신적인 활동에 양분과 같은 구실을 하는 것. 예문 책은 마음의 양식(糧食).

粉 [가루 분] 米 - 총10획

粉末(분말): 가루. 예문 분말(粉末)을 물에 녹이다.

粉乳(분유): 가루우유. 예문 아기에게 분유(粉乳)를 먹이다.

精 [쓿은쌀 정] 米 - 총14획

精誠(정성): 온갖 성의를 다하려는 참되고 거짓 없는 마음. 예문 정성(精誠)을 다해 바느질하다.

精讀(정독): 자세히 읽음. 예문 역사에 관한 서적을 정독(精讀)하다.

鬼 귀신귀 鬼

10획

′ 丨 冂 白 甶 甶 尹 鬼 鬼 鬼

몸통에 비해 머리가 매우 큰 사람의 상형이다. 영혼이나 귀신과 관련된 글자에 빠지지 않고 등장한다. 제사를 대표하는 부수인 示(보일시)에 비해 분위기는 음산한 편이다.

혹 다른 글자 내에서 '유달리 크다'는 의미로 쓰이기도 한다. 예를 들어 魁(우두머리 괴)는 鬼+斗로, 본래 '커다란 국자'라는 의미이다. 斗(말두)는 앞서 설명한 대로 자루 달린 국자의 상형이다. 유달리 큰 국자에서 '우두머리, 으뜸'이라는 뜻이 뻗어 나온 것이다.

참고 傀(꼭두각시 괴: 人 - 2급) 愧(부끄러워 할 괴: 心 - 3급) 塊(흙덩이 괴: 土 - 3급) 槐(홰나무 괴: 木 - 2급) 蒐(꼭두서니 수: 艸 - 1급) 醜(추할 추: 酉 - 3급)

鬼 [귀신 귀] 鬼 - 총10획 / 3급

鬼神(귀신): 사람이 죽은 뒤에 남는다고 하는 넋. 예문 옛날이야기에 귀
신(鬼神)이 자주 등장한다.

雜鬼(잡귀): 정체를 알 수 없는 온갖 잡스러운 귀신. 예문 잡귀(雜鬼)를 쫓
아내다.

魁 [으뜸 괴] 鬼 - 총14획 / 1급

首魁(수괴): 나쁜 짓을 하는 무리의 우두머리. 예문 도적떼의 수괴(首魁)
를 사로잡다.

6장

어쩌다 승리하는 부수들

부수 간 대결에서
간혹 승리하는 부수들이다

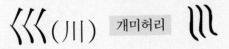

《《《 (川) 개미허리 川

3획

〈 《《 《《《

졸졸졸 흐르는 냇물의 상형이다. 단독으로도 자주 볼 수 있는 글자인 '내 천'이다. 글자 내에서 《《《모양으로 변형되는 경우가 종종 있는데, 모양 때문에 '개미허리'로 불린다.

글자 내에서 냇물 흐르듯 자연스럽다는 의미로 쓰인다. 흐름을 따른다는 의미인 順(순할 순)이 대표적이다. 부수로서 강한 편은 아닌데 巡(돌 순)에서 막강한 부수인 辶(책받침)을 물리친 것이 매우 이례적이다.

참고 順(순할 순: 頁) 馴(길들 순: 馬 - 1급) 訓(가르칠 훈: 言) 災(재앙 재: 火)

川 [내 천] 巛 - 총3획

山川(산천): 산과 내. 자연의 경치. 예문 고향 산천(山川)은 그대로구나.

河川(하천): 시내와 강. 예문 하천(河川)을 정비하다.

州 [고을 주] 巛 - 총6획

州知事(주지사): 미국 등 국가에서 주(州)의 행정 사무를 총괄하는 자치 단체장. 예문 캘리포니아 주지사(州知事).

雄州巨邑(웅주거읍): 땅이 넓고 산물이 많은 큰 고을. 예문 웅주거읍(雄州 巨邑)을 거점으로 하다.

巡 [돌 순] 巛 - 총7획 / 3급

巡察(순찰): 재해나 범죄를 예방하기 위해 돌아다니며 살피는 것. 예문 야간에 순찰(巡察)을 돌다.

巡廻(순회): 여러 곳을 차례로 돌아다니는 것. 예문 전국을 돌며 순회(巡 廻) 공연을 하다.

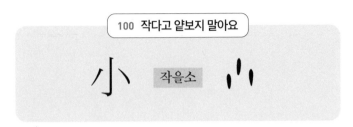

小 작을소 ⺌

3획

丿 小 小

작은 점 셋으로 '작다'라는 추상적인 의미를 표현하였다. 정확하게 어떤 의미인지는 명확하지 않다. 다른 글자 내에서 '크기가 작다' 혹은 '수가 적다'라는 뜻으로 작용한다.

부수로서의 힘은 미미한 편인데, 尖(뾰족할 첨)에서 大(큰대)를 상대로 승리한 점이 이채롭다.

참고 省(살필 성: 目) 劣(못할 렬: 力 - 3급) 肖(닮을 초: 肉 - 3급) 雀(참새 작: 隹 - 1급) 常(항상 상: 巾) 當(당할 당: 田)

· 소속 글자 ·

小 [작을 소] 小 - 총3획

小食(소식): 음식을 적게 먹음. [예문] 건강을 위해 소식(小食)하다.

小銃(소총): 혼자서 가지고 다니면서 사용할 수 있는 소형 화기. [예문] 소
총(小銃)을 어깨에 메다.

少 [적을 소] 小 - 총4획

少年(소년): 아주 어리지도 않고 완전히 자라지도 않은 남자 아이. [예문]
시골에서 소년(少年) 시절을 보내다.

些少(사소): 하잘것없이 작거나 적음. [예문] 사소(些少)한 문제에 집착하다.

尖 [뾰족할 첨] 小 - 총6획 / 3급

尖塔(첨탑): 뾰족한 탑. [예문] 첨탑(尖塔)이 하늘을 찌를 것 같다.

尖端(첨단): 물체의 뾰족한 끝. 맨 앞장. [예문] 과학기술이 첨단(尖端)을 달
리다.

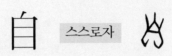

自 스스로자

<u>6획</u>

′ ′ ′ ′ ′ 自 自 自

    사람 코(nose)의 상형이다. 단독으로는 '자기, 스스로'라는 뜻으로 쓰인다. 하지만 다른 글자 내에서는 여전히 '코'의 의미로 작용하고 있다.

    소속 글자인 臭(냄새 취)는 自+犬(개 견)으로, 말 그대로 '개 코'라는 의미이다. 예나 지금이나 '냄새' 하면 개의 코가 떠오르는 건 매한가지인가 보다. 그 외 自(스스로자)가 포함된 글자로 息(숨쉴 식), 邊(가 변)도 있다. 息(숨쉴 식)은 심장, 가슴(心)에서 코(自)로 빠지는 '숨, 호흡'을 가리킨다. 邊(가 변)은 코(自)의 주변(旁)이라는 의미에서 '가쪽, 변두리'로 의미가 넓어진 것이다.

    부수 간 대결에서는 犬(개견)에게만 승리를 거두었다. 사실 犬(개견)은 犭(개견변)의 형태일 때 위력적이지 犬(개견) 형태일 때는 만만한 상대이다.

참고 息(숨쉴 식: 心) 邊(가 변: 辵) 嗅(맡을 후: 口 - 1급)

自 [스스로 자] 自 - 총6획

自由(자유): 남에게 얽매이거나 구속받지 않고 자기 마음대로 행동하는 일. 예문 자유(自由)에는 책임이 따른다.

自動(자동): 기계 등이 제 힘으로 움직임. 예문 자동(自動)으로 문이 열리다.

臭 [냄새 취] 自 - 총10획 / 3급

體臭(체취): 몸에서 나는 냄새. 예문 그 사람에게서 독특한 체취(體臭)가 난다.

惡臭(악취): 나쁜 냄새. 예문 음식물 쓰레기의 악취(惡臭)가 코를 찌른다.

102 고개를 숙이다

臣 신하신 臣

6획

一 丆 Ｆ 튼 튼 臣

크게 뜬 눈의 상형이다. 시선은 오른쪽 아래를 향해 있다. 참고로 目(눈목)은 정면을 향해 있다.

臣(신하신)은 글자 내에서 '눈'의 의미로 작용한다. 대표적인 예가 監(볼 감)으로, 동이(皿)에 담긴 물을 내려다보는 모습이다. 혹 사극에서 신하가 임금을 함부로 올려다보지 못하는 장면을 본 적이 있을 것이다. 그런 '눈'의 이미지에서 '신하'의 의미가 나타났다고 보면 되겠다.

부수 간 대결에서 주목할 글자로 臥(누울 와)를 들 수 있다. 강한 부수인 人(사람인)과의 대결에서 당당히 승리하였다.

참고 宦(벼슬 환: 宀 - 1급) 監(볼 감: 皿) 賢(어질 현: 貝) 堅(굳을 견: 土)

394

· 소속 글자 ·

臣 [신하 신] 臣 - 총6획

臣下(신하): 임금을 섬기어 벼슬하는 사람. 예문 신하(臣下)로서 도리를 다하다.

忠臣(충신): 충성스러운 신하. 예문 충신(忠臣)과 간신을 구분하다.

臥 [누울 와] 臣 - 총8획 / 3급

臥病(와병): 병으로 자리에 누움. 병을 앓고 있음. 예문 오랜 와병(臥病)으로 인해 몸이 야위다.

臥龍(와룡): 누워 있는 용. 예문 제갈량을 와룡(臥龍) 선생이라고도 부른다.

爪　손톱조　爪

4획

一 厂 爪 爪

　물건을 집어서 들어올리는 손의 상형이다. 단독으로 쓰일 때
는 '손톱'의 뜻을 나타낸다. 하지만 다른 글자 내에서는 '손으로 들
다, 잡다'의 의미로 널리 쓰인다.

　爪(손톱조)는 집어올리는 손이기 때문에 항상 글자의 상단에
만 위치한다. 글자 내에서 자주 볼 수 있지만, 부수 간 대결에서
밀리는 경우가 많아 소속 글자는 얼마 되지 않는다. 그중에서 爲
(할 위)는 코끼리(象)를 길들이는(爪) 모습을 표현한 글자이다.

　그 외 爪(손톱조)가 포함된 글자 중에서, 奚(종 해)는 사람(大)을
꼭두각시 인형처럼 실(糸)로 조종(爪)하는 모습이다. 그리고 受(받
을 수)는 손(爪)과 손(又)이 서로 주고받는 상황을 표현한 것이다.

참고 妥(온당할 타: 女 - 3급) 受(받을 수: 又) 奚(종 해: 大 - 3급) 舜
(순임금 순: 舛 - 2급) 靜(고요할 정: 靑) 印(도장 인: 卩) 乳(젖 유: 乙) 浮
(뜰 부: 水 - 3급) 孵(알깔 부: 子 - 1급) 愛(사랑할 애: 心)

· 소속 글자 ·

爲   [할 위] 爪 - 총12획

爲主(위주): 주되는 것으로 삼음. 예문 첨단산업 위주(爲主)의 경제.

爲始(위시): 여럿 중에서 어떤 대상을 첫번으로 삼음. 예문 대장을 위시
(爲始)하여 나아가다.

爭   [다툴 쟁] 爪 - 총8획

爭取(쟁취): 싸워서 빼앗아 가짐. 예문 자유를 쟁취(爭取)하다.

競爭(경쟁): 서로 앞서거나 이기려고 다툼. 예문 선의의 경쟁(競爭)을 하다.

勹 쌀포 勹

2획

丿 勹

사람이 팔로 껴안은 모양의 상형으로 '싸다'의 뜻을 나타낸다. 包(쌀 포)의 상단으로 '쌀포' 혹은 '쌀포몸'으로 불린다.

대체로 다른 글자를 둘러싸는 부수들은 강력한 편이다. □(큰입구), 匚(터진입구), 匚(터진에운담), 宀(민갓머리)의 경우를 보면 부수 간 대결에서 쉬이 밀리지 않음을 볼 수 있다.

하지만 勹(쌀포)는 전혀 아니다. 부수자가 아닌 글자를 둘러쌀 때에만 부수가 된다고 봐도 무방할 것 같다. 흥미로운 점은 宀(민갓머리)의 유일한 패배가 軍(군사 군)인데, 과거에는 윗부분이 勹(쌀포)의 형태에 가까웠다.

참고 芻(꼴 추: 艸 - 1급) 句(글귀 구: 口) 甸(경기 전: 田 - 2급) 旬(열흘 순: 日 - 3급)

包 [쌀 포] ╯ - 총5획

包含(포함): 속에 들어 있거나 함께 넣음. 예문 여러 가지 의미가 포함(包含)된 표현.

包圍(포위): 둘레를 에워쌈. 예문 적군의 포위(包圍)를 뚫고 필사적으로 탈출하다.

匍 [기어갈 포] ╯ - 총9획 / 1급

匍匐(포복): 배를 땅에 대고 기어감. 예문 군인들이 포복(匍匐)으로 철조망을 통과하다.

毋 　말무 　毋

4획

丨 匚 毋 毋

본래 母(어미 모)와 같은 글자이다. 두 점이 한 획으로 합해지며 의미도 '없다, 말다'로 바뀌었다. 부수로는 '말무'로 불린다.

참고로 母(어미 모)의 두 점은 엄마의 젖가슴을 표현한 것이다. 갑골문을 보면 두 점이 가로로 찍혀 있음을 볼 수 있다. 그리고 每(매양 매)는 머리에 장식을 단 어머니이다.

한편 毋(말무)와 비슷한 형태의 글자로 貫(꿸 관)이 있다. 貫(꿸 관)의 윗부분은 꿰미에 꿴 모양의 상형으로 毋(말무)와는 관련이 없다.

참고 貫(꿸 관: 貝 - 3급) 實(열매 실: 宀)

· 소속 글자 ·

母 [어미 모] 毋 - 총5획

母性(모성): 여성이 어머니로서 지니는 본능적인 성질. [예문] 모성(母性)을 존중하다.

母校(모교): 자기의 출신 학교. 자기가 졸업한 학교. [예문] 모교(母校)를 방문하다.

每 [매양 매] 毋 - 총7획

每日(매일): 그날그날. 하루하루. [예문] 매일(每日)밤 별을 헤다.

每年(매년): 해마다. 차례로 돌아오는 그해. [예문] 매년(每年) 새로운 다짐을 하다.

毒 [독 독] 毋 - 총9획

至毒(지독): 더할 나위 없이 독함. [예문] 지독(至毒)한 감기에 걸리다.

消毒(소독): 물건에 묻어 있는 병원균을 약품, 열, 빛 등으로 죽이는 일. [예문] 상처를 소독(消毒)하다.

采　분별할변　米

7획

一　丷　□　□　平　平　采

짐승 발톱의 상형이다. 발톱이 갈라져 있는 모양에서 '나누다, 분별하다'의 뜻이 나타났다고 한다. 다른 글자 속에서 '분별'의 의미로 작용한다.

예를 들어 審(살필 심)은 법정(宀)에서 밭(田)과 관련된 시비를 가리는(采) 광경으로 본다. 또 奧(속 오)는 두 손(廾/大)으로 더듬어 감별해야(采) 하는 깊숙한 공간(宀)을 가리킨다.

부수로서 采(분별할변)은 존재감이 미약하다. 사실상 소속된 글자가 釋(풀 석) 한 글자뿐이라 할 수 있다. 하지만 자세히 살펴보면 采(분별할변)이 포함되어 있는 글자는 매우 많다. 혹여 米(쌀미), 禾(벼화)와 혼동하지 않게 주의하기 바란다.

참고 番(갈마들 번: 田) 審(살필 심: 宀 - 3급) 悉(다 실: 心 - 1급) 奧 (속 오: 大 - 1급) 竊(훔칠 절: 穴 - 3급)

釋 [풀 석] 釆 - 총20획 / 3급

釋放(석방): 구속되어 있던 사람을 풀어주는 것. [예문] 죄인을 석방(釋放)하다.

解釋(해석): 말이나 글 등을 풀어서 설명하는 것. [예문] 외국어를 해석(解釋)하다.

疋 필필 $\mathcal{L}$

5획

一 丁 下 正 疋

　발의 상형이다. 다른 글자 내에서 '발'의 의미로 작용한다. 발을 대표하는 글자인 足(발 족)과 형제지간이라고 보면 되겠다. 하지만 인지도나 활용도 면에서 차이가 많이 난다.

　'필'이란 비단(帛)이나 말(馬)을 세는 단위이다. 그런데 과거에는 匹(필 필)과 疋(필 필)을 혼용하였다고 한다. 또한 匹(필 필)은 '짝, 배필'이라는 뜻도 갖고 있으므로, 부수로서 疋(필)을 '필필' 혹은 '짝필'이라 부른다.

> **참고** 胥(서로 서: 肉 - 1급) 楚(모형 초: 木 - 2급) 旋(돌 선: 方 - 3급)

疑 [의심할 의] 疋 - 총14획

疑心(의심): 확실히 알지 못하거나 믿지 못하여 이상하게 여기는 마음.
[예문] 의심(疑心)을 품다.

疑問(의문): 의심스러운 생각을 함, 또는 그런 문제나 사실. [예문] 마침내
의문(疑問)이 풀리다.

疏 [트일 소] 疋 - 총12획 / 3급

疏通(소통): 막히지 않고 잘 통함. [예문] 사람들 사이의 소통(疏通)이 원활
하다.

疏外(소외): 어떤 무리에서 꺼리며 따돌림. 주위에서 꺼려하며 멀리함.
[예문] 소외(疏外)된 이들을 돌보다.

音 소리음 畲

9획

一 亠 亠 立 产 产 音 音 音

言(말씀언)과 형제 부수이다. 본래 言(말씀언)에 점 하나 찍힌 형태인데 사뭇 달라졌다. 사람의 말 외에 각종 사물에서 나는 다양한 '소리'를 뜻한다. 부수로서 각종 음향과 관련된 글자들을 아우른다. 하지만 소속된 글자가 많은 편은 아니다. 부수 간 대결에서도 별다른 활약을 펼치지 못한다. 예를 들어 意(뜻 의)는 마음(心)의 소리(音)로 풀이할 수 있는데, 心(마음심)에게 밀리는 것이 어색하지 않다.

하지만 竟(다할 경), 章(글 장)의 경우는 이해하기 어렵다. 글자의 본래 의미와 무관하게 立(설립)에게 부수 자리를 내주었기 때문이다. 다소 어이없는 패배라 할 수 있겠다.

참고 暗(어두울 암: 日) 闇(닫힌문 암: 門 - 1급) 意(뜻 의: 心) 竟(다할 경: 立 - 3급) 章(글 장: 立)

音 [소리 음] 音 - 총9획

音聲(음성): 사람의 말소리나 목소리. 예문 나지막한 음성(音聲)으로 귓속말하다.

騷音(소음): 불쾌하고 시끄러운 소리. 예문 소음(騷音)에서 벗어나다.

響 [울림 향] 音 - 총22획 / 3급

音響(음향): 소리의 울림. 물체에서 나는 소리와 울림. 예문 실내에 음향(音響) 시설을 구비하다.

影響(영향): 어떤 사물의 작용이 다른 것에 미치어 반응이 생기거나 변화를 줌. 예문 한 사람의 선행이 주변 사람들에게도 좋은 영향(影響)을 끼치다.

立 　설립　 ⚘

5획

丶　亠　立　立　立

　　사람(大)이 땅(一) 위에 두 발을 딛고 서 있는 모습이다. 다른 글자 내에서 '서다, 일어서다'의 의미로 작용한다.

　　그런데 부수로서 영향력은 강한 편이 아니다. 부수 간 대결을 보면 翊(다음날 익), 翊(도울 익)에서 羽(깃우)에 밀린다. 그리고 靖(편안할 정)에서는 靑(푸를청)에도 밀리는데 靑(푸를청)이 포함된 글자 중에서 매우 드문 경우라 할 수 있다.

　　참고로 音(소리 음)과는 별개의 글자이다. 하지만 音(소리 음)의 윗부분이 立(설립)과 비슷하여 부수로서 다툼을 벌이곤 한다. 竟(다할 경), 章(글 장)이 대표적인 경우이다.

　　참고 位(자리 위: 人) 笠(삿갓 립: 竹 - 1급) 粒(알 립: 米 - 1급) 泣(울 읍: 水 - 3급) 翊(다음날 익: 羽 - 1급) 翊(도울 익: 羽 - 2급) 靖(편안할 정: 靑 - 1급) 妾(첩 첩: 女 - 3급)

· 소속 글자 ·

立 [설 립] 立 - 총5획

立場(입장): 처하여 있는 형편이나 사정. 예문 입장(立場)이 난처하다.

獨立(독립): 다른 것에 딸리거나 기대지 않음. 예문 경제적 독립(獨立).

競 [겨룰 경] 立 - 총20획

競爭(경쟁): 서로 앞서거나 이기려고 다툼. 예문 치열한 경쟁(競爭)을 뚫다.

競走(경주): 빨리 달리기를 겨루는 것. 예문 자동차 경주(競走).

端 [끝 단] 立 - 총14획

端正(단정): 모습이나 몸가짐이 흐트러진 데 없이 얌전하고 깔끔함. 예문
행동이 단정(端正)하다.

尖端(첨단): 물체의 뾰족한 끝. 맨 앞장. 예문 첨단(尖端)과학이 발달하다.

童 [아이 동] 立 - 총12획

童心(동심): 어린이의 마음. 예문 동심(童心)을 간직하다.

兒童(아동): 어린아이. 예문 아동(兒童)을 대상으로 한 작품.

章 [글 장] 立 - 총11획

文章(문장): 어떤 생각이나 느낌을 줄거리를 세워 글자로써 적어 나타낸
것. 예문 문장(文章)이 아름답다.

圖章(도장): 개인이나 단체의 이름을 새긴 물건. 예문 도장(圖章)을 찍다.

黑　　검을흑　　𩰊

12획

丨 冂 冂 冃 冂 𡆤 甲 里 里 黒 黑 黑

아래쪽 아궁이에서는 불(灬)을 때고 위쪽 굴뚝에는 검댕이 차는 상황을 표현하였다. 그을음, 검댕의 색깔에서 '검다'는 뜻을 나타낸다.

부수가 불화(灬)라고 생각하기 쉽지만 자체적인 부수이다. 火(불화)에서 독립한 것이다. 그만큼 '검다'는 의미로 묶을 글자가 예전에는 많았다는 이야기이다. 소속된 글자들의 공통점도 명확하다. 하지만 현재 사용되는 글자가 많지 않아 부수자인 것도 잊어버리기 쉽다. 부수 간 대결을 살펴보면 默(잠잠할 묵)에서 犬(개견)을 물리친 점이 눈에 띈다.

참고 墨(먹 묵: 土 - 3급)

410

黑　[검을 흑]　黑 - 총12획

黑白(흑백): 검은빛과 흰빛. 옳고 그름. 예문 흑백(黑白)을 가려내다.

漆黑(칠흑): 옻칠처럼 검고 광택이 있음, 또는 그런 빛깔. 예문 칠흑(漆黑)
같은 어둠.

黨　[무리 당]　黑 - 총20획

黨派(당파): 정치적 목적이나 주의, 주장, 이해를 같이하는 사람들이 뭉
쳐 이루어진 단체나 모임. 예문 여러 당파(黨派)로 나뉘다.

作黨(작당): 떼를 지음. 무리를 이룸. 예문 작당(作黨)하여 행패를 부리다.

點　[점 점]　黑 - 총17획

點檢(점검): 낱낱이 검사함. 예문 안전 점검(點檢)을 실시하다.

點燈(점등): 등에 불을 켬. 예문 가로등을 일제히 점등(點燈)하다.

默　[잠잠할 묵]　黑 - 총16획 / 3급

默念(묵념): 눈을 감고 말없이 마음속으로 빌거나 생각하는 것. 예문 순
국선열을 위해 묵념(默念)하다.

沈默(침묵): 아무 말 없이 잠잠히 있는 것. 예문 끝까지 침묵(沈默)을 지키다.

豆 콩두 효

7획

一 丆 冎 戸 豆 豆 豆

　그릇의 상형이다. 머리 부분이 큰 것이 특징이다. 주로 제사
에 사용되었으며 고기를 담았다고 한다. 글자 내에서 주로 '그릇'
특히 '제기(祭器)'의 뜻으로 쓰인다. 본래 콩(bean)과는 무관한 글
자였던 것이다.

　소속된 글자 중에서 豐(풍성할 풍)은 그릇(豆) 위에 음식이 풍
성하게 담긴 모습을 표현한 것이다. 頭(머리 두)도 꽤 흥미로운 글
자이다. 그릇(豆)의 머리 부분이 큰 것에 초점을 맞추었다. 頁(머리
혈)을 덧붙여 인체의 '머리'를 의미한다.

　참고 頭(머리 두: 頁) 短(짧을 단: 矢) 痘(천연두 두: 疒 - 1급) 登(오
를 등: 癶) 凱(즐길 개: 几 - 1급) 壹(한 일: 士 - 2급) 戱(희롱할 희: 戈 - 3
급) 鬪(싸움 투: 鬥) 樹(나무 수: 木)

· 소속 글자 ·

豆 [콩 두] 豆 - 총7획

豆腐(두부): 콩을 갈아 만든 음식의 한 가지. 예문 두부(豆腐)를 된장에 넣고 끓이다.

豆乳(두유): 콩을 이용해 만든 우유 같은 액체. 예문 두유(豆乳)를 마시다.

豐 [풍성할 풍] 豆 - 총13획

豐年(풍년): 농사가 잘된 해. 예문 풍년(豐年)이 들다.

豐盛(풍성): 넉넉하고 많음. 예문 추석상이 풍성(豐盛)하다.

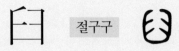

臼 절구 구 臼

6획

´ 「 ｢ 臼 臼 臼

　곡식을 찧는 도구인 절구의 상형이다. 그런데 臼(절구구)가 포
함된 글자를 살펴보면 정작 절구(臼)의 의미인 경우는 얼마 되지
않는다. 왜일까?

　臼(깍지낄 국). 이 글자를 유심히 보라. 臼(절구구)에서 하단이 끊
어진 형태인데 '두 손'의 상형이다. 일례로 與(줄 여)는 물건을 두 손
으로 든 모습이라 생각하면 된다. 擧(들 거), 譽(기릴 예), 輿(수레 여),
興(일 흥)도 마찬가지이다. 단독으로 쓰이지는 않지만, 절구(臼)에
숨어서 두 손을 부지런히 움직이고 있다고 생각하면 되겠다.

　臼(절구구)가 '절구'의 의미로 쓰인 글자로 毁(헐 훼), 舊(옛 구)
등을 꼽을 수 있다.

　참고　擧(들 거: 手) 譽(기릴 예: 言 - 3급) 輿(수레 여: 車 - 3급) 毁
(헐 훼: 殳 - 3급) 兒(아이 아: 儿)

· 소속 글자 ·

舊 [옛 구] 臼 - 총18획

舊習(구습): 예부터 내려오는 낡은 관습. 예문 구습(舊習)에 얽매이다.

新舊(신구): 새것과 헌것. 예문 신구(新舊) 조화를 이루다.

與 [줄 여] 臼 - 총14획

與否(여부): 그러함과 그러하지 아니함. 예문 가능 여부(與否)를 가늠해
보다.

寄與(기여): 남에게 이바지함. 예문 사회 안정에 기여(寄與)하다.

興 [일으킬 흥] 臼 - 총16획

興奮(흥분): 감정이 북받쳐 일어남. 예문 몹시 흥분(興奮)된 상태이다.

感興(감흥): 느끼어 일어나는 흥취. 예문 감흥(感興)에 젖어들다.

襾(西)　덮을아　

6획

一　丆　丙　襾　襾　襾

　　그릇 뚜껑의 상형이다. 다른 글자 속에서 '덮다'의 뜻으로 쓰인다. 그런데 襾형태인데도 모양만 비슷할 뿐 뚜껑이나 덮개와 상관이 없는 글자들이 많다.

　　사실상 賈(값 가)와 覆(뒤집힐 복) 두 글자에서만 본연의 의미를 나타낸다고 할 수 있다. 그 마저도 賈(값 가)에서는 막강한 부수인 貝(조개패)를 만나 패했다.

　　특히 西(서녘 서)는 본래 '새둥지'의 상형으로, 襾(덮을아)와 아무 관련이 없다. 하지만 모양이 비슷해 편의상 편입되었다. 이와 유사한 경우로 尹(다스릴 윤)의 부수가 尸(주검시), 舍(집 사)의 부수가 舌(혀설)인 것을 예로 들 수 있다.

　　참고 賈(값 가: 貝 - 2급) 票(표 표: 示) 栗(밤나무 률: 木 - 3급) 粟(조 속: 米 - 3급)

西 [서녘 서] 襾 - 총6획

西方(서방): 서쪽 방향. 서쪽 지방. 예문 서방(西方) 국가.

西山落日(서산낙일): 서산에 지는 해. 힘이나 형세가 기울어진 상황을 비유하는 말. 예문 적군의 형세가 서산낙일(西山落日)이다.

要 [구할 요] 襾 - 총9획

要求(요구): 필요한 것을 달라고 청함. 어떤 행위를 하도록 청하거나 구함. 예문 정당한 요구(要求)를 하다.

重要(중요): 소중하고 요긴함. 예문 매우 중요(重要)한 사안이다.

覆 [뒤집힐 복] 襾 - 총18획 / 3급

顚覆(전복): 배나 자동차 등이 뒤집어지는 것. 예문 사고로 여객선이 전복(顚覆)되다.

飜覆(번복): 이미 한 약속이나 결정을 고치거나 뒤바꾸는 것. 예문 심판이 판정을 번복(飜覆)하다.

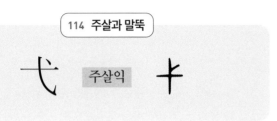

114 주살과 말뚝

弋 주살익 半

3획

一 弋 弋

　말뚝의 상형이다. 두 개의 나무가 교차되어 안정적으로 서 있게 만든 구조이다. 또한 '주살'의 상형이기도 하다. 주살이란 줄을 매어 쏘는 화살을 뜻한다. 그래서 弋(주살익)이 포함된 글자는, 때로는 '말뚝' 때로는 '주살'의 의미를 나타낸다.

　예를 들어 式(법 식)은 안정적인 말뚝(弋)에 규격에 맞는 공구(工)가 더해져 '본보기, 법'의 뜻을 나타낸다. 반면 鳶(솔개 연)은 주살(弋)의 의미에 새(鳥)가 더해져 실을 매어 하늘에 날리는 '연(kite)'을 의미한다.

　참고 代(대신할 대: 人) 貳(두 이: 貝 - 2급) 鳶(솔개 연: 鳥 - 1급) 武(굳셀 무: 止)

· 소속 글자 ·

式 [법 식] 弋 - 총6획

形式(형식): 겉모습. 격식이나 절차. [예문] 새로운 형식(形式)을 만들다.

儀式(의식): 일정한 격식을 갖추어 베푸는 행사. [예문] 혼인 의식(儀式)을 치르다.

弑 [죽일 시] 弋 - 총12획 / 1급

弑害(시해): 아랫사람이 윗사람을 죽이는 것을 일컫는 표현. [예문] 궁으로 난입한 반란군이 임금을 시해(弑害)하다.

至 이를지 ⚡

6획

一 て 云 至 至 至

화살이 과녁(一)에 꽂힌 모습이다. 矢(화살시)와 형제 부수라 할 수 있다. 至(이를지)는 글자 내에서 '이르다, 당도하다'의 뜻으로 쓰인다.

일례로 窒(막을 질)은 구멍(穴)에까지 이른(至) 상황으로 '꽉 차다, 막히다'의 뜻을 나타낸다. 또 臺(돈대 대)는 높은 곳(高)에서 시선이 사방에 이른다(至)는 의미로, 높이 쌓은 '대, 돈대'를 뜻한다.

하지만 부수로서 至(이를지)는 존재감이 미약한 편이다. 솔직히 부수 글자라는 사실도 잊어버리기 쉬운 부수라고 할 수 있다.

참고 室(집 실: 宀) 窒(막을 질: 穴 - 2급) 屋(집 옥: 尸) 桎(차꼬 질: 木 - 1급) 緻(밸 치: 糸 - 1급) 到(이를 도: 刀)

· 소속 글자 ·

至 [이를 지] 至 - 총6획

至極(지극): 어떠한 정도나 상태 등이 극도에 이르러 더할 나위 없음.
예문 정성이 지극(至極)하다.

自初至終(자초지종): 처음부터 끝까지의 과정. 예문 일의 자초지종(自初
至終)을 설명하다.

致 [보낼 치] 至 - 총10획

所致(소치): 무슨 까닭으로 빚어진 일. 예문 내 무지의 소치(所致)이다.

理致(이치): 사물의 정당한 조리. 도리에 맞는 근본 뜻. 예문 자연의 이치
(理致).

臺 [돈대 대] 至 - 총14획 / 3급

舞臺(무대): 공연을 하기 위해 관람석 앞에 마련한 자리. 예문 무대(舞臺)
에서 노래를 부르다.

燈臺(등대): 배들이 안전하게 다니도록 바닷가에 세워져 불빛 신호 등을
보내는 시설. 예문 바다에서 등대(燈臺)가 불을 밝히다.

116 도끼를 다루는 사람

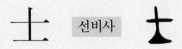

士 선비사

3획

一 十 士

　자루가 넓은 도끼의 상형이다. 이후에 '도끼를 다루는 남자' 혹은 '선비'의 뜻을 나타내게 된다. 때문에 士(선비사)는 글자 내에서 '남자'의 뜻으로 작용하기도 하고 '도끼'의 의미로 쓰이기도 한다. 예를 들어 壯(씩씩할 장)은 덩치가 크고 씩씩한 남자를 가리킨다. 吉(길할 길)은 도끼의 의미로 쓰인 경우이다.

　하지만 다른 글자가 士모양으로 변형된 경우가 많다. 그리고 소속된 글자 중에는 별다른 의미 없이 士형태가 엇비슷하다는 이유로 편입된 글자도 여럿이다. 크게 유의해서 볼 부수는 아니지만, 혹시라도 土(흙토)와 혼동하지 말자.

　참고 志(뜻 지: 心) 仕(벼슬할 사: 人) 賣(팔 매: 貝) 吉(길할 길: 口) 彭(성 팽: 彡 - 2급) 臺(돈대 대: 至 - 3급) 嘉(아름다울 가: 口 - 1급) 喜(기쁠 희: 口)

· 소속 글자 ·

士 [선비 사] 士 - 총3획

士官(사관): 병사를 거느리는 무관. 예문 당직 사관(士官)에게 신고하다.

軍士(군사): 군대에서 장교의 지휘를 받는 군인. 예문 군사(軍士)를 훈련하다.

壯 [씩씩할 장] 士 - 총7획

壯談(장담): 확신을 가지고 자신 있게 말함. 예문 성공을 장담(壯談)하다.

健壯(건장): 몸이 크고 굳셈. 예문 건장(健壯)한 청년으로 자라다.

壽 [목숨 수] 士 - 총14획 / 3급

壽命(수명): 사람이나 생물이 살아 있는 기간. 예문 과거에 비해 인간의 평균적인 수명(壽命)이 길어졌다.

長壽(장수): 오래 삶. 평균 수명을 넘어 오래 사는 것. 예문 어르신의 장수(長壽)를 기원하다.

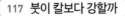
117 붓이 칼보다 강할까

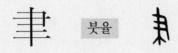

붓 율

6획

ㄱ ㄱ ㅋ ㅋ ㅋ 聿

손에 붓을 쥔 모습을 표현한 것이다. 다른 글자 내에서 '붓' 혹은 '글씨 쓰기'와 관련된 의미로 작용한다. 筆(붓 필)은 聿(붓율)에 竹(대죽)을 덧붙여 의미를 명확하게 한 글자이다.

書(글 서), 晝(낮 주)의 경우처럼 형태가 약간씩 변형되기도 한다. 알게 모르게 제법 많은 글자 속에 포함되어 있지만, 다른 부수와 맞부딪치면 그리 강한 힘을 발휘하지 못하는 편이다.

참고 筆(붓 필: 竹) 律(법 률: 彳) 津(나루 진: 水 - 2급) 建(세울 건: 廴) 書(글 서: 曰) 晝(낮 주: 曰) 畵(그림 화: 田)

肅 [엄숙할 숙] 聿 - 총13획

嚴肅(엄숙): 장엄하고 정숙함. [예문] 분위기가 엄숙(嚴肅)하다.

肅然(숙연): 고요하고 엄숙함. [예문] 숙연(肅然)하게 고개를 숙이다.

几 안석궤 几

2획

丿 几

다리가 뻗어 있는 책상의 상형이다. 또한 앉을 때 몸을 기대는 방석인 '안석(案席)'을 뜻하기도 한다. 부수로는 보통 '안석궤'로 불린다.

하지만 다른 글자 내에서 '책상, 안석'의 의미로 작용하는 경우는 매우 드물다. 几 형태의 여러 글자들을 묶기 위해 편의상 부수로 설정되었다고 봐야 할 것이다.

예를 들어 凡(무릇 범), 鳳(봉황새 황)의 경우 '책상, 안석'과 아무런 관련 없이 모양만으로 부수가 되었다.

참고 鳳(봉새 봉: 鳥 - 3급) 夙(일찍 숙: 夕 - 1급) 亢(목 항: 亠 - 2급) 處(살 처: 虍) 机(책상 궤: 木 - 1급) 肌(살 기: 肉 - 1급) 飢(주릴 기: 食 - 3급)

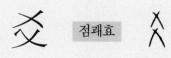

점괘효

4획

ノ メ メ 爻

물건을 엇갈리게 엮은 모양을 표현한 것이다. 단독으로는『주역』에서 점괘를 나타내는 '효'의 의미로 쓰여 '점괘효'로 불린다.

다른 글자 내에서 '만나다, 교차하다, 엇갈리다'의 뜻을 나타낸다. 學(배울 학), 教(가르칠 교)에서 이런 의미로 작용한다. 즉 가르치는 이와 배우는 이가 서로 만난다는 의미가 들어 있다고 할수 있다. 한편 소속 글자인 爽(시원할 상)에서 爻는 작은 틈에서 새어나오는 빛을 표현한 것이다. 大(큰대)를 상대로 거둔 승리로 인정해주자.

참고 學(배울 학: 子) 教(가르칠 교: 攴) 樊(울타리 번: 木 - 1급) 駁(얼룩말 박: 馬 - 1급) 希(바랄 희: 巾)

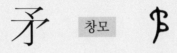

창모

5획

ㄱ ㄱ ㄱ 予 矛

긴 자루 끝에 날카로운 날이 달린 창의 상형이다. 다양한 종류의 창 중에서 특히 찌르는 기능이 강조된 창을 矛(모)라고 한다. 다른 글자 내에서 '창' 혹은 '찌르다'의 의미로 작용한다.

하지만 부수로서 눈에 띄게 활약하지는 못한다. 혹 비슷한 모양의 予(나 여)와 혼동할 수도 있으니 주의하기 바란다.

여담으로 『삼국지』에서 장비가 사용하는 무기가 矛(모)이다. 창끝이 똬리를 튼 뱀 모양이라 하여 사모(蛇矛)라고 한다.

참고 務(힘쓸 무: 力) 茅(띠 모: 艸 - 2급) 柔(부드러울 유: 木 - 3급)

夊 뒤져올치 夂

3획

丿 ク 夊

발의 상형이다. 발을 의미하는 止(그칠 지), 足(발 족), 疋(필 필)
등과 친척이라 할 수 있다. 단독으로는 뒤떨어져 온다는 의미이
지만 독립적인 쓰임은 없다. 부수로는 '뒤져올치'라 불린다.

하지만 부수로서도 실질적인 역할이 거의 없다. 글자의 상부
에 위치하여 '걷다, 이르다'라는 의미로 작용할 뿐이다.

뒤이어 등장하는 夂(천천히걸을쇠)와 함께 설명해야 할 글자이
기에 부득이 본 장에 배치하였음을 양해해주기 바란다.

참고 各(각각 각: 口) 冬(겨울 동: 冫) 降(내릴 강 / 항복할 항: 阜)

夊 천천히걸을쇠 ^ㅏ

3획

ノ ク 夊

夂(뒤져올치)와 같은 글자라고 생각하면 된다. 모양과 의미는 거의 같고 음만 다르다. 단독으로는 '천천히 걷다'라는 의미를 나타낸다. 부수로는 '천천히걸을쇠'로 불린다.

夂(뒤져올치)와 가장 큰 차이는 글자의 하단에만 위치한다는 점이다. 글자의 하단에서 '걷다' 혹은 '사람'의 의미로 작용한다.

소속 글자 중에는 夏(여름 하)가 단연 눈에 띈다. 夏(여름 하)의 상단은 頁(머리혈)로 나름 강력한 부수인데 승리를 거두었다. 다만 頁(머리혈)의 형태가 완전하지 않아 확실한 승리라고 하기에는 어려움이 있어 보인다.

참고 憂(근심할 우: 心 - 3급) 愛(사랑할 애: 心) 慶(경사 경: 心) 後 (뒤 후: 彳)

夏 　[여름 하] 夂 - 총10획

夏季(하계): 여름철. 예문 하계(夏季) 올림픽을 개최하다.

夏爐冬扇(하로동선): 여름의 화로와 겨울의 부채. 철에 맞지 않는 물건을
비유하는 말. 예문 하로동선(夏爐冬扇) 같은 존재.

여기서 잠깐!

夏(여름 하)에 대해서는 보충 설명이 필요할 것 같다. 夏(여름 하)의
옛 글자를 보면 꽤나 복잡한데, 이는 머리에 큰 탈을 쓰고 흥겹게 춤추는
모습이다. 고대의 여름 제사 풍습을 표현한 것이라고 한다.

7장

독음이 더 부각되는 부수들

부수로서 힘은 약하고 해당 글자의 독음에
강한 영향을 미치는 부수들이다

干 방패간 丫

<u>3획</u>

一 二 干

　끝이 Y자 모양으로 갈라진 방패의 상형이다. 하지만 글자 내에서 '방패'의 뜻으로 쓰이는 경우는 얼마 되지 않는다. 특히 글자의 우측에 위치할 때는 '간'이라는 독음이 두드러진다.

　또한 干(방패간)이 부수인 글자들을 살펴봐도 '방패'의 의미는 거의 드러나지 않는다. 平(평평할 평), 年(해 년), 幸(다행 행)의 경우처럼 단순히 모양이 비슷해 부수로 편입된 글자들이 대부분이다.

　참고　杆(나무이름 간: 木 - 2급) 肝(간장 간: 肉 - 3급) 刊(책펴낼 간: 刀 - 3급) 奸(범할 간: 女 - 1급) 旱(가물 한: 日 - 3급) 悍(사나울 한: 心 - 1급) 汗(땀 한: 水 - 3급) 竿(장대 간: 竹 - 1급) 軒(초헌 헌: 車 - 3급)

干 　[방패 간] 干 - 총3획

干涉(간섭): 남의 일에 참견함. 예문 다른 부서 업무에 간섭(干涉)하다.

干滿(간만): 밀물과 썰물. 예문 간만(干滿)의 차이가 심한 해안.

年 　[해 년] 干 - 총6획

年輩(연배): 서로 비슷한 나이. 나이가 서로 비슷한 사람. 예문 아버지 연

　배(年輩)의 어른.

年度(연도): 사무나 회계 등의 처리를 위하여 편의상 구분한 1년의 기간.

　예문 회계 연도(年度).

平 　[평평할 평] 干 - 총5획

平坦(평탄): 땅바닥이 평평함. 일이 순조로움. 예문 평탄(平坦)한 삶을 살다.

平常心(평상심): 보통 때와 같은 차분한 마음. 예문 평상심(平常心)을 잃

　지 않고 대처하다.

幸 　[다행 행] 干 - 총8획

幸福(행복): 모자라는 것이나 마음에 차지 않는 것이 없어 기쁘고 넉넉

　함. 예문 행복(幸福)을 추구하다.

多幸(다행): 뜻밖에 일이 잘되어 좋음. 예문 불행 중 다행(多幸)이다.

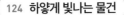
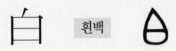

白 　흰백　 白

5획

′ 亅 亻 白 白

　　무엇의 상형인지 명확하지 않아 풀이에 의견이 다양한 글자이다. 자세한 설명은 생략하겠다. 수많은 글자 내에서 '하얗다, 빛나다'의 의미로 작용한다.

　　다양하게 활용되지만 부수 간 대결에서는 다른 부수에 쉽게 밀린다. 대신 포함된 글자의 독음에 '백'이나 '박' 등으로 영향을 미치는 경우가 흔하다.

　　참고 魄(넋 백: 鬼 - 1급) 伯(맏 백: 人 - 3급) 碧(푸를 벽: 石 - 3급) 拍(칠 박: 手) 泊(배댈 박: 水 - 3급) 箔(발 박: 竹 - 1급) 迫(닥칠 박: 辵 - 3급) 舶(큰배 박: 舟 - 2급) 帛(비단 백: 巾 - 1급) 習(익힐 습: 羽) 凰(봉황새 황: 几 - 1급)

· 소속 글자 ·

白 [흰 백] 白 - 총5획

白髮(백발): 하얗게 센 머리털. 예문 어느새 백발(白髮) 노인이 되다.

白眉(백미): 여러 사람이나 사물 중에서 가장 뛰어난 사람이나 사물.
예문 현대문학의 백미(白眉)이다.

百 [일백 백] 白 - 총6획

百果(백과): 온갖 과일. 예문 오곡과 백과(百果)가 무르익다.

百害無益(백해무익): 해롭기만 하고 조금도 이로울 것이 없음. 예문 담배
는 그야말로 백해무익(百害無益)이다.

的 [과녁 적] 白 - 총8획

的中(적중): 목표에 정확히 들어맞음. 예문 예측이 적중(的中)하다.

標的(표적): 목표로 삼는 물건. 예문 표적(標的)을 향해 활을 쏘다.

工 **장인공** 工

3획

一 丁 工

대장간에서 사용하는 공구의 상형이다. 하지만 구체적으로 무엇인지는 분명하지 않다. 끌이나 곱자의 상형이라고도 하고, 모루의 상형이라고도 한다. 모루란 불린 쇠를 올려놓고 두드릴 때 받침으로 쓰는 쇳덩이를 말한다.

글자 내에서 '장인, 일하다'의 뜻으로 널리 쓰인다. 쓰임새가 많은 글자이지만, 부수로서의 힘이 강하진 않다. 하지만 '공' 혹은 '강'이라는 독음으로 작용하는 경우는 쉽게 찾을 수 있다.

참고 項(목 항: 頁 - 3급) 功(공 공: 力) 貢(바칠 공: 貝 - 3급) 攻(칠 공: 攴) 江(강 강: 水) 肛(항문 항: 肉 - 1급) 鴻(큰기러기 홍: 鳥 - 3급) 紅(붉을 홍: 糸) 空(빌 공: 穴) 腔(빈속 강: 肉 - 1급) 虹(무지개 홍: 虫 - 1급) 矩(곱자 구: 矢 - 1급) 距(떨어질 거: 足 - 3급) 拒(막을 거: 手) 式(법 식: 弋)

· 소속 글자 ·

工 [장인 공] 工 - 총3획

工場(공장): 근로자가 기계 등을 사용해 물건을 가공, 제조 및 수리, 정비
하는 시설. 예문 공장(工場)을 가동하다.

工事(공사): 토목이나 건축 등에 관한 일. 예문 아파트 공사(工事)가 한창
이다.

巨 [클 거] 工 - 총5획

巨大(거대): 규모나 크기 등이 엄청나게 큼. 예문 거대(巨大)한 시장을 개
척하다.

巨創(거창): 사물의 모양이나 규모가 엄청나게 큼. 예문 계획이 거창(巨
創)하다.

左 [왼 좌] 工 - 총5획

左右(좌우): 왼쪽과 오른쪽. 예문 길을 건널 때 좌우(左右)를 살피다.

左翼(좌익): 왼쪽 날개. 급진적이고 개혁적인 입장의 당파. 예문 좌익(左
翼)의 의견을 반영하다.

差 [어긋날 차] 工 - 총10획

差異(차이): 서로 다름. 예문 문화의 차이(差異)를 이해하다.

偏差(편차): 표준이 되는 수치나 위치, 방향 등에서 벗어난 정도나 크기.
예문 편차(偏差)가 발생하다.

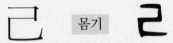

己 몸기 己

3획

ㄱ ㅋ 己

무엇의 상형인지 분명하지 않다. 대체로 굽어진 어떤 형태를 의미한다고 한다. 단독으로 쓰일 때 '자기 자신(self)'의 의미로 쓰인다. 때문에 보통 '몸기'라고 불린다.

己(몸기)가 포함된 글자는 적지 않지만, 己(몸기)가 그 글자의 부수일 거란 생각은 잘 들지 않는다. 대신 '기'라는 독음으로 존재감이 매우 강하다.

아울러 소속된 글자 중에서 已(이미 이), 巳(뱀 사), 巴(땅이름 파)는 모양이 비슷해 부수로 묶인 것이다. 본래 己(몸기)와는 아무 관련이 없다. 여러모로 베일에 가려진 글자이다.

참고 紀(실마리 기: 糸) 記(기록할 기: 言) 忌(꺼릴 기: 心 - 3급) 杞(나무이름 기: 木 - 1급) 起(일어날 기: 走) 配(짝지을 배: 酉) 妃(왕비 비: 女 - 3급) 改(고칠 개: 攴)

· 소속 글자 ·

己 [몸 기] 己 - 총3획

自己(자기): 그 사람 자신. 예문 자기(自己)보다 남을 먼저 생각하다.

利己的(이기적): 자기의 이익만 꾀하는. 예문 이기적(利己的)인 사람 곁에
는 진정한 친구가 없다.

已 [이미 이] 己 - 총3획 / 3급

已往(이왕): 이미 지나감. 이미 정해져 그렇게 됨. 예문 이왕(已往) 시작한
거 제대로 한번 해봐라.

已往之事(이왕지사): 이미 지나가버린 일. 예문 이왕지사(已往之事) 여기
까지 온 김에 구경이나 실컷 하고 가자.

巴 [땅이름 파] 己 - 총4획 / 1급

巴蜀(파촉): 현재 중국의 사천성 일대를 가리키는 말. 예문 유비가 파촉
(巴蜀) 지역을 기반으로 나라를 세우다.

巴豆(파두): 한약재의 일종. 주로 변비에 활용함. 예문 파두(巴豆)는 속이
냉한 환자에게 사용한다.

里 마을리 里

7획

丨 冂 冃 日 旦 甲 里

　　경작지를 뜻하는 田(밭 전)과 사당을 의미하는 土(흙 토)가 더해진 형태이다. 자전에서 里(마을리)는 7획으로, 세로획을 한 번에 쓰지만 본래는 田+土 로 나뉜 글자이다.

　　土(흙 토)는 본래 땅의 신에게 제사 지내려고 쌓은 흙더미이다. 정리하자면 농사지을 밭(田)과 주민들을 정신적으로 한데 묶는 사당(土)이 있는 곳이 '마을'인 것이다.

　　부수로서 里(마을리)는 눈에 잘 띄지 않는 편이다. 그런데 소속 글자 중에는 重(무거울 중), 量(헤아릴 량)처럼 의미와 무관하게 모양만으로 편입된 글자들도 제법 있다.

참고 俚(속될 리: 人 - 1급) 理(다스릴 리: 玉) 裏(속 리: 衣 - 3급) 埋(묻을 매: 土 - 3급) 童(아이 동: 立)

· 소속 글자 ·

里 [마을 리] 里 - 총7획

里程標(이정표): 도로, 선로 등의 길가에 거리를 적어 세운 푯말이나 표
적. 예문 이정표(里程標)를 확인하다.

洞里(동리): 마을. 지방 행정 구역인 동(洞)과 리(里). 예문 동리(洞里)의
주민들이 회관에 모이다.

量 [헤아릴 량] 里 - 총12획

容量(용량): 용기 안에 들어갈 수 있는 물건의 분량. 예문 1.8리터 용량
(容量)의 물병.

裁量(재량): 스스로 판단하여 처리함. 예문 교장의 재량(裁量)으로 허락
하다.

野 [들 야] 里 - 총11획

野生(야생): 동식물이 산이나 들에서 절로 나고 자람, 또는 그런 생물.
예문 야생(野生) 식물을 채취하다.

野望(야망): 크게 무엇을 이루어 보겠다는 희망. 예문 가슴에 야망(野望)
을 품다.

重 [무거울 중] 里 - 총9획

重量(중량): 무게. 무거운 무게. 예문 중량(重量)을 초과하다.

重疊(중첩): 거듭 겹쳐지거나 포개어짐. 예문 물체가 중첩(重疊)되어 보
이다.

生 날생 ✦

5획

丿 丄 生 生 生

초목이 땅 위로 자라나는 모양을 표현한 것이다. 글자 내에서 '생기다' 혹은 '살아 있다'는 의미로 분위기를 살려준다.

사실 새싹이 돋아나는 모습에서 유래한 글자는 生(날생) 외에도 여럿이다. 하지만 그 의미는 다들 제각각이다. 그중 生(날생)이 가장 파릇파릇 생기 있고 활기찬 의미를 나타낸다.

하지만 정작 부수로서 활약은 미미한 편이다. 분위기만 한껏 띄워놓고 주인공 자리는 양보한 것일까.

참고 牲(희생 생: 牛 - 1급) 姓(성 성: 女) 性(성품 성: 心) 星(별 성: 日)

生 [날 생] 生 - 총5획

生物(생물): 생명을 가지고 생활 현상을 영위하는 물체. 예문 생물(生物)
은 크게 동물과 식물로 분류된다.

生體(생체): 생물의 몸. 살아 있는 몸. 예문 생체(生體)를 관찰하다.

産 [낳을 산] 生 - 총11획

産苦(산고): 아이를 낳는 고통. 예문 산고(産苦) 끝에 아기를 품에 안다.

生産(생산): 인간 생활에 필요한 물건을 만듦. 예문 제품을 대량으로 생
산(生産)하다.

靑 푸를청 靑

8획

一 二 十 丰 丰 靑 靑 靑

풀이가 쉽지 않은 글자이다. 분명하게 말할 수 있는 것은 윗부분이 生(날생)의 변형이라는 것이다. 파릇파릇 푸르른 새싹(生)에서 '푸르다'의 의미가 나타났다고 보면 되겠다.

글자 내에서도 '푸름' 혹은 '순수함'의 의미로 작용한다. 아울러 해당 글자의 독음에도 강한 영향을 미친다. 하지만 부수 대결에서는 별다른 힘을 못 쓴다.

참고 淸(맑을 청: 水) 請(청할 청: 言) 情(뜻 정: 心) 精(쓿은쌀 정: 米) 睛(눈동자 정: 目 - 1급) 猜(샘할 시: 犬 - 1급)

靑 [푸를 청] 靑 - 총8획

靑春(청춘): 스물 살 안팎의 젊은 나이를 비유하는 말. 예문 청춘(靑春) 남녀.

靑出於藍(청출어람): 쪽에서 뽑아낸 물감이 쪽보다 더 푸르름을 이르는

말. 예문 제자가 스승보다 더 뛰어날 때 청출어람(靑出於藍)이라 한다.

靜 [고요할 정] 靑 - 총16획

靜寂(정적): 고요하고 잠잠함. 예문 집 안에 정적(靜寂)이 흐르다.

平靜(평정): 평안하고 고요함. 예문 마음의 평정(平靜)을 회복하다.

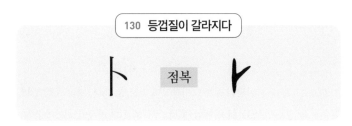

점복

2획

| ㅏ

고대에는 점을 칠 때 거북의 등딱지를 태웠다고 한다. 등딱지가 갈라진 금의 상형이 바로 卜(점복)이다. 때문에 卜(점복)은 글자 내에서 '점치다'의 뜻을 나타낸다. 그리고 금이 순식간에 쩍하고 갈라지듯 '갑작스럽다'의 의미도 지닌다.

'점치다'의 의미로 작용한 글자는 占(점칠 점)이 대표적이다. '갑작스럽다'는 의미는 사람의 죽음을 알리는 訃(부고 부)를 예로 들 수 있다.

부수로서 卜(점복)은 그리 강한 편이 아니며, 글자의 독음에 영향을 많이 미친다. 그리고 占(점칠 점)이 포함된 글자들도 독음에 강하게 작용한다.

참고 朴(나무껍질 박: 木) 訃(부고 부: 言 - 1급) 赴(다다를 부: 走 - 3급) 點(점 점: 黑) 店(가게 점: 广) 粘(끈끈할 점: 米 - 1급) 站(우두커니설

참: 立 - 1급) 帖(휘장 첩: 巾 - 1급) 貼(붙을 첩: 貝 - 1급) 貞(곧을 정: 貝 - 3급) 外(밖 외: 夕)

· 소속 글자 ·

占 [점칠 점] 卜 - 총5획

占卦(점괘): 길흉을 점쳐서 나온 괘. [예문] 길한 점괘(占卦)를 얻다.

占有(점유): 자기 소유로 차지함. [예문] 시장을 점유(占有)하다.

卦 [점괘 괘] 卜 - 총8획 / 1급

占卦(점괘): 앞날의 길흉을 점쳐서 나온 결과. [예문] 크게 길하다는 점괘 (占卦)가 나오다.

八卦(팔괘): 중국 상고시대에 지어졌다고 하는 여덟 가지 괘. [예문] 팔괘 (八卦) 중에서 네 개의 괘는 태극기에서 볼 수 있다.

風 바람풍 圓

9획

丿 几 凡 凡 凮 凮 凮 風 風

虫(벌레충)이 부수라고 생각하기 쉽지만 자체적인 부수이다. 虫(벌레충)은 벌레부터 용까지 다양한 동물을 아우르는 글자이다. 風(바람풍)에서는 용(龍)을 가리킨다. 비바람이 불면서 용이 승천하는 모습을 표현한 글자가 風(바람풍)이라고 보면 되겠다.

부수로서 다양한 종류의 바람들을 표현한다. 자전을 보면 '옛날엔 이렇게 바람을 세분했었나' 하는 생각이 들 것이다. 하지만 너무 전문적인 구분이라 일상적으로 사용하는 글자가 드물다. 그나마 颱(태풍 태) 정도가 현재도 사용하는 글자일 것이다.

참고 諷(욀 풍: 言 - 1급) 楓(단풍나무 풍: 木 - 3급)

· 소속 글자 ·

風 [바람 풍] 風 - 총9획

風向(풍향): 바람이 불어오는 방향. 예문 풍향(風向)을 관측하다.

風聞(풍문): 바람처럼 떠도는 소문. 예문 괴상한 풍문(風聞)이 나돌다.

颱 [태풍 태] 風 - 총14획 / 2급

颱風(태풍): 북태평양 서남부에서 발생해 아시아 동부에 큰비를 내리며
부는 매우 강한 바람. 예문 태풍(颱風)으로 가로수가 쓰러지다.

龍 용 룡 彖

16획

` ー ナ ヰ 立 产 产 产 产 产 产
首 龍 龍 龍 龍

　상상의 동물인 '용'의 상형이다. 부수로서 '용'과 관련된 글자
들을 아우르지만, 소속된 글자가 얼마 되지 않는다. 부수로서 활
약보다는 다른 글자 내에서 독음으로 영향을 미치는 경우가 더
많다.

　다만 龐(클 방)에서 유력한 부수인 广(엄호밑)을 상대로 거둔
승리는 의외이다. 龐(클 방)은 쉽게 접할 수 있는 글자는 아니지만,
높고 큰 집(广)을 용(龍)에 빗댄 글자이다. 하지만 宀(갓머리)에게
는 승리하지 못했다.

참고　寵(괼 총: 宀 - 1급) 籠(대그릇 롱: 竹 - 2급) 聾(귀머거리 롱:
耳 - 1급) 瓏(옥소리 롱: 玉 - 1급) 壟(언덕 농: 土 - 1급) 襲(엄습할 습: 衣 -
3급)

龍 **[용 룡]** 龍 - 총16획

龍頭蛇尾(용두사미): 용 머리에 뱀 꼬리. 시작은 거창하나 뒤로 갈수록 흐지부지해짐을 이르는 말. 예문 사업이 용두사미(龍頭蛇尾)가 되다.

畵龍點睛(화룡점정): 용을 그릴 때 마지막에 눈동자를 그려 완성함. 가장 요긴한 부분을 마치어 일을 끝냄을 이르는 말. 예문 작품의 화룡점정(畵龍點睛).

龐 **[클 방]** 龍 - 총19획 / 2급

龐統(방통): 인명. 『삼국지』 등장인물.

艮 머무를간 🔲

6획

ㄱ ㅋ ㅋ ㅌ ㅌ 艮

본래 사람의 눈(目)을 강조한 모습이었다고 한다. 비슷하게 눈을 부각시킨 글자로 見(볼 견)이 있다. 見(볼 견)은 원래 취지에 맞게 '보다'의 의미로 활용되고 있다. 그에 반해 艮(머무를간)은 눈(目)과 직접적인 연관을 찾기 어렵다.

다른 글자 내에서 '머무르다'라는 의미로 작용한다. 예를 들어 根(뿌리 근)은 나무(木)를 땅에 머물게(艮) 만든다는 의미이고, 限(한계 한)은 공간(阜)에 머물게(艮) 한다는 의미이다. 하지만 왜 '머무르다'란 뜻을 나타내게 되었는지 분명하지 않다.

부수로서 존재감은 아주 미약하다. 소속 글자인 良(어질 량)도 모양으로 엮인 경우에 해당한다. 다만 포함된 글자의 독음에는 꾸준하게 영향을 미친다.

眼(눈 안: 目) 限(한계 한: 阜) 根(뿌리 근: 木) 銀(은 은: 金) 痕

(흉터 흔: 疒 - 1급) 垠(땅끝 은: 土 - 2급) 恨(한할 한: 心) 懇(정성 간: 心 -

3급) 墾(개간할 간: 土 - 1급)

· 소속 글자 ·

良 [어질 량] 艮 - 총7획

優良(우량): 여럿 가운데서 뛰어나게 좋음. 예문 우량(優良) 품종을 선별
하다.

善良(선량): 착하고 어짊. 예문 선량(善良)한 성품을 지니다.

辰 **별진**
7획

一 厂 厂 厂 厍 辰 辰

조개껍데기의 상형이다. 과거 낫과 비슷한 용도의 농기구로 사용했다고 한다. 때문에 다른 글자 내에서 '조개'와 '농기구'의 의미가 혼재되어 쓰인다. 십이지 중에서 다섯째 지지이기도 하다. 또한 '별'이라는 의미도 지니고 있기 때문에 부수로는 보통 '별진'이라 불린다.

'농기구'의 의미로 쓰인 대표적인 글자가 農(농사 농)이다. 그리고 '조개'의 의미로 쓰인 글자가 蜃(조개 신), 脣(입술 순)이다. 脣(입술 순)은 사람의 입술을 조개 속살에 비유한 표현이다.

참고 晨(새벽 신: 日 - 3급) 震(벼락 진: 雨 - 3급) 蜃(조개 신: 虫 - 1급) 宸(집 신: 宀 - 1급) 脣(입술 순: 肉 - 3급)

辰 [별 진 / 때 신] 辰 - 총7획 / 3급

誕辰(탄신): 임금이나 성인이 태어난 날. [예문] 음력 4월 8일은 석가 탄신 (誕辰)이다.

壬辰倭亂(임진왜란): 1592년 왜군이 조선을 침략하여 일어난 전쟁. [예문] 충무공 이순신은 임진왜란(壬辰倭亂)의 영웅이다.

農 [농사 농] 辰 - 총13획

農事(농사): 논이나 밭에 곡류, 채소, 과일 등을 심어 가꾸는 일. [예문] 부 지런히 농사(農事)를 짓다.

農繁期(농번기): 모내기나 벼베기 등 농사일이 한창 바쁜 철. [예문] 농번 기(農繁期)에 일손이 부족하다.

長(镸) 길장

8획(7획)

丨 丆 丆 丆 丄 镸 镸 長

　　머리카락이 긴 사람의 상형으로 '길다'의 뜻을 나타낸다. 여기서 뻗어 나온 의미가 '어른, 우두머리, 자라다' 등 매우 다양하다. 그만큼 長(길장)은 쓰임새도 무척 많은 글자이다.

　　하지만 부수로서 쓰임은 드물다. 부수 간 대결에서 밀리는 경우가 대다수이다. 대신 포함된 글자의 독음에 강한 영향을 미친다. 아울러 '길다'라는 의미는 조용히 작용한다. 예를 들어 張(당길 장)은 활시위(弓)를 길게(長) 한다는 의미로 '당기다'의 뜻을 나타낸다.

　　참고 帳(휘장 장: 巾) 張(당길 장: 弓) 脹(배부를 창: 肉 - 1급) 套(덮개 투: 大 - 1급)

長   [길 장]   長 - 총8획

長壽(장수): 오래 삶. 평균적인 수명을 넘어 오래 사는 것. [예문] 건강하게
장수(長壽)를 누리는 것이 많은 이들의 소망이다.

延長(연장): 길이나 시간 등을 늘임. [예문] 대출 도서의 반납 기한을 연장
(延長)하다.

氏　각시씨

4획

一　匚　𠃜　氏

　　씨앗에서 뿌리와 싹이 튼 모습이다. 주로 '성씨'라는 뜻으로 쓰이고 있다. 글자 내에서 '근본'이라는 뜻으로 작용한다. 뿌리-조상-성씨로 의미가 이어진다고 이해해도 괜찮을 것 같다.

　　부수로는 보통 '각시씨'로 불린다. '각시'란 '아내, 부인'과 같은 말이다. 과거에 여성은 이름이 없고 친가의 성씨만 부르던 관습이 반영된 것으로 보인다. 이제 부수 명칭도 '성씨씨'라고 부르는 편이 낫지 않을까 한다.

　　부수로서 힘은 미약하다. 하지만 氏 아래에 가로획 더해진 氐(근본 저)의 형태로 글자의 독음에 많은 영향을 미친다. 여담으로 民(백성 민)은 氏(각시씨)와 단지 모양이 비슷하여 편입된 글자이다.

　　참고　紙(종이 지: 糸) 抵(거스를 저: 手 - 3급) 低(낮을 저: 人) 底(밑 저: 广) 昏(어두울 혼: 日 - 3급)

氏 [성씨 씨] 氏 - 총4획

氏族(씨족): 같은 조상에서 나온 일족. 예문 씨족(氏族)사회를 형성하다.

姓氏(성씨): 성(姓)의 높임말. 예문 두 사람의 성씨(姓氏)가 같다.

民 [백성 민] 氏 - 총5획

民草(민초): 백성을 강한 생명력을 가진 잡초에 비유하여 이르는 말.

예문 민초(民草)의 생활을 대변하다.

市民(시민): 시에 살고 있는 사람. 예문 서울 시민(市民)을 대표하다.

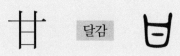

甘 달감 ㅂ

5획

一 十 卄 卄 甘

음식을 입(口)에 물고 있는 모습이다. '맛있다, 달다'의 의미를 나타낸다. 혹 글자 내에서 '물다, 끼워넣다'의 의미로 쓰이기도 한다.

사실 한자를 자주 접하는 사람이라도 '甘(달감)이 부수자였나?' 하는 경우가 많다. 그만큼 부수로서 존재감이 약한 글자이다. 글자 내에서 접하면 '감'이라는 독음이 먼저 연상되는 게 당연하다.

참고 柑(홍귤나무 감: 木 - 1급) 紺(감색 감: 糸 - 1급) 疳(감질 감: 疒 - 1급) 邯(땅이름 한: 邑 - 2급) 某(아무 모: 木 - 3급)

· 소속 글자 ·

甘 [달 감] 甘 - 총5획

甘味(감미): 단맛. 예문 목소리가 감미(甘味)롭다.

苦盡甘來(고진감래): 쓴 것이 다하면 단 것이 온다는 뜻. 고생 끝에 낙이
  옴을 이르는 말. 예문 옛말에 고진감래(苦盡甘來)라더니 이런 날도 오
  는구나!

舌 _{혜설}

6획

一 二 千 千 舌 舌

  쏙하고 입 밖으로 내민 혀의 상형이다. 그러고 보니 입(口)에서 내민 혀의 모습이, 마치 화분에서 자라는 식물 같아 보인다.

  부수로서는 연약한 편이다. 그런데 소속된 글자 중에 舍(집 사)가 눈에 띈다. 舍(집 사)는 집의 상형으로 '혀'와는 아무 관련이 없지만, 모양이 비슷해 편입되었다.

  그리고 소소하지만 흥미로운 부수 대결이 있다. 자주 보기 힘든 甜(달 첨)이란 글자이다. 좌우 바꿔 甛 형태로도 쓰는 특이한 글자인데, 부수 대결에서 甘(달감)이 舌(혀설)에 이겼다. 사람들이 주목하는 대결은 아니지만 나름 치열한 승부가 아니었을까 한다.

  참고 括(묶을 괄: 手 - 1급) 刮(깎을 괄: 刀 - 1급) 活(살 활: 水) 闊(넓을 활: 門 - 1급) 話(말할 화: 言) 憩(쉴 게: 心 - 2급)

舌 [혀 설] 舌 - 총6획

舌戰(설전): 말다툼. 예문 치열하게 설전(舌戰)을 벌이다.

舌診(설진): 혀의 상태를 보아서 병을 진단하는 일. 예문 설진(舌診)과 맥진.

舍 [집 사] 舌 - 총8획

官舍(관사): 관리가 살도록 관에서 지은 집. 예문 관사(官舍)에 머물다.

寄宿舍(기숙사): 학교나 회사 등에 딸려 학생이나 사원들이 함께 자고 먹

는 집. 예문 기숙사(寄宿舍) 생활을 하다.

非 아닐비 非

8획

丿 刁 刁 글 非 非 非 非

　　좌우로 벌어지는 날개의 상형이다. 단독으로는 '아니다'라는
부정의 의미로 쓰인다. 하지만 글자 내에서는 '벌어지다, 갈라지
다'는 뜻으로 널리 활용된다.

　　일례로 悲(슬플 비)는 마음(心)이 갈라지듯(非) 슬픈 심정을 표
현한 것이다. 이 외에 많은 글자 내에서 非(아닐비)는 '갈라지다'라
는 의미와 '비'라는 독음으로 영향을 미치고 있다. 비록 부수 대결
에서 승리하는 경우는 드물지만 말이다.

　　참고　悲(슬플 비: 心) 誹(헐뜯을 비: 言 - 1급) 翡(물총새 비: 羽 - 1
급) 蜚(바퀴 비: 虫 - 1급) 俳(광대 배: 人 - 2급) 徘(노닐 배: 彳 - 1급) 排
(밀칠 배: 手 - 3급) 輩(무리 배: 車 - 3급) 裴(옷치렁치렁할 배: 衣 - 2급)
罪(허물 죄: 网)

非 [아닐 비] 非 - 총8획

非番(비번): 당번이 아님. 또는 당번이 아닌 사람. 예문 오늘은 비번(非番)이
라 쉰다.

非一非再(비일비재): 한두 번이나 한둘이 아니고 많음. 예문 그런 일은 비
일비재(非一非再)하다.

140 글이 아닌 무늬로 말하다

文 글월문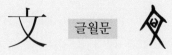

4획

丶 亠 ナ 文

사람 가슴에 무늬가 있는 모양의 상형이다. 팔 벌린 사람인 大(큰 대)와 비교해보면, 가슴을 강조한 형태임을 알 수 있다. 부수로서 갖가지 '문양'이나 '얼룩'과 관련된 글자들을 아우른다. '글, 글월'이라는 뜻은 나중에 생긴 것이다.

부수로 쓰임새는 그다지 많지 않지만, 다른 글자에 포함되어 자주 쓰인다. '무늬'라는 의미와 '문'이라는 독음으로 작용하면서 말이다.

참고 紋(무늬 문: 糸 - 3급) 紊(어지러울 문: 糸 - 2급) 蚊(모기 문: 虫 - 1급) 玟(옥돌 민: 玉 - 2급) 旻(하늘 민: 日 - 2급) 閔(위문할 민: 門 - 2급) 虔(정성 건: 虍 - 1급) 吝(아낄 린: 口 - 1급)

· 소속 글자 ·

文　[글월 문] 文 - 총4획

文獻(문헌): 학문 연구에 참고 자료가 될 만한 기록이나 책. 예문 여러 문
헌(文獻)을 참고하다.

論文(논문): 자신의 의견이나 주장을 논술한 글. 학술 연구의 결과를 체
계적으로 적은 글. 예문 박사 논문(論文)을 작성하다.

斑　[얼룩 반] 文 - 총12획 / 1급

斑點(반점): 피부에 생긴 얼룩얼룩한 점. 예문 등에 반점(斑點)이 여러 개
있다.

紫斑(자반): 피부 조직이나 점막 아래 출혈로 인해 나타나는 자줏빛 멍.
예문 부딪친 자리에 자반(紫斑)이 생기다.

支 지탱할지 支

4획

一 十 方 支

손(又)으로 가지 치는 모양을 표현하고 있다. 혹은 손(又)에 나뭇가지를 쥔 모양이다. 攴(칠복), 夊(몽둥이수)와 친척 부수라 할 수 있다. 그러고 보니 손을 뜻하는 又(또우)는 부수들 사이에서도 참 바쁘게 활동하는 것 같다.

支(지탱할지)는 글자 단독으로 지닌 의미가 매우 다양하다. 그 중에서 '지탱하다'는 의미가 선정되어 부수로는 '지탱할지'로 불린다. 하지만 부수로서의 승리는 찾기가 어렵다.

다른 글자 내에서 '가지' 혹은 '갈라지다'의 의미로 작용한다. 아울러 '지' 혹은 '기'라는 독음으로 해당 글자에 영향을 미치고 있음을 볼 수 있다.

참고 枝(가지 지: 木 - 3급) 肢(사지 지: 肉 - 1급) 岐(갈림길 기: 山 - 2급) 妓(기생 기: 女 - 1급) 技(재주 기: 手)

· 소속 글자 ·

支 [지탱할 지] 支 - 총4획

支撑(지탱): 오래 버티거나 배겨냄. [예문] 대들보가 가옥을 지탱(支撑)하고
　있다.

支持(지지): 버티거나 굄. 개인이나 단체의 의견, 정책 등에 찬동하여 원
　조함. [예문] 특정 후보를 지지(支持)하다.

黃 누를황

12획

一十卄卄芇芇芇苩苗黃黃

　허리에 패옥을 찬 사람의 상형이다. 패옥(佩玉)이란 허리에 차는 옥을 말한다. 그 빛깔이 황금빛이라 '누렇다'는 의미가 나타났다.

　黃(누를황)이 좌측에 위치한 글자는 반드시 黃(누를황) 부수이다. 다만 현재 쓰임새가 없는 글자들이 대부분이라 접하기 어렵다. 당연히 黃(누를황)이 부수 글자인 것도 잊기 쉽다.

　黃(누를황)은 글자 우측 편에 위치하면 부수 대결에서 힘이 약해진다. 橫(가로 횡)이 대표적인 예이다. 橫(가로 횡)은 본래 문을 닫기 위해 가로로 걸치는 나무(木)인 '가로대'나 '빗장'을 가리킨다. 허리에 가로로 찬 패옥(黃)을 문에 걸치는 '가로대'에 빗댄 것이다.

　참고　廣(넓을 광: 广) 橫(가로 횡: 木 - 3급)

黃 [누를 황] 黃 - 총12획

黃昏(황혼): 해가 지고 어둑어둑할 때, 또는 그때의 어스름한 빛. 예문 거리가 황혼(黃昏)에 물들다.

黃桃(황도): 과육이 노랗고 치밀한 복숭아의 한 품종. 예문 황도(黃桃)와 백도.

用 쓸용 用

5획

丿 刀 月 月 用

　어떤 물건의 상형인지 분명하지 않다. 물건을 담는 통(桶)이라고도 하고, 종(鐘)의 일종이라고도 한다. 분명한 것은 어떤 물건을 본뜬 것이든 '쓰다, 사용하다'는 의미는 쉽게 뽑아낼 수 있다는 점이다.

　부수로서 쓰임은 거의 없다고 봐도 무방하다. 그나마 소속된 글자들도 모양으로 엮인 경우가 대다수이다. 우선은 通(통할 통), 痛(아플 통)처럼 독음과 관련지어 이해하는 게 실리적일 듯하다.

참고 通(통할 통: 辶) 痛(아플 통: 疒) 桶(통 통: 木 - 1급) 踊(뛸 용: 足 - 1급) 誦(욀 송: 言 - 3급) 庸(쓸 용: 广 - 3급) 傭(품팔이 용: 人 - 2급)

用　[쓸 용] 用 - 총5획

用途(용도): 쓰이는 곳이나 쓰는 법. 예문 물건의 용도(用途)를 제대로 파악하다.

起用(기용): 능력 있는 사람을 중요한 자리에 뽑아 씀. 예문 신인선수를 기용(起用)하다.

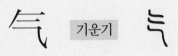

气 기운기 气

4획

丿 ᅡ 二 气

구름 혹은 상승 기류의 모습을 표현한 것이다. 글자 내에서 '수증기, 김, 숨'의 뜻으로 쓰인다. 소속된 글자 중 대표 격인 氣(기운 기)가 오롯이 그 의미를 나타내고 있다.

부수로서의 존재감은 매우 약하다. '기운'이라는 의미와 '기'라는 독음으로 몇몇 글자 내에서 조용히 작용한다.

참고 汽(김 기: 水) 愾(성낼 개: 心 - 1급)

· 소속 글자 ·

氣 [기운 기] 气 - 총10획

氣槪(기개): 어떤 어려움에도 굽히지 않는 강한 의지나 기상. [예문] 기개
(氣槪)가 높은 사람.

氣骨(기골): 기혈(氣血)과 골격. [예문] 기골(氣骨)이 장대하다.

여기서 잠깐!

气

　云(이를 운)은 부수자는 아니지만 氣(기운 기)를 이해하는 데 도움이
되는 글자이다. 云(이를 운)의 옛 글자를 보면 '구름이 뭉개뭉개 피어오르
는 모습'을 나타낸 것이다. 즉 云과 气는 그 뿌리가 같은 글자이다. 하지
만 현재 云은 '구름, 기운'이 아닌 '이르다, 운하다'의 뜻으로 쓰이고 있다.
즉 曰(가로 왈)과 비슷하게 어떤 문구나 말을 인용할 때 사용되는 글자인
것이다.

　대신 여기에 雨(비 우)가 덧붙은 雲(구름 운)이 구름(cloud)의 뜻을 독
차지하고 있다. 사실 한자 중에 이런 경우는 매우 많다. 일례로 번개의 모
양을 본뜬 글자는 본래 申(아홉째지지 신)이다. 하지만 현재 '번개, 벼락, 전
기'의 뜻으로 쓰이는 글자는 여기에 雨(비 우)가 덧붙은 電(번개 전)이다.

高 높을고 髙

10획

丶 亠 宀 宁 古 咼 高 高 高 高

　높은 지대에 있는 구조물의 상형이다. 부수가 亠(돼지해머리)도 아니고 口(입구)도 아닌 제부수 글자이다. 솔직히 말해 왜 굳이 부수로 설정했는지 이해하기 어렵다.

　부수로서는 아니지만 高(높을고)가 포함된 글자는 매우 많다. 주로 '고'라는 음으로 존재감을 나타내곤 한다.

참고 膏(살찔 고: 肉 - 1급) 稿(볏짚 고: 禾 - 3급) 鎬(호경 호: 金 - 2급) 嚆(울릴 효: 口 - 1급) 敲(두드릴 고: 攴 - 1급) 喬(높을 교: 口 - 1급)

高 [높을 고] 高 - 총10획

高見(고견): 훌륭하고 뛰어난 의견. [예문] 선생님의 고견(高見)을 모두가
경청하다.

高低(고저): 높낮이. 높고 낮음. [예문] 고저(高低)가 매우 심한 지형을 무사
히 지나다.

父 아비부

4획

ノ ハ グ 父

손에 도끼를 든 모양이다. 손도끼로 부지런히 일하시는 '아버지'의 모습을 표현한 것이다. 한때 매(枚)를 든 손의 상형이라 하여 '체벌하는 아버지'로 오해도 많이 받아왔다.

파생된 글자인 斧(도끼 부)를 보더라도 '도끼'로 이해하는 편이 옳다. 부수로서 힘도 매우 약해 무척 외로워 보인다. 가족을 위해 도끼질하느라 고생했는데, 위로는 못해 드리더라도 오해는 말았으면 한다.

참고 斧(도끼 부: 斤 - 1급) 釜(가마 부: 金 - 2급)

480

父 [아비 부] 父 - 총4획

父親(부친): 아버지의 높임말. 예문 부친(父親)께서는 평안하신지요?

父母(부모): 아버지와 어머니. 예문 나이가 들면서 부모(父母)님의 심정
을 조금씩 이해하게 되었다.

147 가죽이 갈라지다

韋 **다룸가죽위**

9획

ㄱ ㄅ ㅊ ㅊ ㅊ ㅊ ㅊ ㅊ 韋

　舛(어그러질천)과 형제 부수이다. 舛(어그러질천)은 각각 다른 방향을 향한 두 발인데, 韋(다룸가죽위)에서는 두 발이 위와 아래로 나뉜 모양을 하고 있다. 다른 글자 내에서 '에워싸다' 그리고 '갈라지다'의 뜻으로 작용한다.

　하지만 韋(위) 단독으로는 '무두질해서 부드러워진 가죽'을 뜻한다. 부수로서도 각종 가죽 제품과 관련된 글자들을 아우른다. 그런데 가죽 관련 전문용어가 대부분이라 韋(다룸가죽위)가 부수인 글자를 자주 접하기 어렵다. 반면 '위'라는 독음과 관련된 글자는 쉽게 찾아볼 수 있다.

　참고로 덧붙이자면 각종 가죽 제품을 나타내는 부수로 革(가죽혁)도 있다. 革(가죽혁)과 구별하기 위해 '다룸가죽'이라고 부른다고 봐도 되겠다.

圍(에울 위: 囗) 衛(지킬 위: 行) 緯(씨실 위: 糸 - 3급) 違(어길

위: 辵 - 3급) 偉(훌륭할 위: 人) 諱(꺼릴 휘: 言 - 1급)

· 소속 글자 ·

韓 **[나라이름 한]** 韋 - 총17획

大韓民國(대한민국): 우리나라의 국호. 예문 대한민국(大韓民國)은 민주

공화국이다.

韓半島(한반도): 현재 우리나라가 위치하고 있는 곳으로, 남한과 북한의

영토를 이루고 있는 반도. 예문 한반도(韓半島)는 중국과 일본 사이에

자리하고 있다.

皮 가죽피

5획

丿 厂 广 皮 皮

　손(又)으로 짐승 가죽 벗겨내는 모습을 표현한 것이다. 革(가죽혁), 韋(다룸가죽위)와 함께 '가죽' 부수 삼형제이다. 그런데 革(가죽혁)과 韋(다룸가죽위)는 주로 가죽을 이용해 만든 제품들의 부수로 작용한다. 반면 皮(가죽피)는 아직 살에 붙어 있는 '살가죽'과 관련된 글자들의 부수로 쓰인다.

　그래서 皮(가죽피)가 부수인 글자들은 의학용어인 경우가 많아 의서 외에는 접하기 어렵다. 하지만 많은 글자 내에서 독음인 '피'와 변형된 '파'가 강하게 작용한다.

　참고 被(입을 피: 衣 - 3급) 披(나눌 피: 手 - 1급) 疲(지칠 피: 疒) 彼(저 피: 彳 - 3급) 破(깨뜨릴 파: 石) 波(물결 파: 水) 婆(할미 파: 女 - 1급) 跛(절뚝거릴 파: 足 - 1급) 頗(치우칠 파: 頁 - 3급)

皮 [가죽 피] 皮 - 총5획 / 3급

皮膚(피부): 척추동물의 몸을 싸고 있는 조직. skin. 예문 피부(皮膚)는 신
체를 보호하고 체온을 조절하며 노폐물을 배출하는 등 다양한 역할을
한다.

鐵面皮(철면피): 쇠로 만든 낯가죽. 예문 철면피(鐵面皮)란 너무나 뻔뻔하
고 부끄러움을 모르는 사람을 가리키는 표현이다.

牙 엄니아 氜

4획

一 二 于 牙

　짐승의 엄니가 맞물리는 모양의 상형이다. 왼쪽 아래 삐친 획이 코끼리 상아(象牙)라고 생각하면 이해하기 쉽다. 다시 말하지만 '어금니'가 아닌 '엄니(tusk)'이다. 관용적으로 '어금니아'로 부르기도 한다. 하지만 입안 깊숙이 맷돌같이 있는 어금니가 삐죽 튀어나올 수는 없지 않는가.

　牙(엄니아)는 글자 내에서 '삐져나오다'의 의미로 작용한다. 예를 들어 芽(싹 아)는 싹(艹)이 땅에서 돋아난 것을 엄니(牙)가 삐져나온 모습에 빗댄 표현이다. 牙(엄니아)는 부수로 접하기는 어렵지만, 알아두면 꽤나 재미있는 글자이다.

　참고　芽(싹 아: 艸 - 3급) 訝(의아할 아: 言 - 1급) 雅(맑을 아: 隹 - 3급) 邪(간사할 사: 邑 - 3급) 穿(뚫을 천: 穴 - 1급)

爿 　장수장변　 爿

4획

｜ 丬 爿 爿

　긴 평상의 상형이다. 역시 평상의 상형인 片(조각 편)과 반대로 세워진 상태로 보면 되겠다. 將(장수 장)의 좌측 부분이라 하여 '장수장변'으로 불린다. 그런데 정작 將(장수 장)의 부수는 爿(장수장변)이 아니다.

　글자 내에서 '평상' 혹은 '길다'는 의미로 작용한다. 부수로 포함된 글자는 매우 적은 편이다. 하지만 '장'이라는 독음은 정말 강하게 작용한다. 한글 '뉘'와 비슷한 爿 형태만 보이면 독음이 '장'이나 '상'이라고 보면 되겠다. 예외인 글자는 寢(잠잘 침), 寤(깰 오), 寐(잠잘 매)이다. 혹시 공통점이 보이는가?

　참고　狀(형상 상 / 문서 장: 犬) 將(장수 장: 寸) 壯(씩씩할 장: 士) 寢(잠잘 침) 寤(깰 오: 宀 - 1급) 寐(잠잘 매: 宀 - 1급)

麻 삼마 麻

11획

丶 宀 广 广 庁 庁 庍 庥 庥 麻 麻

식물 삼을 뜻하는 글자이다. 줄기의 껍질은 여름에 시원하게 덮는 삼베를 짜는 데 사용한다. 부수가 广(엄호밑)도 아니고 木(나무목)도 아닌 제부수라는 게 뜻밖일 뿐이다.

주로 '마'라는 독음으로 여러 글자 내에서 역할을 한다고 보면 되겠다. 더불어 겉껍질이 잘 벗겨지는 삼의 특징이 글자의 의미 속에 조용히 들어 있다.

부수 간 대결에서는 약한 모습을 자주 보인다. 그런데 麾(대장기 휘)에서 手(손수)를 상대로 이긴 것이 가상하다. 毛(털모)가 아니라 휘어진 형태의 手(손수)이다. 다만 手(손수)가 온전한 상태인 摩(갈 마)에서는 패한다.

참고 磨(갈 마: 石 - 3급) 摩(갈 마: 手 - 2급) 魔(마귀 마: 鬼 - 2급) 痲(저릴 마: 疒 - 2급) 靡(쓰러질 미: 非 - 1급)

152 가지런해 보이다

齊 가지런할제 齊

___14획___

一 亠 亠 亣 亣 亣 亣 亣 亦 亦 亦
亦 亦 齊

 곡식의 이삭이 가지런히 자란 모양을 표현한 것이다. 그런데
막상 손으로 써보면 가지런하게 쓰기 쉽지 않은 글자이다.

 사실 부수라고 인식하기도 어려운 글자이다. 齋(재계할 재)
에서 막강한 부수인 示(보일시)를 이긴 게 처음이자 마지막 승리라
고 할 수 있다. 여담이지만 示(보일시)는 글자 좌측을 벗어나면 생
각만큼 그리 강하지 않다.

 참고 濟(건널 제: 水) 劑(약제 제: 刀 - 2급)

瓜　오이과　瓜

5획

一　厂　瓜　瓜　瓜

덩굴에 오이가 열린 모양의 상형이다. '오이' 혹은 '박'을 의미
한다. 흥부전에 등장하는 그 '박'이다. 또 박으로 만든 '표주박, 호
리병'을 뜻하기도 한다. 획수가 6획이라고 생각하기 쉬운데, 5획
이니 주의하기 바란다.

瓜(오이과)는 부수로서 오이나 박 비슷한 식물, 박으로 만든
물건과 관련된 글자들을 아우른다. 하지만 지금은 잘 쓰지 않는
물건들이라 생소한 글자들이 대부분이다. 대신 다른 글자 내에서
'박, 표주박, 호리병'의 의미로 작용한다. 예를 들어 狐(여우 호)는
여우의 모양을 잘록한 호리병에 빗댄 글자이다.

참고 孤(외로울 고: 子) 弧(활 호: 弓 - 1급) 狐(여우 호: 犬 - 1급) 呱
(울 고: 口 - 1급)

154 솥에 강하게 부딪치다

扇 **솥 력** 鬲

10획

一 一 一 一 一 鬲 鬲 鬲 鬲 鬲

　　다리가 셋인 솥의 상형이다. 鼎(솥 정)과 마찬가지로 다리 셋
인 솥을 나타내는 글자이다. 부수로서 여러 종류의 솥, 솥으로 찌
는 일과 관련된 글자들을 아우른다. 하지만 지금은 접할 수 있는
글자가 드물다.

　　여담이지만 부수 간 대결에서는 안타까움을 금하기 어렵다.
글자 내에서 맞붙는 부수들이 하나같이 막강한 부수들뿐이기 때
문이다.

　　참고 隔(막을 격: 阜 - 3급) 膈(흉격 격: 肉 - 1급) 獻(바칠 헌: 犬 - 3
급) 融(화할 융: 虫 - 2급)

谷 골곡 谷

7획

丿 八 公 公 公 谷 谷

　물이 양쪽으로 흐르는 골짜기의 상형이다. 부수로서 다양한 지형 그리고 계곡의 상태를 표현하는 글자들에 쓰인다. 하지만 지형에 관한 전문적인 설명이라 일상적인 쓰임은 많지 않다. 또한 골짜기는 물이 모이는 곳이므로 '담아내다, 받아들이다'의 의미로도 작용한다.

　부수로서 역할은 적어 보인다. 그래도 글자 내에서 숨은 의미와 독음에 지속적으로 영향을 미친다.

　참고 浴(목욕할 욕: 水) 欲(하고자할 욕: 欠 - 3급) 慾(욕심 욕: 心 - 3급) 俗(풍속 속: 人) 裕(넉넉할 유: 衣 - 3급) 容(얼굴 용: 宀)

玄 검을현 홍

5획

丶 一 亠 玄 玄

실의 상형으로 幺(작을요), 糸(실사)와 형제 부수이다. 미세한 실을 강조한 표현으로 '작고 멀다'는 의미이다. 다시 말해 '검다'보다는 '아득하다'에 가깝다고 할 수 있다. 검댕이의 검은 색깔을 가리키는 黑(검을 흑)과는 차이가 있다.

玄(검을현)은 다른 글자 내에서 '실'이나 '끈'의 의미로 작용한다. 그런데 포함된 글자들을 모아서 보면 '팽팽하게 당겨진 실'인 경우가 많다. 부수로서 활약은 미미하지만, 해당 글자의 의미와 독음에는 강하게 작용한다.

참고 弦(시위 현: 弓 - 2급) 絃(악기줄 현: 糸 - 3급) 牽(끌 견: 牛 - 3급) 眩(아찔할 현: 目 - 1급) 炫(빛날 현: 火 - 2급) 鉉(솥귀 현: 金 - 2급) 衒(팔 현: 行 - 1급) 畜(쌓을 축: 田 - 3급)

8장

거의 나 혼자 산다

**독립적인 글자로는 익숙하지만
부수로는 자주 접하지 않는 부수들이다**

鼻 코비 鼻

14획

´ ´ ⴹ ⴹ ⴹ 自 自 帛 帛 帛 畠

畠 鼻 鼻

본래 코(nose)의 모양을 본뜬 글자는 自(스스로 자)이다. 여기에 시루를 의미하는 畀(줄 비)가 더해져 鼻(코비)의 형태가 되었다.

畀(줄 비)는 받침대(丌) 위에 시루(田)를 얹은 모습이다. '시루'란 떡을 찔 때 사용하는 그릇으로 구멍이 뚫려 있는 것이 특징이다. 그래서 '시루에 물 붓기'란 말은 '밑 빠진 독에 물 붓기'와 같은 뜻으로 쓰인다. 정리하자면 본래 코를 뜻하는 自(자)에 시루(畀)가 덧붙은 글자가 鼻(코비)이다. 증기를 통과시키는 시루(畀)에 공기 필터 역할을 하는 코를 빗댄 것이다.

鼻(코비) 부수에 속한 글자들은 코와 밀접하게 관련되어 있다. 하지만 의학용어로 쓰일 뿐 일상적으로 접하기는 어렵다.

鼻　[코비] 鼻 - 총14획

鼻音(비음): 콧소리. 코가 막힌 듯이 내는 소리. 예문 비음(鼻音) 섞인 목소리.

耳目口鼻(이목구비): 귀, 눈, 입, 코. 얼굴의 생김새. 예문 이목구비(耳目口鼻)가 뚜렷하다.

身 몸신 身

7획

丿 ㇆ 冂 冇 身 身 身

　　임신한 여성을 옆에서 본 모습이다. 간혹 임신한 여성을 알파벳 P로 단순화해 표현한 것을 본 적이 있을 것이다. 身(몸신)의 시선은 P와 반대로 왼쪽을 향해 있다.

　　身(몸신)은 본래 '임신'의 의미였지만, 이후 '몸(body)'의 의미로 쓰이게 되었다. 다른 글자 내에서는 항상 좌측에 위치하며, 부수로서 '몸'을 의미하는 글자들을 아우른다.

　　여기서 눈여겨볼 글자가 射(쏠 사)이다. 우측의 寸(마디 촌)은 손을 의미한다. 그런데 좌측의 身은 활(弓)이 변형된 형태이다. 즉 射(쏠 사)는 손(寸)으로 활(弓) 쏘는 모습을 표현한 글자로 '몸'과는 무관하다고 하겠다.

　　참고　射(쏠 사: 寸)

身　[몸 신]　身 - 총7획

身體(신체): 사람의 몸. 예문 신체(身體)를 강하게 단련하다.

操身(조신): 몸가짐을 조심함. 예문 행동이 매우 조신(操身)하다.

軀　[몸 구]　身 - 총18획 / 1급

體軀(체구): 몸뚱이. 몸집. 예문 그는 작은 체구(體軀)에서도 엄청난 힘을
　낸다.

巨軀(거구): 큰 몸뚱이. 예문 거구(巨軀)의 선수가 경기장에 들어서다.

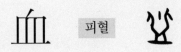

피혈

6획

′ 「 冖 帘 血 血

피를 그릇(皿)에 담은 모습을 표현한 것이다. 제사 의식과 관련이 있다고 한다. 글자 내에서 일관되게 '피, 혈액'의 의미로 작용한다.

그런데 衆(무리 중)에 등장하는 血은 의미가 분명하지 않다. 감시하는 눈(目) 혹은 뜨거운 해(日)가 변형된 것으로 보인다. 하단은 여러 사람을 의미하며, 무리지어 일하는 모습을 표현한 것이다. 참고로 聚(모일 취)의 하단과 동일하다.

참고 恤(구휼할 휼: 心 - 1급)

500

· 소속 글자 ·

血 [피 혈] 血 - 총6획

血液(혈액): 피. 동물의 혈관 속을 순환하는 체액. 예문 혈액(血液)을 검사하다.

血緣(혈연): 같은 핏줄로 이어진 인연. 예문 혈연(血緣)을 중시하다.

衆 [무리 중] 血 - 총12획

衆生(중생): 불교에서 부처의 구제 대상이 되는 이 세상의 모든 생물을 이르는 말. 예문 중생(衆生)을 구제하다.

大衆(대중): 신분의 구별 없이 한 사회의 대다수를 이루는 사람들. 예문 대중(大衆)의 사랑을 받다.

面 낯면 圓

9획

一 一 厂 丆 而 而 而 面 面

　사람의 눈(目) 주위에 윤곽을 더해 '얼굴'을 표현한 것이다. 얼굴의 주인공을 코(自)가 아닌 눈(目)으로 보았던 셈이다. 단독으로는 사람의 '얼굴, 낯'이라는 의미로 다양하게 활용되는 글자이다.

　부수로서는 얼굴과 관련된 여러 글자들을 아우른다. 하지만 현대에는 자주 접하는 글자가 드물다. 대부분 얼굴과 관련된 전문적인 의학용어라 할 수 있다.

面 [낯 면] 面 - 총9획

顔面(안면): 얼굴. 서로 얼굴을 아는 친분. 예문 서로 안면(顔面)이 있는
사이이다.

面接(면접): 직접 만나 봄. 면접시험의 준말. 예문 수시 전형을 위해 면접
(面接)을 보다.

首 머리수 首

9획

丶 丷 ⺍ ⺌ 产 首 首 首 首

　사람의 눈(目)과 그 위에 나 있는 머리털을 표현한 것이다. 사람의 '머리'를 뜻하며, 面(낯면)과 친척 글자이다. 역시나 얼굴의 주인공을 눈(目)으로 보고 있다. 단독으로는 '머리' 혹은 '우두머리'의 뜻으로 널리 쓰이는 글자이다.

　해당 부수는 아니지만 首(머리수)가 포함된 대표적인 글자로 道(길 도)가 있다. 길거리에 사람들의 머리(首)가 움직이고 있는 모습(辶)을 표현한 것이다.

　한번 등굣길 풍경을 머릿속에 떠올려보라. 멀리서 학생들이 한꺼번에 등교하는 모습을 보면 몸통과 다리는 다른 사람에 가려 안 보이고 머리만 움직이고 있을 것이다.

참고 道(길 도: 辶)

首 [머리 수] 首 - 총9획

首肯(수긍): 남의 주장이나 언행이 옳다고 인정함. 예문 수긍(首肯)이 가는 표정을 짓다.

首長(수장): 우두머리. 집단이나 단체를 통솔하는 사람. 예문 협회의 수장(首長)을 선출하다.

齒 이치

15획

ㅣ ㅏ ㅑ 쌰 쌰 쌰 쌰 쌰 쌰 쌰 쌰
쌰 쌰 齒 齒

발을 뜻하는 止(그칠 지)에 이빨의 상형이 더해진 형태이다. 齒(이치)의 아랫부분이 앞니라고 보면 되겠다. 이빨(齒)로 씹는 모습을 발(止)로 밟는 동작에 빗댄 것이다.

소속된 글자 중에 齷(작을 악)과 齪(작을 착)이 있다. 아마 생소한 글자일 텐데, 글자의 의미도 명확하게 밝혀지지 않은 글자들이다. 하지만 '정말 악착같다'라는 말은 익숙할 것이다. 齷(작을 악)과 齪(작을 착) 모두 '이가 잘다' 외에 별다른 뜻이 없는데, 비유하여 '마음이 좁고 작은 일에 얽매인다'는 의미로 활용되고 있다.

齒 [이 치] 齒 - 총15획

齒牙(치아): 이. 이빨. 예문 치아(齒牙)를 잘 관리하다.

蟲齒(충치): 벌레 먹어 상한 이. 예문 양치질을 잘해야 충치(蟲齒)가 안 생
긴다.

齡 [나이 령] 齒 - 총20획 / 1급

年齡(연령): 사람이나 동식물 등이 세상에 나 살아온 햇수. 출생 때부터
생존해온 기간. 예문 연령(年齡)은 나이와 같은 의미이다.

妙齡(묘령): 대략 스무 살 안팎의 여성의 나이. 예문 그때 어디선가 묘령
(妙齡)의 여인이 나타났다.

鬥鬥 싸울투

10획

丨 冂 冂 冂 冐 冐 冃 冄 冄 冄

　　두 사람이 싸우는 광경을 표현한 것이다. 갑골문을 보면 꼭 서로의 머리채를 붙잡으며 싸우고 있는 것처럼 보인다.

　　부수로서 각종 '싸움'과 관련된 글자들을 아우르지만 잘 쓰이지 않는다. 그냥 鬪(싸울 투)와 같은 글자 혹은 옛날 글자라고 생각하면 되겠다. 언뜻 보면 門(문 문: 8획)과 혼동할 수도 있으니 주의하기 바란다.

　　간혹 鬪(싸울 투)에서 鬥 부분을 싸우는 장소의 배경쯤으로 설명하는 자료도 있다. 이는 위에 있는 갑골문 자료를 확인하기 전의 학설을 인용한 것이다. 마냥 틀렸다고 하기보다는 '이렇게 생각했던 시절도 있었구나!' 하고 이해해주기 바란다.

· 소속 글자 ·

闘 [싸울 투] 鬥 - 총20획

戰闘(전투): 전쟁에서 이기기 위해 두 편의 군대가 병기를 써서 맞붙어
싸움. 예문 전투(戰闘)를 치르다.

健闘(건투): 씩씩하게 잘해나감. 씩씩하게 싸움. 예문 아군의 건투(健闘)
를 빌다.

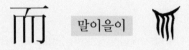

而 말이을이 ⟪

6획

一 丆 丆 而 而 而

   수염의 상형이다. 단독으로는 '그리고, 그러나'와 같은 접속사로 쓰인다. 하지만 글자 내에서는 '수염'의 의미로 작용한다.

   소속된 글자 중에 耐(견딜 내)가 있다. '인내심' 할 때 '내'이다. 耐(견딜 내)는 수염(而)을 손(寸)으로 자르는 상황을 표현한 글자이다. 그런데 왜 '견디다, 참다'라는 뜻일까?

   사실 耐(견딜 내)는 본래 '수염 깎는 형벌'을 뜻했다. 과거 수염을 길게 기르던 시절에 수염 잘리는 형벌은 큰 굴욕이었을 것이다. 하지만 이 보다 더 무서운 형벌도 얼마든지 있다. 때문에 이 정도 치욕은 '참고 견뎌야 된다'는 의미를 지니게 되었다.

참고 需(구할 수: 雨 - 3급)

而 [말이을 이] 而 - 총6획 / 3급

博而不精(박이부정): 널리 알지만 자세하지는 못함. 예문 박이부정(博而
不精)은 여기저기 얕은 지식만 쌓는 것을 경계하는 사자성어이다.

學而時習之 不亦說乎(학이시습지 불역열호): 배우고 때에 맞게 익히면 또
한 즐겁지 아니한가! 예문 『논어』의 첫 구절은 "학이시습지(學而時習
之)면 불역열호(不亦說乎)아!"라는 공자의 말씀이다.

毛 **털모**

4획

一 二 三 毛

    사람이나 짐승의 몸에 나 있는 털의 상형이다. 부수로서 털이나 털로 만든 물건과 관련된 글자들에 쓰인다. 소속된 글자들을 살펴보면 각종 의류 관련 전문용어들이 즐비하다. 하지만 현재 자주 활용되는 글자는 드문 편이다.

    毛(털모)가 포함된 글자 중에서 尾(꼬리 미)는 꽤 흥미로운 글자이다. 사람(尸)의 엉덩이 부분에 털(毛)을 붙여 '꼬리'를 빗대어 표현하고 있다.

참고 耗(줄 모: 耒 - 1급) 尾(꼬리 미: 尸 - 3급)

毛 [털 모] 毛 - 총4획

毛布(모포): 담요. 예문 모포(毛布)를 덮고 취침하다.

不毛地(불모지): 식물이 자라지 않는 거칠고 메마른 땅. 예문 불모지(不毛地)를 개간하다.

色 빛색

6획

ノ ク ク ク 刍 色

　자세한 풀이는 생략하겠다. 단독으로 '색깔' 혹은 '낯빛'의 의미로 정말 다양하게 활용된다. 성(性)과 관련된 표현에도 자주 쓰인다.

　부수로서 쓰임은 매우 드문 편인데, 소속된 글자 중에 艶(고울염)이 있다. 색(色)이 풍성하다(豊)는 의미로 풀이되며 '곱다, 요염하다'는 뜻을 나타낸다.

色 **[빛 색]** 色 - 총6획

才色(재색): 여자의 재주와 아름다운 용모. 예문 재색(才色)을 겸비하다.

具色(구색): 물건 등을 골고루 갖춤, 또는 그런 모양새. 예문 구색(具色)을
맞추다.

艶 **[고울 염]** 色 - 총19획 / 1급

妖艶(요염): 다른 사람의 마음을 호릴 만큼 매우 아리따움. 예문 요염(妖
艶)하다는 말은 섹시(sexy)하다와 비슷한 의미이다.

濃艶(농염): 한껏 무르익어 아름다움. 예문 그 배우는 농염(濃艶)한 매력
을 풍긴다.

赤 붉을적 金

7획

一 十 土 士 ナ ヂ 赤 赤

　화려한 불빛(火)을 받고 있는 사람(大)의 상형이다. '붉다'는 뜻을 나타낸다. 무대 위에서 스포트라이트 받으며 움직이는 가수나 배우를 상상하면 될 것 같다.

　부수로서 각종 '붉은빛'과 관련된 글자들에 포함되어 쓰인다. 하지만 자주 접할 수 있는 글자는 얼마 되지 않는다. 그중 赤(붉을적)이 덧붙은 형태의 赫(빛날 혁)이 있다. 화려함의 의미가 배가된 글자라 할 수 있는데, 남성의 이름에 흔히 사용된다.

· 소속 글자 ·

赤 [붉을 적] 赤 - 총7획

赤色(적색): 붉은빛. 빨강. [예문] 적색(赤色) 경보를 발령하다.

赤裸裸(적나라): 발가벗은 상태라는 뜻. 있는 그대로 다 드러나 숨김이 없음. [예문] 내막이 적나라(赤裸裸)하게 드러나다.

赦 [용서할 사] 赤 - 총11획 / 2급

赦免(사면): 죄를 용서하고 형벌을 면제함. 범죄인에 대한 형벌권을 소멸시키는 것. [예문] 사면(赦免)은 국가원수의 고유권한이다.

大赦令(대사령): 범죄자들에게 널리 사면을 베푸는 국가 원수의 명령. [예문] 고대에는 새로운 황제가 등극하면 천하에 대사령(大赦令)을 내리는 경우가 흔했다.

比 견줄비 **ᎧᎧ**

4획

一　上　上　比

　　두 사람이 나란히 늘어선 모양을 표현한 것이다. 사람의 상
형인 匕(비수비)가 둘이라고 보면 되겠다. 匕(비수비)가 부수일 법
도 한데 독립해서 자체적인 부수이다.

　　北(북녘 북)과 비교해서 보면 재밌다. 比(견줄비)가 같은 방향
을 보는 두 사람인데 반해 北(북녘 북)은 서로 등진 모습이다. 두
글자 모두 같은 공간에 머물러 있는 두 사람인데, 시선에 따라 이
렇게 분위기가 달라지는 것이다.

참고 皆(모두 개: 白 - 3급) 鼠(말 곤: 日 - 1급)

· 소속 글자 ·

比 [견줄 비] 比 - 총4획

比較(비교): 둘 이상의 사물을 서로 견주어 봄. 예문 꼼꼼히 비교(比較)해
보고 고르다.

比肩(비견): 어깨를 나란히 함. 낫고 못함이 없이 서로 비슷함. 예문 전문
가와 비견(比肩)할 만한 실력.

여기서 잠깐!

比(견줄 비)와 從(좇을 종)을 한번 자세히 비교해서 살펴보자. 두 글
자 사이에 어떤 공통점이 보이는가? 아마도 대부분의 독자들에게는 서
로 아무런 관련이 없는 글자들로 보일 것이다.

그런데 從(좇을 종)의 옛 글자는 人(사람 인)이 나란히 있는 从 형태
였다. 즉 比(견줄 비)와 구조가 똑같았던 셈이다. 차이가 있다면 匕(비수
비)와 比(견줄 비)는 오른쪽, 人(사람 인)과 从(좇을 종)은 왼쪽을 보고 있다
는 점뿐이다. 때문에 과거에는 서로 뒤섞여서 사용되기도 했다. 그러다
언제부터인가 比는 '견주다, 비교하다'의 의미로 정착되고, 从은 '따르다,
좇다'의 의미로 정착되었다. 여기에 움직임을 의미하는 彳(두인변)과 止
(그칠 지)가 더해져 오늘날의 從(좇을 종) 형태로 자리 잡은 것이다.

飛 날비 飛

9획

ㄟ ㄟ ㄟ ㄟ 飞 飞 飛 飛 飛

　새가 날갯짓하며 나는 모양을 표현하고 있다. '날다'의 뜻을 나타낸다. 날갯짓과 관련 있는 羽(깃우), 非(아닐비)와 친척 부수이다. 그중에서 단연 飛(날비)가 가장 요란스러워 보인다.

　부수로서 활약은 거의 없지만, 글자 단독으로 쓰임새는 많다. 『삼국지』에 등장하는 인물인 '장비(張飛)'의 이름이기도 하다.

　여담으로 장비에 대해 조금만 더 이야기해보겠다. 장비는 장판파 전투에서 활약한 것으로 유명한 맹장이다. 조조가 이끄는 대군 앞에서도 전혀 주눅 들지 않은 채 손에 창을 쥐고서 "내가 바로 장익덕(張翼德)이다. 죽기 살기로 한판 붙어보자!"며 눈을 부릅뜬 바 있다.

　여기서 익덕(翼德)은 장비의 자(字)이다. 자(字)란 이름 대신 부르는 별칭으로, 조운의 자는 자룡(子龍), 제갈량의 자는 공명(孔

明)이다. 그런데 날개, 날갯짓을 뜻하는 翼(날개 익)이란 글자가 장비의 이름인 飛(날 비)와 묘하게 어울리는 것 같다.

·소속 글자 ·

飛 [날 비] 飛 - 총9획

飛行(비행): 하늘을 날아다님. 예문 확인되지 않은 비행(飛行) 물체를 발견하다.

雄飛(웅비): 힘차고 씩씩하게 뻗어 나아감. 예문 우리나라 벤처기업들이 전 세계로 웅비(雄飛)하다.

香 향기향 𩵋

9획

一 二 千 千 禾 禾 香 香 香

　黍(기장 서)와 甘(달 감)이 더해진 형태이다. 모양이 상당히 간략해졌다. 기장으로 담근 술에서 나는 '향기'를 의미한다. 黍(기장 서)에 대한 보다 자세한 풀이는 본문 524쪽을 보면 되겠다.

　부수로서 '향기'와 관련된 글자들을 아우르지만, 일상적으로 볼 수 있는 글자는 드물다. 그중에서 馨(향기로울 형)은 향기를 소리(聲)에 빗대 멀리까지 퍼짐을 표현한 글자이다. 자주 사용하는 글자는 아니고 간혹 이름에서 볼 수 있다.

香 [향기 향] 香 - 총9획

香氣(향기): 꽃이나 향 등에서 나는 기분 좋은 냄새. 예문 아카시아 향기
(香氣)를 맡다.

蘭香(난향): 난초의 향기. 예문 난향(蘭香)이 실내에 그윽하다.

黍 기장서 黍

12획

一 二 千 千 禾 禾 禾 禾 黍 黍 黍 黍

禾(벼 화)와 水(물 수)가 더해진 형태이다. 그런데 여기서 물(氺)은 기실 술(酒)을 가리킨다고 볼 수 있겠다. 과거 술 담그는 재료로 널리 쓰였던 곡식인 '기장'을 의미한다.

부수로서 '기장' 혹은 기장의 특징인 '찰기'의 의미로 작용한다. 일례로 黏(찰질 점)이 있다. 끈적끈적하게 달라붙는 성질을 점성(粘性)이라고 하는데, 黏(찰질 점)과 粘(끈끈할 점) 두 글자 모두 이 의미이다. 현재는 粘(끈끈할 점)만 쓰이고 黏(찰질 점)은 좀처럼 보기 힘들어졌다.

鼎　솥정

13획

丨　冂　冎　且　目　旻　旻　鼎　鼎　鼎　鼎

鼎　鼎

　　세발솥의 상형이다. 마찬가지로 솥의 상형인 鬲(솥력)도 발이 셋이다. 과거 다양한 종류의 솥 중에서 두 글자가 지금까지 남은 것이리라. 『삼국지』에서도 "천하가 솥발처럼 나뉘다(鼎足天下)"라는 표현이 자주 등장한다. 즉 '솥발' 하면 셋인 게 상식이었던 것이다.

　　鼎(솥정)은 단독으로 용례는 다양하지만 부수로서 쓰임은 거의 없다. 대신 다른 글자 내에서 貝모양으로 단순화되어 쓰이는 경우가 많다. 때문에 종종 貝(조개패)로 오해받기도 한다.

　　참고 員(수효 원: 口) 則(법칙 칙: 刀) 貞(곧을 정: 貝 - 3급) 具(갖출 구: 八) 算(셀 산: 竹)

鼠　　쥐서　　𩁺

13획

˥ 𠃋 𠃌 F Fı Fᄏ 曰 臼 臼 臼 臼 鼠 鼠

鼠 鼠

　　쥐의 상형이다. 오른편 하단에 긴 꼬리가 보인다. 부수로서 갖가지 종류의 쥐와 그 비슷한 동물들을 아우른다. 두더지, 족제비, 담비, 날다람쥐 등이 포함된다.

　　하지만 현대의 우리가 일상적으로 볼 수 있는 짐승은 드물다. 그래서 해당 글자들도 좀처럼 접하기 어려운 편이다.

거북귀

16획

ノ ア ア 户 户 户 甪 甪 龟 龟 龟 龟
龜 龜 龜 龜 龜

파충류인 거북의 상형이다. 왼편 아래쪽에 엉금엉금 기어가는 거북의 발이 보인다. 독음은 '구' 혹은 '귀'이다. 간혹 '균'으로 읽을 때는 등껍질처럼 갈라진다는 의미이다. 용례로 균열(龜裂)이 대표적이다.

글자 단독으로는 용례가 많지만, 부수로서 다른 글자 내에서 작용하는 경우는 드물다.

鼓 북고 鼓

13획

一 十 士 吉 吉 吉 吉 吉 壴 壴 鼓 鼓 鼓

손에 북채를 들고(支) 북(壴) 치는 모습을 표현한 것이다. 각종 북이나 북 치는 행위와 관련 글자에 부수로 쓰인다. 하지만 일반적으로 접할 수 있는 글자는 드물다.

좌측의 壴(악기이름 주)는 본래 북의 상형으로, 다른 글자 내에서 '북'으로 작용한다. 예를 들어 彭(북소리 방)은 북이 울리는 진동을 시각적으로 표현한 글자이다. 또 喜(기쁠 희)는 북(壴) 치고 노래(口) 부르는 상황으로 '기쁘다'의 뜻을 나타낸다. 역시 분위기를 한껏 고취(鼓吹)시키는 데에는 북(鼓)이 제격인 것 같다.

참고 喜(기쁠 희: 口) 彭(북소리 방: 彡 - 2급)

9장

재야의 고수들

**부수로서 쓰임새는 적지만
부수 간 대결이 펼쳐지면 강력한 부수들이다**

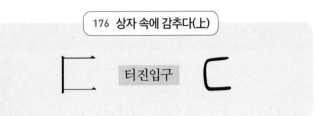

176 상자 속에 감추다(上)

터진입구

<u>2획</u>

　네모난 상자의 상형이다. 단독으로 쓰일 때는 '상자 방'이다. 하지만 부수로는 큰입구(口)에서 우측이 터진 모양이라 하여 '터진입구'로 흔히 불린다.

　좌측 하단이 각진 형태인데, 비슷한 모양이지만 살짝 곡선이 있는 匸(터진에운담)과 헷갈린다. 두 글자 모두 글자 전체를 둘러싸면 큰입구(口)처럼 부수로서 매우 강력한 편에 속한다.

　匚(상자 방)은 우리가 일상적으로 접하는 구조의 모양을 표현한 것이다. 책장, 수납장 등 물건을 수납하는 가구들의 모양을 단순화한 것으로 보면 된다. 가구이니 모서리가 날카롭게 각진 것이다.

　참고　櫃(함 궤: 木 - 1급) 柩(널 구: 木 - 1급)

匠　[장인 장] 匚 - 총6획 / 1급

匠人(장인): 손으로 물건 만드는 일을 업으로 하는 사람. 예문 도자기에는 장인(匠人)의 혼이 담겨 있다.

巨匠(거장): 예술이나 과학 등 어떤 분야에서 그 기능이나 능력이 매우 뛰어난 사람. 예문 예술계의 거장(巨匠)으로 존경받는 인물.

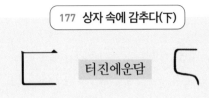

177 상자 속에 감추다(下)

터진에운담

2획

一 匚

물건을 넣고(ㄴ) 뚜껑을 덮는다(一)는 의미를 표현한 것이다. 단독으로 쓰일 때는 '감출 혜'이지만 접하기 어렵다. 참고로 囗(큰입구)를 '에운담'이라고도 하는데, 우측이 터진 모양이라 하여 匚(감출 혜)를 '터진에운담'이라 부른다.

결국 匚(터진입구), 匚(터진에운담) 모두 囗(큰입구/에운담)에서 파생된 이름들이다. 정리해보면 匚(터진입구)와 구별하기 위해 匚(터진에운담)이라고 억지스레 이름 붙였다고 밖에 볼 수 없다.

匚(상자 방)이 상자나 수납장이라면, 匚(감출 혜)는 물건을 속에 넣고 가리는 동작이라 할 수 있다. 그렇지만 막상 소속 글자들을 섞어놓고 분류하라고 하면 누구라도 헷갈린다. 모양, 부수이름 그리고 의미까지 혼동의 연속이다.

참고 嘔(토할 구: 口 - 1급) 軀(몸 구: 身 - 1급) 驅(몰 구: 馬 - 3급) 樞(지도리 추 - 1급)

· 소속 글자 ·

品 　[지경 구]　匚 - 총11획

區分(구분): 일정한 기준에 따라 갈라서 나눔. 예문 공(公)과 사(私)를 구분(區分)하다.

區域(구역): 갈라놓은 지역. 예문 출입이 통제된 구역(區域).

匿 　[숨을 닉]　匚 - 총11획 / 1급

匿名(익명): 이름을 숨김. 예문 자선단체에 익명(匿名)으로 거액을 기부하다.

隱匿(은닉): 범인이나 다른 사람의 물건 등을 몰래 감추어 둠. 예문 범죄자를 은닉(隱匿)하는 것도 범죄이다.

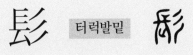

터럭발밑

10획

｜ 「 ㄤ 乕 乕 髟 髟 髟 髟 髟

　길다는 의미의 長(길 장)과 머리카락의 상형인 彡(터럭 삼)이 더해진 형태이다. 머리(彡)가 길게(長) 늘어진 모습을 표현한 것이다. 머리카락을 뜻하는 대표 글자인 髮(터럭 발)의 윗부분으로 '터럭발밑'이라 불린다.

　髟(터럭발밑)이 포함된 글자는 예외 없이 수염이나 머리카락과 연관된 글자라고 생각하면 되겠다. 머리카락이 길 때 천하장사인 삼손처럼 부수 대결에서도 지는 법이 없다. 다만 포함된 글자들을 자주 보기 어려울 뿐이다.

髮 [터럭 발] 髟 - 총15획

毛髮(모발): 사람의 머리털. 예문 모발(毛髮)에 염색하다.

削髮(삭발): 길렀던 머리를 박박 깎음. 예문 갑자기 삭발(削髮)하고 나타
나다.

鬚 [수염 수] 髟 - 총22획 / 특급

鬚髥(수염): ①성숙한 남성 혹은 동물의 입 주변에 나는 털. ②벼, 보리,
옥수수 등의 낟알 끝에 난 털. 예문 ①다른 사람의 수염(鬚髥)을 함부
로 만져선 안 된다. ②옥수수 수염(鬚髥)으로 차를 우려내다.

角 뽈각 ☒

7획

ノ ヶ ゲ 朹 角 角 角

짐승 뿔의 상형이다. 부수로서 뿔의 상태나 뿔로 만든 물건
을 나타내는 글자들을 아우른다. 과거 뿔을 술잔으로 사용한 흔
적이 觴(술잔 상), 觚(술잔 고) 등에 남아 있다.

부수로서 파워는 매우 강하다. 무엇이든 들이받는 성난 황소
마냥 다른 부수들이 대적하기 어렵다. 참고로 남성 이름에 자주
쓰이는 글자인 衡(저울대 형)은 角(뽈각)이 변형된 형태로 포함된
글자이다.

참고 衡(저울대 형: 行 - 3급)

· 소속 글자 ·

角 [뿔 각] 角 - 총7획

角度(각도): 각의 크기. 사물을 보거나 생각하는 방향. 예문 여러 각도(角度)에서 생각하다.

頭角(두각): 짐승의 머리에 난 뿔. 뛰어난 능력이나 재능을 이르는 말. 예문 경기에서 두각(頭角)을 드러내다.

解 [풀 해] 角 - 총13획

解決(해결): 사건이나 문제를 잘 처리함. 예문 일이 원만하게 해결(解決)되다.

和解(화해): 다툼을 그치고 안 좋은 감정을 풀어 없앰. 예문 서로 화해(和解)하고 악수하다.

缶 장군부 缶

6획

丿 𠂉 𠂊 午 缶 缶

　질그릇의 상형이다. 부수로는 '장군부'라 불린다. '장군'이라
하니 싸움터에서 싸우는 장군(將軍)을 연상하기 쉬울 것 같다. 하
지만 여기서 '장군'은 오지나 나무로 만든 그릇을 가리킨다. 주로
물, 술, 간장 같은 액체를 옮길 때 사용하며 입구가 좁은 편이다.
고대 진(秦)나라에서는 타악기로도 활용되었다.

　缶(장군부)는 좌측에서 막강한 부수이며, 글자 내에서 항아리
의 의미로 쓰인다. 소속 글자 중에서 缺(이지러질 결)은 귀퉁이가
떨어져 나간 항아리(缶)를 가리킨다. 현재는 '모자라다, 빠지다'의
의미로 쓰이고 있다.

참고 鬱(막힐 울: 鬯 - 2급) 陶(질그릇 도: 阜 - 3급)

缺 [이지러질 결] 缶 - 총10획

缺乏(결핍): 축나서 모자람. 있어야 할 것이 없거나 모자람. 예문 실내에
만 있으면 비타민D가 결핍(缺乏)된다.

缺席(결석): 출석해야 할 자리에 출석하지 않음. 예문 결석(缺席)하지 않
고 개근하다.

필발머리

5획

癶 크 크 크 크 癶

 두 발을 벌린 모양을 표현한 것이다. 주로 '걷다'의 뜻을 나타내며, 글자의 상단에만 위치한다. 이름은 대표 글자인 發(필 발)에서 왔다. 發(필 발)은 '(꽃이) 피다, (활을) 쏘다' 등 다양한 의미로 쓰이는데, 이 글자의 상단이라 '필발머리'로 불린다. 개인적인 의견으로는 '쏠발머리'라고 불러도 괜찮을 것 같다.

 소속된 글자 중에 登(오를 등)이 있다. 하단의 豆(콩 두)는 본래 제기(祭器)의 상형이다. 즉 제기(豆)를 받쳐 들고 두 발(癶)로 걸어 올라가는 모습을 표현한 것이다. '오르다, 올리다'의 뜻을 나타낸다.

 간혹 癶(필발머리)와 祭(제사 제)의 윗부분이 헷갈릴 수도 있다. 祭(제)의 왼쪽 윗부분은 肉(고기육)의 변형이니 주의하기 바란다.

참고 廢(폐할 폐: 广 - 3급) 證(증거 증: 言)

· 소속 글자 ·

登 [오를 등] 癶 - 총12획

登山(등산): 산에 오름. 예문 등산(登山)이 취미이다.

登錄(등록): 일정한 사항을 공증하여 법률적 보호를 받을 수 있도록 기록
해두는 일. 예문 주민 등록(登錄) 등본.

發 [쏠 발] 癶 - 총12획

發射(발사): 총포나 로켓 등을 쏨. 예문 로켓을 우주로 발사(發射)하다.

發見(발견): 남이 미처 찾아내지 못했거나 세상에 널리 알려지지 않은 것
을 먼저 찾아냄. 예문 위대한 발견(發見).

舛 어그러질천 舛

6획

ノ 夕 夕 夕゛ 舛 舛

　서로 반대 방향을 향한 두 발을 표현하고 있다. '어그러지다, 삐걱거리다'의 의미를 나타낸다. 참고로 癶(필발머리)도 두 발을 표현한 글자이다. 癶(필발머리) 또한 '등지다'의 의미를 나타내기는 하지만, 舛(어그러질 천)이 훨씬 명확하다.

　舛(어그러질천)은 발 본연의 자리인 아랫부분에 위치할 때 부수로서 위력을 발휘한다. 舞(춤출 무)가 전형적인 예이다. 舞(춤출 무)는 왼발 오른발이 따로따로 현란하게 움직이는 스텝을 표현한 글자이다.

　참고 桀(홰 걸: 木 - 2급) 傑(뛰어날 걸: 人)

· 소속 글자 ·

舞 [춤출 무] 舛 - 총14획

舞蹈會(무도회): 여러 사람이 춤을 추면서 사교를 하는 모임. 예문 무도
회(舞蹈會)에 참석하다.

亂舞(난무): 한데 뒤섞여 어지럽게 춤을 춤. 함부로 나서서 마구 날뜀.
예문 여러 의견들이 난무(亂舞)하다.

舜 [순임금 순] 舛 - 총12획 / 2급

堯舜(요순): 중국 고대의 요(堯)임금과 순(舜)임금을 일컫는 말. 예문 중국
에서는 태평한 시절을 요순(堯舜)시대라 부른다.

李舜臣(이순신): 인명. 임진왜란 시기 조선 수군을 이끈 장군.

尢 (兀, 尣) 절름발이왕

3획

一 尢 尢

정강이가 구부러진 사람의 상형이다. 똑바로 선 사람의 상형인 大(큰 대)와 비교해서 보면 이해하기 편하다. 혹 儿(어진사람인발)과 모양이 비슷해 혼동할 수도 있으니 주의하기 바란다.

소속된 글자가 그리 많지는 않다. 하지만 글자 속에 尢 / 兀 / 尣 형태가 보이면 거의 부수라고 보면 된다. 예외 글자가 堯(요임금요)인데, 다리도 불편한데 흙더미(土)를 너무 많이 짊어진 것 같다.

참고 堯(요임금 요: 土 - 2급)

就 [이룰 취] 尢 - 총12획

就業(취업): 직장에 나아가 일함. 예문 원하던 분야에 드디어 취업(就業)하다.

成就(성취): 목적한 바를 이룸. 예문 오랫동안 계획했던 일을 비로소 성취(成就)하다.

尨 [삽살개 방] 尢 - 총7획 / 1급

尨大(방대): 규모나 양이 매우 크고 많음. 예문 그 도서관은 방대(尨大/厖大)한 양의 서적과 자료를 소장하고 있다.

革 가죽혁 ꙮ

9획

一 十 廿 甘 苫 苩 昔 苴 革

벗거낸 짐승 가죽의 상형이다. 가죽의 안과 밖을 뒤집는 모습에서 '고치다, 바꾸다'의 의미도 나타낸다. 글자의 좌측이나 하단에서 각종 가죽 제품을 표현하는 글자를 이룬다. 일상에서 자주 볼 수 있는 글자는 드물지만 매우 강력한 부수임에는 틀림없다.

참고로 勒(굴레 륵)은 짐승을 얽어매는 가죽인 '굴레'를 뜻한다. '강제'라는 의미가 강조돼서인지 力(힘력)에게 패했다. 革(가죽혁)이 좌측에서 오롯이 자리를 잡고 패한 유일한 대결이다.

참고 勒(굴레 륵: 力 - 1급) 羈(굴레 기: 网 - 1급) 覇(으뜸 패: 襾 - 2급)

革 [가죽 혁] 革 - 총9획

革帶(혁대): 가죽으로 만든 띠. 예문 허리에 가죽으로 만든 혁대(革帶)를
차다.

革新(혁신): 제도나 방법, 조직이나 풍습 등을 완전히 바꿔서 새롭게 함.
예문 기존의 기술을 혁신(革新)하다.

鞭 [채찍 편] 革 - 총18획 / 1급

鞭撻(편달): 채찍으로 때림. 경계하고 격려함. 예문 앞으로 저에게 많은
지도와 편달(鞭撻)을 부탁드리겠습니다.

敎鞭(교편): 교사가 수업이나 강의에 사용하는 가느다란 막대기. 예문 '교
편(敎鞭)을 잡는다'는 말은 교사로서 학생들을 가르친다는 의미이다.

片 조각편 片

4획

丿 丿 广 片

세워져 있는 평상(牀)의 상형이다. 마찬가지로 평상을 본뜬 글자인 爿(장수장변)과 좌우 대칭이다. 같은 뿌리의 글자이지만 현재 쓰임새는 별개이다.

片(조각편)은 '조각'이나 '납작하고 얇은 물체'를 표현할 때 부수로 쓰인다.

그런데 이렇게 같은 뿌리에서 나와 각각 다른 글자로 활용되는 경우는 드물지 않다. 모두 달(moon)을 본뜬 글자들인 月(달 월)과 夕(저녁 석)도 있고, 두 사람이 나란히 선 모습을 표현한 比(견줄 비)와 从(좇을 종)도 있다.

· 소속 글자 ·

片 [조각 편] 片 - 총4획 / 3급

破片(파편): 깨어지거나 부서진 조각. 예문 그릇이 깨지면서 파편(破片)
이 튀었다.

一片丹心(일편단심): 진심에서 우러나오는 변치 않는 마음. 예문 님 향한
일편단심(一片丹心)이야 가실 줄이 있으랴.

版 [널 판] 片 - 총8획 / 3급

版畫(판화): 나무, 돌, 고무 등으로 이루어진 판에 그림을 새기고 물감이
나 잉크를 칠한 뒤 종이나 천에 찍어내는 그림. 예문 미술시간에 판화
(版畫)를 만들다.

出版(출판): 서적이나 그림 등 각종 인쇄물을 세상에 내놓음. 예문 수년
간 공들여 집필한 원고를 이제야 출판(出版)하게 되었다.

발없는벌레치

7획

ノ ノ ゲ 妥 妥 妥 豸

몸을 웅크렸다가 덮치려고 하는 짐승의 상형이다. 글자의 형태도 다소 거칠어 보인다. 모양이 언뜻 豕(돼지시)와 비슷해 '갖은 돼지시'라고도 하며 보통 '발없는벌레치'로 불린다.

길짐승을 의미하는 다른 부수인 豕(돼지시), 犬(개견), 鹿(사슴록)에 비해 맹수의 냄새가 물씬 풍긴다. 豹(표범 표), 豺(승냥이 시) 등을 예로 들 수 있겠다.

참고 懇(정성 간: 心 - 3급) 墾(개간할 간: 土 - 1급)

麥 보리맥

11획

一 厂 厃 厃 刄 夾 夾 夾 麥 麥

　곡식 중 하나인 보리의 상형이다. 부수로서 보리나 보리로 만든 것에 대한 글자들에 쓰인다. 과거 보리가 다양한 용도로 활용됐음을 짐작할 수 있다.

　부수 대결에서 다른 부수에 쉽게 안 밀리는 부수이다. 다만 대결을 자주 보기가 힘들다. 소속된 글자 중에서는 '국수'를 의미하는 麵(밀가루 면) 정도를 일상에서 접할 수 있다.

未 쟁기 뢰 耒

6획

一 二 三 丰 丰 耒

　　나무(木)의 좌우에 날카로운 이가 잔뜩 달린 농기구인 '쟁기'의 상형이다. 부수로서 쟁기나 농사일에 관련된 여러 글자들을 아우른다. 주로 농사에 관한 전문용어들이라 쉽게 접하기는 어려운 편이다.

　　그중에서 耕(밭갈 경), 耘(김맬 운)은 비교적 친숙한 글자들이다. 두 글자가 들어간 용례로 시골에서 흔히 볼 수 있는 '경운기(耕耘機)'가 있다.

瓦 기와와 瓦

5획

一 丆 瓦 瓦 瓦

　진흙을 구워서 만든 질그릇의 상형이다. '질그릇, 기와' 등 가마에서 생산되는 여러 가지 물건들을 두루 아우른다.

　글자 내에서 위치도 상하좌우를 가리지 않으며, 부수 간의 대결에서도 밀리지 않는다. 다만 요즘 접할 수 있는 글자나 물건이 드물 뿐이다.

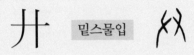

廾 밑스물입

3획

一 十 廾

　물건을 받드는 두 손의 상형이다. 받드는 모습을 표현한 것이기 때문에 글자의 하단에만 위치한다. 20을 의미하는 廿(스물입)과 모양이 비슷하여 '밑스물입'으로 불린다. 본래 의미와는 아무런 상관이 없는 명칭이다.

　글자의 하단을 온전히 차지하면 매우 강력한 부수이다. 하지만 算(셀 산)의 경우는 더 강한 부수인 竹(대죽)과의 힘대결에서 밀렸다고 볼 수 있다.

참고 戒(경계할 계: 戈) 算(셀 산: 竹)

10장

숨은 부수 찾기

글자 속에 숨어 있듯 포함돼 있어
알아보기 힘든 부수들이다

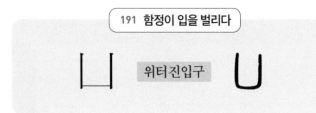

191 함정이 입을 벌리다

위터진입구

2획

凵 凵

함정의 상형이다. 모양이 口(입구)에서 위가 터진 형태라 '위터진입구'로 불린다. 자전에는 '그릇, 입을 벌리다'의 의미도 실려 있다. 凵 모양에서 저마다 여러 가지 상상을 했던 것 같다.

글자 내에서 '함정'의 의미로 작용하는 경우도 있다. 하지만 凵와 비슷한 모양 때문에 부수로 엮인 글자들도 여럿이다. 그냥 봐서는 凵(위터진입구)가 부수일 거라고 생각하기도 쉽지 않다.

참고 兇(흉악할 흉: 儿 - 1급) 匈(오랑캐 흉: 勹 - 2급)

出 　[날 출] ㄴ - 총5획

出發(출발): 길을 떠남. 일을 시작함, 또는 일의 시작. 예문 기분 좋게 출
발(出發)하다.

支出(지출): 어떤 목적을 위해 돈을 쓰는 일. 예문 불필요한 지출(支出)을
줄이다.

凶 　[흉할 흉] ㄴ - 총4획

凶年(흉년): 농사가 잘되지 않은 해. 예문 흉년(凶年)이 들다.

吉凶(길흉): 길함과 흉함. 좋은 일과 언짢은 일. 예문 앞날의 길흉(吉凶)을
점치다.

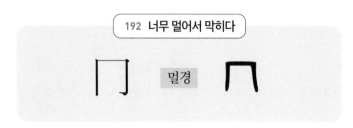

192 너무 멀어서 막히다

멀경

　막다른 장소를 단순화하여 표현한 것이다. 독립적인 글자로는 과거 행정 구획의 한 단위로 사용되었다. 고대에는 행정 구획을 다섯 단계로 구분하였다. 도심에서 邑(읍)-郊(교)-野(야)-林(림)-冂(경) 순으로 멀어진다.

　풀이하자면 邑(읍)은 많은 사람들이 모여 사는 곳이고, 郊(교)는 성 밖의 시골을 가리킨다. '교외(郊外)로 나들이 간다'할 때 郊(교)이다. 거기서 더 멀어지면 野(야), 더욱 멀어지면 인적이 거의 없는 林(림)이다. 林(림)보다 더 오지가 바로 冂(경)이다. 그래서 冂(경)은 '막히다'와 '멀다'의 의미를 함께 지니는 것이다.

　하지만 冂(멀경)이 부수로서 '막히다, 멀다'의 뜻으로 작용하는 경우는 거의 없다. 단지 冂모양이 비슷해 부수로 묶인 글자가 대부분이라고 생각하면 되겠다.

兩(두 량: 入) 向(향할 향: 口) 尙(오히려 상: 小 - 3급) 同(같을

동: 口) 丙(셋째천간 병: 一 - 3급)

·소속 글자·

再 [두 재] 冂 - 총6획

再編(재편): 다시 편성함, 또는 그 편성. 예문 부대를 재편(再編)하다.

再活用(재활용): 다시 활용하거나 다시 활용할 수 있는 상태로 재생함.

　예문 빈 병을 재활용(再活用)하다.

冊 [책 책] 冂 - 총5획

冊床(책상): 책을 읽거나 글씨를 쓰는 사용하는 상. 예문 책상(冊床)에 앉

　아 독서하다.

冊欌(책장): 책을 넣어 두는 장. 예문 책장(冊欌)을 정리하다.

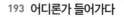

193 어디론가 들어가다

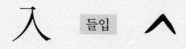

入 들입

<u>2획</u>

丿 入

　정확한 의미를 알 수 없는 글자이다. 안팎을 구별하는 경계 혹은 손짓 정도로 짐작할 뿐이다. 그런데 入(들입)을 언급할 때 빠지지 않는 글자가 바로 內(안 내)이다. 入(들입)과 冂(멀경)이 합해진 꼴인 內(안 내)는 '안으로 들어가다'가 본래 의미이다. 그래도 入(입)이 왜 '들어가다'는 뜻인지는 알 수 없다.

　소속된 여러 글자들도 入 형태의 모양으로 엮인 것일 뿐 의미는 무관하다. 혹 人(사람 인)과 혼동할 수 있으니 주의하기 바란다.

참고 丙(셋째천간 병: 一 - 3급)

入 [들 입] 入 - 총2획

入隊(입대): 군대에 들어가 군인이 됨. 예문 휴학 직후 입대(入隊)하다.

入院(입원): 환자가 치료 또는 요양을 위해 병원에 들어감. 예문 입원(入院)치료를 받다.

內 [안 내] 入 - 총4획

內面(내면): 물건의 안쪽. 사람의 정신이나 심리에 관한 면. 예문 내면(內面)을 들여다보다.

內實(내실): ①내부의 실제 사정. ②속이 알참. 예문 ①겉모습에 비해 내실(內實)은 복잡하다. ②내실(內實)을 다지다.

兩 [두 량] 入 - 총8획

兩側(양측): 두 편. 양쪽. 예문 양측(兩側)의 의견을 듣다.

兩家(양가): 양쪽 집. 예문 신랑 신부 양가(兩家).

全 [온전할 전] 入 - 총6획

全部(전부): 모두 다. 모조리. 예문 재산 전부(全部)를 기부하다.

純全(순전): 순수하고 완전함. 예문 순전(純全)히 오해에서 비롯되다.

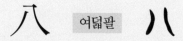

194 숫자가 아니라오(上)

八　여덟팔　八

<u>2획</u>

ノ 八

　　사물이 둘로 나뉜 모양을 표현한 것이다. 본래 의미는 '나뉘
다'로서 分(나눌 분), 半(반 반)에서 고스란히 드러난다. 사실상 글자
내에서 '8'의 뜻으로 작용하는 경우는 없다고 봐도 되겠다.

　　특히 글자 하단에 위치하는 경우는 八 형태만 비슷할 뿐 별개
의 글자이다. 소속된 글자들도 단지 모양으로 엮인 경우가 대부
분이다. 두 손을 의미하는 廾(밑스물입)이 八 형태로 변형된 경우가
가장 많다.

　　참고 與(줄 여: 臼) 興(일 흥: 臼) 異(다를 이: 田) 冥(어두울 명: 冖 -
3급) 分(나눌 분: 刀) 半(반 반: 十) 酋(두목 추: 酉 - 1급) 曾(일찍 증: 曰 -
3급) 兌(빛날 태: 儿 - 2급)

· 소속 글자 ·

八 [여덟 팔] 八 - 총2획

八道(팔도): 우리나라의 전국을 달리 이르는 말. 예문 팔도(八道)강산을
　누비다.

四方八方(사방팔방): 모든 방면. 여러 방면. 예문 사방팔방(四方八方)으로
　소식을 전하다.

公 [공변될 공] 八 - 총4획

公告(공고): 관청이나 공공단체 등에서 어떤 일을 일반에게 널리 알리는
　일. 예문 사업 공고(公告)를 내다.

公敎育(공교육): 국가나 공공 단체 등이 베푸는 교육. 예문 공교육(公敎
　育)과 사교육.

共 [함께 공] 八 - 총6획

共同(공동): 둘 이상의 단체나 사람이 같이 일하거나 같은 자격으로 관계
　를 가짐. 예문 공동(共同) 우승을 차지하다.

公共(공공): 국가나 사회의 구성원에게 두루 관계되는 것. 예문 공공(公
　共)의 이익을 생각하다.

具 [갖출 구] 八 - 총8획

具備(구비): 필요한 것을 빠짐없이 갖춤. 예문 서류를 구비(具備)하다.

家具(가구): 가정 살림에 쓰이는 온갖 세간. 예문 새 가구(家具)를 들이다.

六 [여섯 류] 八 - 총4획

六面體(육면체): 여섯 개의 평면에 둘러싸인 입체. 예문 육면체(六面體)는 흔히 접할 수 있다.

五臟六腑(오장육부): 오장(五臟)과 육부(六腑). 내장을 통틀어 이르는 말. 예문 오장육부(五臟六腑)가 실하다.

兵 [군사 병] 八 - 총7획

兵法(병법): 군사 작전의 방법. 예문 병법(兵法)에 통달하다.

用兵術(용병술): 전투에서 군사를 쓰거나 부리는 기술. 예문 용병술(用兵術)에 능한 장수.

典 [법 전] 八 - 총8획

法典(법전): 법규를 체계적으로 정리하여 엮은 책. 예문 법전(法典)을 정비하다.

典型的(전형적): 본질적이고 일반적인 특성을 많이 지녀 본보기가 될 만한. 예문 전형적(典型的)인 한국인.

兼 [겸할 겸] 八 - 총10획 / 3급

兼職(겸직): 한 사람이 본업 이외의 다른 일을 함께 하는 것. 예문 현재 두 가지 일을 겸직(兼職)하고 있다.

兼備(겸비): 여러 가지 좋은 점을 함께 갖추어 가짐. 예문 그는 지혜와 용기를 겸비(兼備)한 사람이다.

其 [그 기] 八 - 총8획 / 3급

其他(기타): 그 밖의 또 다른 것. 예문 운동장에서는 축구, 농구 외 기타
(其他) 여러 종목을 즐길 수 있다.

不知其數(부지기수): 그 수를 알 수 없다. 다 셀 수 없을 정도로 많다는 의
미. 예문 교통사고는 우리 주변에서 부지기수(不知其數)로 일어나는
일이다.

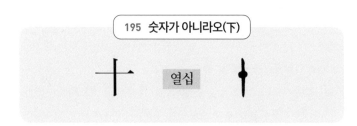

```
一 十
```

  10을 나타내는 부호이다. 하지만 글자 내에서 十의 형태가 '10'을 의미하는 경우는 드물다. 사람 10명을 가리키는 什(열사람 십), 20을 뜻하는 廿(스물 입) 정도를 예로 들 수 있을 뿐이다.

  부수로 엮인 글자들도 十모양이 비슷해 한데 모여 있을 뿐 다른 의미는 없다. 간혹 글자 풀이할 때 十 형태를 당연한 듯 '10'이라고 한다면 한번쯤 꼼꼼히 살펴볼 필요가 있다.

참고 什(열사람 십: 人 - 1급) 汁(즙 즙: 水 - 1급) 計(꾀 계: 言) 古(옛 고: 口) 克(이길 극: 儿 - 3급) 早(새벽 조: 日) 章(글 장: 立) 率(거느릴 솔: 玄 - 3급) 準(수준기 준: 水) 直(곧을 직: 目) 世(대 세: 一) 年(해 년: 干) 平(평평할 평: 干) 傘(우산 산: 人 - 2급)

· 소속 글자 ·

十 [열 십] 十 - 총2획

十字架(십자가): 기독교의 상징으로 쓰는 十자 모양의 표지. 예문 십자가 (十字架)를 등에 지다.

十匙一飯(십시일반): 열 사람이 밥을 한 술씩만 보태어도 한 사람이 먹을 밥이 된다는 뜻. 예문 십시일반(十匙一飯)으로 성금을 모으다.

南 [남녘 남] 十 - 총9획

南方(남방): 남녘. 남쪽 지방. 예문 남방(南方) 경계를 넘다.

南北(남북): 남쪽과 북쪽. 예문 남북(南北)이 하나가 되다.

博 [넓을 박] 十 - 총12획

博識(박식): 널리 보고 들어서 아는 것이 많음. 예문 다방면에 박식(博識) 한 사람이다.

該博(해박): 사물에 대하여 아는 것이 많음. 예문 꽃에 관한 해박(該博)한 지식.

半 [반 반] 十 - 총5획

半球(반구): 구(球)의 절반. 지구를 반으로 나눈 것의 한쪽. 예문 반구(半球)의 부피를 구하시오.

半島(반도): 대륙에서 바다 쪽으로 길게 뻗어 나와 삼면이 바다인 큰 육지. 예문 이탈리아 반도(半島).

午 [낮 오] 十 - 총4획

正午(정오): 낮 열두 시. 예문 종소리가 정오(正午)를 알리다.

午餐(오찬): 여느 때보다 잘 차려 먹는 점심. 예문 오찬(午餐)에 참석하다.

卒 [군사 졸] 十 - 총8획

卒業(졸업): 학교에서 정해진 교과 과정을 모두 마침. 예문 초등학교를
졸업(卒業)하다.

兵卒(병졸): 군대에서 장교의 지휘를 받는 군인. 예문 병졸(兵卒)들을 지
휘하다.

千 [일천 천] 十 - 총3획

千金(천금): 많은 돈이나 귀중한 가치를 비유하는 말. 예문 천금(千金)같
은 결승골을 넣다.

千里馬(천리마): 하루에 천 리를 달릴 수 있는 좋은 말. 예문 천리마(千里
馬)를 알아보다.

卓 [높을 탁] 十 - 총8획

卓子(탁자): 물건을 올려놓기 위해 만든 가구의 총칭. 예문 탁자(卓子) 위
에 꽃병을 놓다.

卓越(탁월): 남보다 훨씬 뛰어남. 예문 탁월(卓越)한 노래 실력을 무대에
서 보여주다.

協 **[맞을 협]** 十 - 총8획

協同(협동): 어떤 일을 함에 마음과 힘을 합함. 예문 친구들과 협동(協同)
하여 작업하다.

協調(협조): 견해나 이해관계 등이 다른 처지에서 서로 양보하고 조화하
는 일. 예문 협조(協調)적인 노사관계.

丶　　丶　　돼지해머리

2획

丶　　丶

　　亥(돼지 해)의 머리 부분에 해당하여 편의상 '돼지해머리'라 부른다. 관용적으로 '돼지해밑' 혹은 '돼지머리해'라고 부르기도 한다. 이름 때문에 헷갈릴 수도 있겠지만 따지고 보면 아무것도 아니다.

　　亥(돼지 해)는 십이지 중 마지막 지지이다. 흔히 '돼지띠'라고 불리는 해(年)에 해당한다. '열두째지지 해'라고 하는 것이 번거로워 '돼지 해'라고 부를 뿐 돼지(pig)와는 상관없다. 간혹 亥(해)가 돼지의 상형이라고 주장하는 학자들도 있기는 하다.

　　丶(돼지해머리)가 지닌 본래 의미는 아무도 모른다. 丶가 포함된 글자들의 공통점도 없다. 당연히 丶(돼지해머리) 부수 아래 속한 글자들도 丶 모양으로 엮였을 뿐 의미상 연계는 전혀 없다.

　　참고　市(저자 시: 巾) 夜(밤 야: 夕) 卞(급할 변: 卜 - 2급) 卒(군사

졸: 十) 景(볕 경: 日) 敦(도타울 돈: 攴 - 3급) 淳(순박할 순: 水 - 2급) 醇

(진한술 순: 酉 - 1급) 孰(누구 숙: 子 - 3급)

· 소속 글자 ·

交 [사귈 교] 亠 - 총6획

交分(교분): 친구 사이의 사귄 정분. 예문 서로 친분(親分)이 두텁다.

交通(교통): 각종 탈것을 이용해 사람이나 짐이 오고 가는 일. 예문 교통

(交通)이 편리한 지역.

亡 [망할 망] 亠 - 총3획

亡身(망신): 말이나 행동을 잘못하여 자신의 체면이나 명예 등을 손상되

게 함. 예문 망신(亡身)을 당하다.

逃亡(도망): 쫓겨 달아남. 피하여 달아남. 예문 쏜살같이 도망(逃亡)가다.

京 [서울 경] 亠 - 총8획

京城(경성): '서울'의 옛 이름. 예문 경성(京城)에 도착하다.

上京(상경): 지방에서 서울로 올라옴. 예문 급히 상경(上京)하다.

마늘모

2획

ㅿ ㅿ

본래 의미는 명확하지 않다. 과거에는 私(사사로울 사)의 의미로 사용되기도 하였다. 그런데 부수 명칭인 '마늘모'는 글자의 모양이 마늘쪽 세모진 꼴과 비슷하여 붙여진 이름이다. 실제 마늘(garlic)과는 상관이 없다.

소속된 글자들은 ㅿ모양으로 엮여 있을 뿐이다. 사사로움(私)의 의미는 찾아보기 어렵다. 부수가 아니면서 포함된 경우도 마찬가지다.

그런데 强(굳셀 강)을 強의 형태로도 쓴다. 이렇게 口를 ㅿ형태로 쓰는 경우가 제법 있다. 실제 써보면 훨씬 편하다. 요컨대, ㅿ형태가 포함된 글자 중 상당수는 다른 글자가 변형되었다고 봐도 되겠다.

> **참고** 允(진실로 윤: 儿 - 2급) 牟(소우는소리 모: 牛 - 2급) 弁(고깔

변: 廾 - 2급) 台(별 태: 口 - 2급) 公(공변될 공: 八) 私(사사로울 사: 禾)

弘(넓을 홍: 弓 - 3급) 強(굳셀 강: 弓) 云(이를 운: 二 - 3급) 埃(티끌 애:

土 - 2급) 能(능할 능: 肉) 劫(위협할 겁: 力 - 1급)

· 소속 글자 ·

去 　[갈 거] 厶 - 총5획

去來(거래): 상품을 사고파는 일. 돈을 주고받는 일. 예문 원활하게 거래

(去來)가 이루어지다.

除去(제거): 덜어 없앰. 예문 오염물질을 제거(除去)하다.

參 　[참여할 참] 厶 - 총11획

參席(참석): 어떤 자리나 모임에 참여함. 예문 동창 모임에 참석(參席)하다.

參照(참조): 참고로 대조하여 봄. 예문 각주의 설명을 참조(參照)하다.

한일

1획

—•

'하나'를 표시하는 기호이다. 단독으로는 숫자 '1'의 의미이지만, 글자 내에서 의미는 다양하다. '평평한 대지' 혹은 '기준선'이라는 꽤 거창한 의미로 자주 등장한다.

예를 들어 立(설 립)은 땅(一) 위에 서 있는 사람(大)의 모습이고, 旦(아침 단)은 지평선(一) 위에 떠오른 해(日)를 의미한다. 하지만 一(한일)부수 아래 모인 글자들을 살펴보면 아무런 의미 없이 一 모양만으로 엮인 글자들도 많다.

참고 正(바를 정: 止) 夫(지아비 부: 大) 天(하늘 천: 大) 百(일백 백: 白) 本(밑 본: 木) 更(고칠 경/다시 갱: 曰) 吏(벼슬 리: 口 - 3급)

·소속 글자·

一 [한 일] 一 - 총1획

一品(일품): 으뜸가는 품질이나 그 물건. 솜씨가 아주 좋음. 예문 맛이 단
연 일품(一品)이다.

一貫性(일관성): 태도나 방법 등에서 처음부터 끝까지 한결같은 성질.
예문 일관성(一貫性) 있게 지도하다.

三 [석 삼] 一 - 총3획

三尺童子(삼척동자): 키가 석 자밖에 되지 않는 아이. 철부지 어린아이를
이르는 말. 예문 그 정도는 삼척동자(三尺童子)도 이미 다 아는 사실
이다.

作心三日(작심삼일): 품은 마음이 사흘을 가지 못함을 이르는 말. 예문 계
획이 작심삼일(作心三日)로 끝나다.

上 [위 상] 一 - 총3획

上流(상류): 강물 등이 흘러내리는 위쪽, 또는 그 지역. 예문 연어가 상류
(上流)로 거슬러 올라가다.

引上(인상): 끌어올림. 가격이나 요금 등을 올림. 예문 버스요금이 인상
(引上)되다.

下 [아래 하] 一 - 총3획

下賜(하사): 높은 사람이 아랫사람에게 금품이나 물품을 줌. 예문 임금이
하사(下賜)한 옷.

傘下(산하): 어떤 인물이나 기구, 조직 등의 세력 아래. 예문 보건복지부
산하(傘下)기관.

七 [일곱 칠] 一 - 총2획

七夕(칠석): 음력 칠월 초이렛날 밤. 견우와 직녀가 오작교에서 만난다는
날. 예문 칠월 칠석(七夕)을 기다리다.

七顚八起(칠전팔기): 일곱 번 넘어지고 여덟 번 일어난다는 뜻. 여러 번
실패에도 굽히지 않고 노력함을 이르는 말. 예문 칠전팔기(七顚八起)
정신으로 도전하다.

不 [아닐 불/부] 一 - 총4획

不便(불편): 편하지 않음. 편리하지 않음. 예문 의자가 불편(不便)하다.

不足(부족): 어떤 한도에 모자람. 넉넉하지 않음. 예문 수면이 부족(不足)
해서는 안 된다.

世 [세대 세] 一 - 총5획

世間(세간): 사람들이 살아가는 곳. 예문 세간(世間)에 소문이 돌다.

不世出(불세출): 세상에 다시 없을 만큼 뛰어남. 예문 불세출(不世出)의
영웅.

丁 [넷째천간 정] 一 - 총2획

壯丁(장정): 젊고 혈기 왕성한 남자. 예문 마을에 있는 장정(壯丁)들을 모
두 모아 일하다.

目不識丁(목불식정): 丁(정) 자도 알아보지 못한다는 뜻. 글자를 전혀 모
름을 이르는 말. 예문 목불식정(目不識丁)은 겨우 면하다.

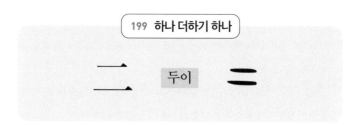

二 두이

<u>2획</u>

一 二

두 개의 가로획으로 '둘'을 표시한 것이다. 一(한일)과 二(두이)
는 부수자인데, 三(석 삼)은 부수자가 아닌 게 눈에 띈다.

二(두이)가 다른 글자 내에서 '둘'의 의미로 작용하는 경우는
흔하지 않다. 仁(어질 인), 些(적을 사), 貳(두 이) 정도를 꼽을 수 있
지만 명확하지 않다. 이 중에서 貳(두 이)는 二(이)의 갖은자이다.
'갖은자'란 숫자로 장난치는 것을 방지하기 위해 획을 늘인 글자
를 말한다. 二(이)에 획 하나 더 그으면 三(삼)인데 어음이나 수표
라면 액수가 달라지기 때문이다.

二(두이) 아래 속한 글자들도 二형태로 한데 모았을 뿐 의미
상 공통점은 없다. 숨은 부수라는 표현이 딱 어울리는 부수이다.

참고 仁(어질 인: 人) 元(으뜸 원: 儿) 貳(두 이: 貝 - 2급)

二 [두 이] 二 - 총2획

二重(이중): 두 겹. 두 가지가 겹치거나 거듭됨. 예문 이중(二重)으로 방어하다.

一口二言(일구이언): 한 입으로 두 말을 함. 말을 이랬다저랬다 함을 이르는 말. 예문 일구이언(一口二言)해서는 안 된다.

五 [다섯 오] 二 - 총4획

五角形(오각형): 다섯모가 진 평면 도형. 예문 오각형(五角形)을 작도하다.

三三五五(삼삼오오): 3~6명씩 무리지어 다니거나 어떤 일을 하는 모양. 예문 삼삼오오(三三五五) 어울려 다니다.

뚫을곤

1획

|

위아래로 통한다는 의미를 내리뻗는 세로획으로 표현한 것이다. 독립된 글자로 쓰임새는 없다. 부수로는 '뚫을곤'으로 불린다.

| (뚫을곤)이 '관통한다'는 의미로 쓰인 글자로 串(꿰미 천)을 들 수 있다. 물건을 꿰미나 꼬챙이로 꿴 모양을 단순화한 것이다. 간혹 중국요리 음식점 간판에서도 볼 수 있다.

그런데 中(가운데 중)은 깃발의 상형이다. 串(꿰미 천)과는 의미가 사뭇 다르다고 할 수 있다.

참고 引(끌 인: 弓) 弔(조상할 조: 弓 - 3급) 弗(아닐 불: 弓 - 2급) 申(펼 신: 田)

· 소속 글자 ·

中　[가운데 중]　| - 총4획

中央(중앙): 사방의 한가운데. 중심이 되는 중요한 곳. 예문 광장 중앙(中央)에 동상을 세우다.

中庸(중용): 어느 쪽으로 치우침이 없이 온당함. 지나치거나 모자람 없이 알맞음. 예문 매사 중용(中庸)을 지키다.

串　[곶 곶 / 익힐 관 / 꿰미 천 / 꼬챙이 찬]　| - 총7획 / 2급

虎尾串(호미곶): 동해의 포항 인근에 바다로 뻗쳐 있는 지형. 예문 호미곶(虎尾串)에서 일출을 기다리다.

甲串(갑곶): 서해의 강화도에 있는 지형. 예문 갑곶(甲串) 돈대에서 강화대교를 바라보다.

여기서 잠깐!

串은 물건을 꼬챙이로 꿴 모습을 본떠 만든 글자이다. 요즘에는 길거리의 간판에서도 종종 볼 수 있는데 '중국식 꼬치 요리'를 의미한다고 보면 크게 틀리지 않을 것이다. 자전을 찾아보면 음과 뜻이 상당히 여러 가지임을 알 수 있다.

갈고리궐

1획

亅

끝이 휘어진 갈고리의 상형이다. '갈고리궐'로 불리며 독립적인 쓰임새는 없이 부수로만 작용한다. 자칫 丨(뚫을곤)과 혼동할 수 있으니 주의하기 바란다. 비슷한 경우로 干(방패 간)과 于(어조사 우)를 예로 들 수 있다. 이렇게 한끝 차이로 전혀 다른 글자가 되기도 하는 것이다.

글자 내에서 작용하는 의미는 없다고 할 수 있다. '갈고리'의 의미로 쓰이는 경우도 찾기가 어렵다. 소속된 글자들 또한 단지 亅모양을 매개로 모였다고 이해하면 되겠다.

참고 于(어조사 우: 二 - 3급) 乎(어조사 호: 丿 - 3급) 亨(형통할 형: 亠 - 3급) 舒(펼 서: 舌 - 2급) 豫(미리 예: 豕) 預(맡길 예: 頁 - 2급) 野(들 야: 里)

· 소속 글자 ·

事 [일사] 亅 - 총8획

事情(사정): 일의 형편이나 까닭. 예문 무슨 사정(事情)이 있는지 알아보다.

行事(행사): 일을 거행함, 또는 그 일. 예문 큰 행사(行事)를 계획하다.

了 [마칠료] 亅 - 총2획 / 3급

終了(종료): 어떤 일이나 행동을 끝마침. 예문 모든 일정이 종료(終了)되다.

完了(완료): 완전히 끝마침. 예문 출발할 준비가 완료(完了)되다.

점주

1획

丶

등잔불의 상형인 主(주인 주)의 불꽃 부분에 해당한다. 부수로는 '점주'로 불린다. '점'이 단순한 점이 아니라 '불꽃'이었다니 뜻밖일 것이다.

사실 丶(점)이 있는 글자는 매우 많다. 하지만 그 丶(점)들이 다 불꽃을 의미하는 것은 아니다. 아울러 丶(점주) 부수 아래 속한 글자도 얼마 되지 않는다. 짐작컨대 글자들을 부수별로 분류하다가 어쩔 수 없을 때 丶(점주)에 배치하지 않았을까 한다.

참고로 主(주인 주)는 王(임금 왕)과 아무 관련이 없는 글자이다. 모양과 의미가 비슷해 의례히 그렇거니 생각하기 쉬울 듯하지만, 主(주인 주)는 등잔불의 상형이고, 王(임금 왕)은 도끼의 상형이다.

참고 叉(깍지낄 차: 又 - 1급) 太(클 태: 大) 良(좋을 량: 艮) 凡(무릇 범: 几 - 3급) 之(갈 지: 丿 - 3급) 求(구할 구: 水) 以(써 이: 人)

主 **[주인 주]** 丶 - 총5획

主力(주력): 중심이 되어 중요한 역할을 하는 세력. 예문 주력(主力)부대
를 전진 배치하다.

主張(주장): 자기의 학설이나 의견 등을 굳게 내세움, 또는 그 학설이나
의견. 예문 지동설을 주장(主張)하다.

丸 **[알 환]** 丶 - 총3획 / 3급

丸藥(환약): 약재를 가루 내어 반죽해 둥글게 빚은 약. 예문 식사 후 환약
(丸藥)을 복용하다.

彈丸(탄환): 총이나 포에 재어 목표물을 향해 쏘아 보내는 물건. 총알.
예문 그 육상선수의 별명은 갈색 탄환(彈丸)이다.

丹 **[붉을 단]** 丶 - 총4획 / 3급

丹青(단청): 전통 양식 건축물에 여러 빛깔로 그린 무늬나 그림. 예문 고
궁에서 단청(丹青)을 구경하다.

一片丹心(일편단심): 오로지 한곳을 향한 변하지 않는 참된 마음을 이르
는 말. 예문 일편단심(一片丹心)으로 그녀를 사랑하다.

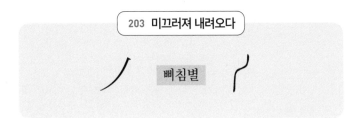

203 미끄러져 내려오다

삐침별

1획

ノ

오른쪽 위에서 왼쪽 아래로 그은 선으로 '삐침별'이라 불린다. 독립적으로 쓰이는 글자는 아니며, 서예의 기본 획 중 하나로 더 알려져 있다. 그러고 보니 1획 부수들은 하나같이 기본 획으로 서예에서 중요시하는 글자들이다.

丿(삐침별) 역시 丶(점주)와 마찬가지로 포함된 글자가 굉장히 많다. 그에 비해 부수로 소속된 글자는 적은 편인데 之(갈 지), 久(오랠 구), 乘(탈 승) 등이 있다.

참고 九(아홉 구: 乙) 千(일천 천: 十) 夭(어릴 요: 大 - 1급) 壬(아홉째천간 임: 士 - 3급) 重(무거울 중: 里) 系(이을 계: 糸) 史(역사 사: 口) 吏(벼슬 리: 口 - 3급) 必(반드시 필: 心) 才(재주 재: 手) 及(미칠 급: 又 - 3급) 尹(다스릴 윤: 尸 - 2급)

11장

자주 보기 힘든 부수들

독립적인 쓰임도 거의 없고
부수로서도 자주 접하지 못하는 부수들이다

无(旡) 없을무

4획

一 二 于 无

고개를 뒤로 돌린 사람의 상형이다. 옛날 문헌에는 無(없을무)의 의미로 쓰인 경우도 있었기 때문에 '없을무'로 불린다.

다른 글자 내에서 '외면하다'의 의미로 쓰인다. 소속된 글자인 旣(이미 기)가 좋은 예이다. 旣(이미 기)의 왼편은 밥의 상형이고, 오른편의 旡(없을무)는 밥 앞에서 고개 돌린 모습이다. 즉 밥을 다 먹고 나서 더 이상 밥에 관심이 없어진 상태를 표현한 것이다. 그래서 '이미, 벌써'의 뜻을 나타낸다.

참고 蠶(누에 잠: 虫 - 2급) 潛(자맥질할 잠: 水 - 3급)

隶 　미칠이　 隶

8획

ㄱ ㅋ ㅋ 肀 肀 肀 肀 隶

　　손(又)으로 꼬리(尾)를 잡으려는 모습이다. 변형이 심한 편이
며 '붙잡다, 미치다'의 뜻을 나타낸다. 부수로는 '미칠이'라 불린다.

　　소속된 글자 중에 隸(종 례)가 있다. '노예(奴隸), 예속(隸屬)'과
같은 용례에서 알 수 있듯이 '종'을 의미한다. 隶(미칠이)가 붙잡는
손으로 작용했다고 보면 되겠다.

　참고　逮(미칠 체: 辶 - 3급) 康(편안할 강: 广)

彐(彑) 터진가로왈 彑

3획

ㄱ ㅋ 彐

멧돼지 머리의 상형으로 '돼지머리계'이다. 모양이 曰(가로 왈)
과 비슷한데, 좌측이 터진 형태라 하여 '터진가로왈'이라고도 불
린다. 아울러 彙(고슴도치 휘)의 윗부분이기도 하기에 '고슴도치머
리계'로도 불린다.

이름은 다양하지만 부수로서 자주 접하기는 어렵다. 참고로
다른 글자 내에서 彑형태로 변형되어 쓰이기도 하는데, 비슷한
모양의 互(서로 호)와는 서로 무관하다.

참고 互(서로 호: 二 - 3급)

内 짐승발자국유 内

5획

｜ 冂 内 内 内

뒷발을 땅에 디디고 있는 짐승의 상형이다. 가운데 부분이 꼬리에 해당한다. 4획으로 세기 쉬운데, 부수 분류상 5획에 포함되니 주의하기 바란다. 瓜(오이과: 5획)와 더불어 획수 때문에 헤매기 쉬운 부수이다.

부수로서 주로 짐승과 관련된 글자들에 포함되어 쓰인다. 하지만 자주 볼 수 있는 부수는 아니다. 더욱이 글자 내에서 눈에 잘 띄지도 않는다. 소속 글자 중에는 새를 가리키는 禽(날짐승 금)이 비교적 친숙한 글자이다.

참고 離(떠놓을 리: 隹) 萬(일만 만: 艸)

黽　맹꽁이맹　黽

13획

丨　冂　冃　冃　冊　冊　冊　冊　冊　冊　黽

黽　黽

　　양서류인 맹꽁이의 상형이다. 물가에 사는 몇몇 동물들을 나타내는 글자에 부수로 작용한다. 개구리, 자라, 악어 등이다. 사실상 양서류와 파충류의 엄밀한 구별은 없다고 보면 되겠다.

　　참고로 黽(맹꽁이맹)이 포함된 글자로 繩(줄 승)이 있다. 繩(줄 승)은 새끼(糸)를 꼬아놓은 모양이 맹꽁이(黽)의 불룩한 배 같음을 비유한 글자이다. '노끈, 묶다'의 뜻을 나타낸다.

　　참고　繩(줄 승: 糸 - 2급)

屮　왼손좌　Ψ

3획

乚　凵　屮

　　막 싹이 터서 올라오는 떡잎의 상형이다. 단독으로는 '풀 철'
이다. 그런데 왼손의 상형인 '왼손 좌'와 모양이 거의 같다. 때문
에 편의상 한데 묶여 있다. 부수 이름도 '풀철'과 '왼손좌'가 혼용
된다. 보통 '왼손좌'로 많이 부르지만, 포함된 글자들을 살펴보면
'풀'로 활용되는 경우가 더 많은 듯하다.

　　屮(풀철)이 덧붙으면 艸(초두)가 된다. 屮(풀철)은 다들 생소할
테지만, 艸(초두)는 누구나 인정하는 식물 대표 부수이다. 혼자 자
라면 춥고 외로우니 여럿이 더불어서 잘 자란 모양이다.

韭　부추 구　韭

9획

丨　丨　刲　刲　刲　刲　韭　韭　韭

　　땅 위에 나 있는 부추의 상형이다. 부추나 각종 나물과 관련된 글자에 부수로 작용한다. 현대에 흔히 접할 수 있는 글자는 많지 않다.

　　식물로서 부추(韭)는 가늘고 길게 자라는 모습이 특색이다. 韭(부추구)도 다른 글자에 포함되어 그런 특성을 드러낸다. 가늘고 고운 실을 뜻하는 纖(가늘 섬), 가르다란 대나무 막대를 뜻하는 籤(제비 첨)이 대표적인 예이다. 籤(제비 첨)은 추첨(抽籤), 당첨(當籤)이란 용례로 흔히 볼 수 있는 글자이다.

　　참고 纖(가늘 섬: 糸 - 2급) 讖(참서 참: 言 - 1급) 籤(제비 첨: 竹 - 1급)

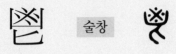

211 술잔에 술을 담다

술창

10획

／ ✕ ✕ ✕ ✕ ✕ ✕ ✕ ✕ ✕

　술을 담는 그릇의 상형이다. 울창주(鬱鬯酒)라는 술을 담는
용도였다고 한다. 그래서 부수로는 '술창'으로 불린다. 술을 담그
는 재료로는 주로 기장(黍)을 이용했다. 그리고 보니 기장(黍)은
술 담그는 것과 관련해 꽤나 자주 등장하는 곡식이다.

　소속 글자로는 鬱(답답할 울)이 있다. 보기만 해도 참 답답한
글자인데 용례가 꽤 많다. 울적(鬱寂), 억울(抑鬱), 우울(憂鬱) 그리
고 동해에 있는 섬 울릉도(鬱陵島)도 있다.

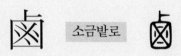

소금밭로

<u>11획</u>

丶 ⺊ ⼌ 卣 卤 鹵 鹵 鹵 鹵 鹵 鹵

　주머니에 싼 소금의 상형이다. 그런데 부수 이름은 '소금밭로'이다. 풀이하자면 鹵(소금밭로)는 귀한 '소금'이라는 의미와 농사지을 수 없는 땅인 '황무지, 소금밭'이란 의미를 동시에 지닌 글자라고 할 수 있다.

　부수로서 소금과 관련된 글자들에 쓰인다. 대표적인 글자로 鹹(짤 함), 鹽(소금 염)을 들 수 있다. 특히 鹽(소금 염)은 '염분(鹽分), 염전(鹽田), 천일염(天日鹽)' 등 용례가 많은 글자이다. 현재 소금을 대표하는 글자는 鹽(소금 염)이라고 할 수 있다.

바느질할치

<u>12획</u>

丨 丨丨 丷丷 业业 业业 业业 严 严 黹 黹 黹

무늬를 수놓은 헝겊의 상형이라 한다. 자수 혹은 바느질의 뜻을 나타내며, 그와 관련된 글자의 부수로 작용한다.

한자를 정말 깊이 공부하지 않고서는 평생 한두 번 접하기도 어려운 부수라 하겠다.

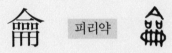

피리약

17획

／ 人 ㅅ 合 合 合 合 合 合 合 合 合 合 合 侖 侖 龠

　구멍 있는 관을 엮어 만든 피리의 상형이다. 부수로서 피리와 관련된 몇몇 글자들에만 쓰인다. 그러므로 흔히 볼 수 있는 부수는 아니다.

　하지만 17획으로 부수 중에 획수가 가장 많다. 때문에 모든 자전의 마지막 대미를 장식한다. 혹 한자 관련 퀴즈에서 만나게 될지도 모르겠다.

획수로 부수 찾아보기

독음으로 한자 찾아보기